管理学概论

宋建晓　主编

中国林业出版社

图书在版编目（CIP）数据

管理学概论 / 宋建晓主编．-- 北京 ：中国林业出版社，2018.8（2019.10 重印）
ISBN 978-7-5038-9707-8

Ⅰ．①管… Ⅱ．①宋… Ⅲ．①管理学－高等学校－教材 Ⅳ．① C93

中国版本图书馆 CIP 数据核字（2018）第 178293 号

出　　版	中国林业出版社（100009　北京西城区刘海胡同 7 号） http://www.forestry.gov.cn/lycb.html E-mail:forestbook@163.com　电话：(010)83143550
发　　行	中国林业出版社
印　　刷	北京中科印刷有限公司
版　　次	2018 年 8 月第 1 版
印　　次	2018 年 8 月第 1 次 2019 年 10 月第 2 次
开　　本	710mm × 1000mm　1/16
字　　数	255 千字
印　　张	13
定　　价	45.00 元

前　言

管理伴随着人类社会的产生而出现,是人们在生产生活中最基本的活动之一。不论是治理国家、经营企业,还是维系家庭、自我发展,管理都无处不在。不管是什么类型的组织,还是组织中的不同层级,管理都不可或缺。当前,经济全球化趋势不可逆转,互联网与“大众创业,万众创新”的融合,让创新的速度和广度都超过了以往任何一个时代,管理工作也面临着重大的机遇与挑战。开放式组织、无边界组织、公司透明度、商业生态系统、互联网思维、众包策略和云创新模式等新的管理理念、管理策略正影响着每一个从事经济活动的组织与团体,也对管理者提出更高的要求。

本书在新的时代背景下,探讨组织管理活动的过程及其规律。本书共8章,第1章为导论,介绍了管理的定义和职能,管理学含义、特点与学习方法,以及学习管理学的价值所在;第2章为管理思想与理论,全面介绍了我国各个时期的管理思想主张,系统分析了西方管理思想的演进历程、管理理论的主要流派及其思想观点;第3章为管理主体与客体,分析了管理活动的主体与客体,管理活动面临的环境以及管理系统的结构与运行机理;第4章至第7章采用PDCA循环的逻辑,分别阐述了管理过程的决策与计划、执行与控制、评估与检验、调整与激励等主要管理活动;第8章探讨了全球化背景、市场化条件以及信息化驱动下的管理创新与发展。本书具有以下特色:

一、融本土化与实用性于一体。在本书编写过程中,编著者们多次深入当地企事业单位收集、整理第一手的管理案例,与管理人员共同探讨管理理论与管理实践的融合之道,这些心得与成果都很好地体现在教材之中。本书非常注重以案例解释理论,在各主要知识点和每章的末尾,编著者安排了一些应用案例,并设计了讨论题,以帮助学员更好地理解各章所学的知识,提升他们解决实际问题的能力。本书适用于指导各类组织的管理实践,其中部分管理理论和管理方法对企业管理活动更具指导意义。

二、实现编写体例上的创新。大多数的管理学教材都是以计划、组织、领导、控制等管理职能为主线安排章节,阐述管理过程的相关理论与知识。本书基于PDCA循环的思路,重新梳理了组织管理活动的流程,详细分析了组织中计划、执行、检查与调整等管理环节的管理理念与方法。这一框架体系为学员提供了更为系统、完整的管理活动流程,可以帮助他们在管理活动过程中以问题为导向进行有效把握。

三、吸收我国传统管理思想和现代管理学科的新理论新观点。我们正面临巨变的时代,各类组织的管理实践也在不断深入,新的管理理论层出不穷。本书既充分吸收我国传统文化中管理思想精华,又体现管理学界与管理实践中出现的最新研究成果,使教材的内容更充分地反映时代的特征与管理领域的最新动态。特别是在当前我国加快建设创新型国家的时代背景下,本书强调了创新职能在管理活动中的特殊地位,阐述了全球化背景、市场化条件和信息化驱动下组织管理活动面临的机遇与挑战,以及管理者如何实现管理理念和管理方法的创新。

本书由宋建晓担任主编,负责拟定写作大纲并组织撰写,最后总纂修改形成定稿。各章节的撰写分工为林秀君(第1章)、罗丹(第2章)、林喜庆(第3章)、周惠明(第4章)、龚丽贞(第5章)、李峰(第6章)、陈建武(第7章)、潘剑英(第8章)。本书是为普通高等学校管理类专业编写的,主要作为大学本科教材,也可以作为相关专业研究生的参考用书,亦适合从事管理研究和实践的有关人士参阅。

本书自出版以来,已经被多家高校选定为管理学课程教材,并得到广泛好评。本书遵循PDCA循环的编写体例创新,也得到了管理实践界相关人士的肯定和赞赏。为了进一步充实教材内容,展现管理智慧,编著者在多方征求使用者意见的基础上,对教材内容进行了适当的补充和调整。首先是对原版文中出现的文字错误及表达不到位的地方进行了勘误;其次再版教材在相关章节补充了《容斋随笔》等相关史料,从中梳理管理经验,得到启发;最后再版教材紧随时代的变化,更新了部分实践管理案例。

在本书的编写和修订过程中,参考和借鉴了许多学者的著作、文献材料及相关网络资料,得到中国林业出版社编辑人员的指导帮助,业界人士也提出了许多宝贵的意见,在此一并表示衷心感谢!本书是编著者们共同努力的成果,凝聚着大家的心血和汗水。尽管如此,书中仍难免存在偏差和不足,敬请广大读者不吝指正。

编著者

2019年7月

目　　录

第1章 导 论

【本章提要】

管理是指一定组织中的管理者,通过自我管理和协调他人活动,一起有效率地实现组织目标的过程。管理,从它基本的意义来看,一是组织、协调劳动;二是指挥、监督劳动,既具有同社会化生产相联系的自然属性,又具有同生产关系、社会制度相联系的社会属性,这就是管理的二重性。从管理活动过程来看,既要遵循管理过程客观规律的科学要求,又要体现灵活协调的艺术性要求,这就是管理的科学性和艺术性。管理的职能是指管理活动的基本功能,又称管理的要素,是管理原则、管理方法的具体体现。

管理学是系统地研究管理活动(过程)的基本原理和一般方法的科学。管理学的特点包括:一般性、综合性、实践性、社会性、历史性。管理学的研究方法有:历史研究法、比较研究法、案例分析法、归纳法、演绎法。

【学习目标】

掌握管理的定义;

理解管理的职能;

描述管理学含义、特点与学习方法;

解释学习管理学的价值所在。

【关键词】

管理　管理学　职能　计划　组织　领导　控制　创新

从人类出现开始,人们就开始结成各种群体或团队,实现他们个人无法达成的目标,管理工作就成为统筹协调各种活动不可或缺的因素。管理是人类从事各种生产活动中最基本的重要活动之一。随着人类社会的发展和科技的进步,管理的外界环境不断变化,管理工作面临着很大的挑战。在本章中,我们将介绍管理的定义与职能,并且讨论管理学的学习价值。

1.1 管理的含义与性质

1.1.1 管理的含义

管理是一个含义极为广泛的概念。古时候,人们把长条中空的物体称为“管”,后来引申为规律、准则、法规等。“理”字指客观事物本身的层次、次序。由于管和理的意思相近,于是人们就逐渐把“管”“理”二字合为一词使用,意思是按事物本身的规律或依据一定的标准对事物进行加工、处置。

到目前为止,国内外有很多学者对管理定义,下面我们援引有代表性的中外管理学教科书中对管理的定义,结合时代的需要,对管理的定义进行完善。

法约尔(Fayol)认为:“管理是由计划、组织、指挥、协调及控制等职能要素组成的活动过程。”这个定义主要突出管理的具体职能。福莱特(Follett)把管理定义为:“通过其他人来完成工作的艺术。”该定义认为管理是一种艺术,强调人在管理中的重要性。美国当代著名经济学家和管理学专家彼得·德鲁克(Peter Drucker)在《管理实践》中提出:管理是一种以绩效为基础的专业职能。从此将管理学开创成为一门学科。哈罗德·孔茨(Harold Koontz)和西里尔·奥唐奈(Cyril O'Donnell)把管理定义为:“设计和保持一种良好的环境,使人在群体里高效地完成既定的目标。”他把管理看作是一项组织与协调活动。赫伯特·西蒙(Herbent Simon)指出:“管理就是决策。决策贯穿于管理的全部过程。”这一定义强调决策在管理中的重要性。斯蒂芬·罗宾斯(Stephen Robbins)指出:“管理是指同别人一起,或通过别人使活动完成得更有效的过程。”这一定义把管理视作过程,它既强调人的因素,又突出管理的双重目标:效率和效果。

国内学者杨文士和张雁认为,管理是指“组织中的管理者通过实施计划、组织、人员配备、指导与领导、控制等职能来协调他人的活动,使他人同自己一起实现既定目标的活动过程”。该定义强调人的作用,忽视对其他资源的作用。周三多认为:“管理是指组织为了达到个人无法实现的目标,通过各项职能活动,合理分配、协调相关资源的过程。”吴照云认为:“管理是指一定组织中的管理者通过协调他人的活动,以充分利用各种资源,从而实现组织目标的一系列社会活动过程。”这一定义与前面国外学者的定义基本相似。

21世纪,随着知识经济时代的到来和网络信息技术的飞速发展,管理的定义也不断发展。现在很多学者认为,组织中管理者效率的高低和管理效果的好坏还受到管理者自身因素的影响。管理不单单是在组织中对他人的管理,还应该包括管理者自身的管理。综合上述定义,本书认为,管理是指一定组织中的管理者,通过自我管理和协调他人活动,一起有效率地实现组织目标的过程。这个定义可以从以下几方面去理解：

（1）管理的目的是为了实现组织目标。组织目标是组织成员个人目标的综合反映，该目标仅凭单个人的力量是无法实现的。组织就是为了实现某种目标而组成的人和事的系统安排。整个管理活动就是围绕组织目标而进行的一系列活动。

（2）管理活动的载体是组织。组织是指对完成特定使命的人们的系统性安排。组织包括企事业单位、国家机关、社会团体、宗教组织等，可以小到几个人，大到几万、几十万、几百万、几千万、几亿人。

（3）管理的对象是相关资源，即包括人力资源在内的一切可以调用的资源，包括人、财、物、信息资源等。在这些资源中，人是最重要的资源，包括自身和他人。不管是哪种组织，都同时存在人与人、人与物的管理，而人与物的管理最终也是表现为人与人的关系，所以管理要以人为中心。

（4）管理的实施是通过计划、组织、领导、控制、创新等基本活动进行的，反映了管理活动的功能、过程和手段。

1.1.2 管理的性质

管理，从它基本的意义来看，一是组织、协调劳动；二是指挥、监督劳动。管理既具有同社会化大生产相联系的自然属性，又具有同生产关系、社会制度相联系的社会属性，这就是管理的二重性。从管理活动过程来看，既要遵循管理过程的客观规律的科学要求，又要体现灵活协调的艺术性要求，这就是管理的科学性和艺术性。

一、管理的二重属性

管理的二重性是马克思主义关于管理问题的基本观点。马克思在《资本论》中指出："一切规模较大的直接社会劳动或共同劳动，都或多或少地需要指挥以协调个人的活动，并执行生产总体的运动与不同于这一总体的独立器官的运动所产生的各种一般职能。""凡是直接生产过程具有社会结合过程的形态，而不是表现为独立生产者的孤立劳动的地方，都必然会产生监督劳动和指挥劳动。"管理活动的产生具有客观必然性，它是由人类共同劳动引起的。自然属性是与社会生产力的发展相联系。社会化生产中的协作活动需要管理，与具体的生产方式和特定的社会制度无关，体现了管理推陈出新的特性。社会属性是指与生产关系和社会制度相联系。管理是为统治者服务的，受到政治制度、生产关系和意识形态的影响和制约，体现了管理社会性和阶级性的一面。

学习和掌握管理的二重性，对学习管理学、认识我国的管理问题、探索管理活动规律，以及运用管理理论来指导实践，都具有非常重大的现实意义。

二、管理的科学性和艺术性

科学是指经过整理的系统化的知识。科学的根本特点是运用科学的方法去发展知识。因此,科学具备明确的概念、理论和其他积累起来的知识,这些知识是由假设、实验和分析发展而成的,又通过管理活动的效果反过来验证管理过程中所使用的理论和方法等是否正确、是否有效,从而使管理的科学理论和方法在实践中得到不断的验证和丰富。因此,管理是一门科学,有一套系统、科学的方法体系。通过反映管理客观规律的管理理论和方法为各种活动提供指导。

世界上没有两片相同的叶子,组织也是一样。管理人员如果仅凭书本上的管理理论、原理和方法等来开展管理活动是无法保证其成功的,因此需要在管理实践中因地制宜地将管理知识与具体管理活动相结合,才能进行有效的管理。所以,管理的艺术性,就是强调管理活动要根据实际情况灵活运用管理知识。

科学和艺术不是相互排斥而是相互补充的。随着科学的发展,艺术也应发展。科学是教我们"知",艺术是教我们"行"。管理的本质在于"知行合一"。

总之,管理既是一门科学,又是一门艺术,是科学与艺术的有机结合体。管理的这一特性,可以促使人们既重视管理理论的学习,又不能忽视在实践中因地制宜地灵活运用,这是管理成功的重要保证。

1.2 管理的职能

管理的职能是指管理活动的基本功能,又称管理的要素,是管理原则、管理方法的具体体现。不同的学者提出了对管理职能的不同观点(表1-1)。20世

表1-1 不同学者对管理职能的划分

年份	职能 学者	计划	组织	指挥\领导	协调	控制	创新
1916	法约尔	√	√	√	√	√	
1937	古利克	√	√	√	√	√	
1947	布朗	√	√	√		√	
1949	厄威克	√	√			√	
1951	纽曼	√	√	√		√	
1955	孔茨和奥当诺	√	√	√		√	
1964	梅西	√	√			√	√
1966	希克斯	√	√			√	
1972	特里	√	√			√	
1998	罗宾斯	√	√	√		√	

纪早期,法国工业家亨利·法约尔(Henri Fayol)在其著作《工业管理与一般管理》中首次提出,所有的管理者都从事5种管理职能:计划、组织、指挥、协调和控制。到20世纪50年代中期,美国加州大学教授孔茨和奥当诺(Koontz and O'Donnell)把管理的职能划分为5种:计划、组织、人员配备、指导和控制。美国著名的管理学教授斯蒂芬·罗宾斯(Stephen Robbins)把管理职能压缩为:计划、组织、领导和控制。本书采用周三多的观点,把管理职能划分为5项:计划、组织、领导、控制、创新。

(1)计划职能:计划职能包括决策和计划。决策是指管理者通过分析环境,识别并解决问题的过程。计划是为实现组织既定目标而对未来的行动进行规划和安排的工作过程。计划职能是管理组织的首要职能,也是管理各项工作的纲。计划活动包括调查研究过去和现在的情况变化,对未来做出经济预测;对组织的发展方针,发展目标做出决策;编制实现经营目标的长期和年度经营计划;确定实现计划的措施方法,并将计划指标层层分解落实到各个部门、各个环节;计划的检查、控制和评价等。

(2)组织职能:组织是根据已制订的计划,把发展的各要素、各环节、各部门,从分工协作上、相互关系上和空间、时间的结合上科学地划分职责,组织成为一个协调一致的整体,以便有效地进行生产经营活动。组织为管理工作提供了结构保证,它是进行人员管理、指导和领导、控制的前提。组织职能包括:建立科学的组织机构,规定各部门的职责分工;根据"因事设职""因职配人"的原则,挑选和配备各级各部门的人选。组织职能中很重要的一项工作就是如何用人,即对人才的发现、选择、培养和使用,把适当的人才,安排在适当的岗位上,从事适当的工作,使得人尽其才,才尽其用,充分调动每个人的积极性。

(3)领导职能:领导作为名词是指领导者,指实行领导行为的人,即领导活动的主体;作为动词是指领导活动,是指通过指导、鼓舞、激励、带领等方式带领、引导和影响被领导者为实现组织目标的实践活动。领导是对组织内全体成员的行为进行引导和施加影响的活动过程,其目的在于使个体和群体能够自觉自愿且有信心地为实现组织既定目标而努力。

(4)控制职能:在设定目标和制定计划(计划),确定工作任务和组织结构的安排(组织),雇佣、培训和激励人员(领导)之后,还需要评估事情是否按计划进行(控制)。控制是指按既定目标或标准对组织的活动进行监督、检查,发现偏差并纠偏,使工作能按原定计划进行,或适当调整计划以达到预期目的。控制工作是一个延续不断的、反复发生的过程,其目的在于保证组织实际的活动及其成果同预期目标相一致。

(5)创新职能:我们正处在飞速发展的时代,这个时代到处充满挑战和危机。“创新是一个民族进步的灵魂,是一个国家兴旺发达的不竭动力。”从某种意义上说,当前知识经济时代最本质的特征就是创新。创新是指为了发展的需要,不断突破常规,发现或创造某种新颖、独特的有价值的新事物、新思想的活动。通过组织提供的服务或产品的更新和完善以及其他管理的调整和改进来表现其存在。创新职能是企业管理的重要职能之一。

管理职能循序完成,并形成周而复始的循环往复,每项职能之间是相互联系、相互影响的,构成统一的有机整体。其中决策是计划的前提,计划是决策的逻辑延续;计划职能是其他管理职能的依据;组织、领导、控制是保证决策顺利实施、执行计划的过程;创新贯穿于整个管理活动的全过程。

1.3 管理学的含义、特点与研究方法

1.3.1 管理学的含义

管理学是指系统地研究管理活动(过程)的基本原理和一般方法的科学。它是一门综合性的交叉学科,需要研究各类组织、各种管理活动中共性的、一般性的问题,从而得出基本规律和方法。它的目的是:研究在现有的环境条件下,如何通过合理的组织和配置人、财、物、信息等资源,提高生产力的水平。

管理学包括管理科学与工程、工商管理学、农林经济管理学、公共管理学、图书情报与档案管理学等五个一级学科;下设的二级学科有:管理科学与工程、企业管理、工商管理、城镇管理与区域规划、运筹与管理、农村发展与管理、旅游管理、技术经济及管理、农业经济管理、林业经济管理、渔业经济管理、公共管理、行政管理、社会医学与卫生事业管理、教育经济与管理、社会保障、土地资源管理和物流管理。

1.3.2 管理学的特点

(1)一般性:管理学是从一般情况、一般原理的角度对管理活动和管理规律进行归纳研究,不涉及管理各分支学科的专业业务与方法的研究;管理学是研究所有管理活动中的共性问题的基础理论科学,无论是“宏观原理”还是“微观原理”,都需要管理学的原理作为基础来加以学习和研究,管理学是各门具体的或专门的管理学科的共同基础。

(2)综合性:综合性也称多科性。从管理内容上看,管理学涉及的领域非常广阔,它需要从不同的管理实践中抽象概括出具有普遍意义的管理思想、管理原理和管理方法;从影响管理活动的各种因素上看,除了上层建筑、生产力、生产关系这些基本因素外,还有社会因素、自然因素等;从管理学科与其他学科的相关

性上看,它与经济学、心理学、社会学、数学、计算机科学等都有密切关系,是一门综合性的学科。

(3)实践性:管理学所提供的理论与方法都是对实践经验的提炼与总结,同时管理的理论与方法又反过来服务于实践,指导现实的管理情境,方能显示出管理理论与方法的普遍适用性,所以管理学是一门实践性很强的学科。

(4)社会性:构成管理过程主要因素的管理主体与管理客体,都是社会中最有生命力的人,这就决定了管理的社会性;同时管理在很大程度上带有生产关系的特征,这也体现了管理的社会性。

(5)历史性:管理学是对前人的管理实践、管理思想和管理理论的总结、扬弃和发展,割断历史,不了解前人对管理经验的理论总结和管理历史,就难以很好地理解、把握和运用管理学。

1.3.3 管理学的研究方法

(1)历史研究法:管理学是各类组织发展的历史过程中形成与发展起来的,研究历史,才能分析现状和预测未来,才能汲取管理思想的精华,做到"古为今用",指导管理实践。它是一种很有价值的研究方法。

(2)比较研究法:比较研究法是通过纵向和横向比较来研究不同国家、地区、部门、单位、学派、人物等在不同时期的管理思想和管理经验,以寻求管理的规律性。有比较才能有鉴别。我们要把中国的各类组织管理搞好,就必须借鉴外国的先进管理经验,在中外管理的比较中更好地实现"洋为中用"。

(3)案例分析法:管理学是一门实践性非常强的学科,因此必须重视实际案例的分析,研究在实际情境下发生的管理问题与管理实践,不断总结经验教训,提升管理效果,积攒更多的管理经验。

(4)归纳法:归纳法是由个别到一般的推理方法,通过对现实中的管理活动进行观察、总结,寻找管理实践中事物发展的一般规律和原理,加以提炼、完善,形成系统的理论。

(5)演绎法:演绎法是由一般到个别的推理方法,是通过已掌握的管理学的一般原理与方法,去分析与解决管理实践中的具体问题,理论联系实践,加以检验、完善和发展。

1.4 管理学的学习价值

也许你可能会问,为什么要学习管理学?如果你的专业是非管理类专业,你可能无法理解为什么要学习管理学,学习管理学对你的职业生涯发展有何帮助。

一、管理的普遍性

不管是治理国家、经营企业,还是维系家庭、自我发展,管理都无处不在。不管是什么类型的组织,还是组织中的不同层级,管理都是不可缺少的,这称为管理的普遍性。在这些组织中,管理者都必须开展计划、组织、领导、控制和创新活动。当然,这并不是说管理者都采用同样的方式。比如,在某家公司里,营销总监所从事的工作就与公司首席执行官的工作不一样。这种差别仅仅是程度和重点的不同,并非职能不同。

二、工作的现实性

绝大多数人大学一毕业,就走上工作岗位,开始职业生涯,要么是管理者,要么是被管理者,而且往往是两者兼有,既是管理者,又是被管理者。对于那些打算进入管理者行列的人来说,管理学知识是其管理技能的基础;对于被管理者来说,仍然要和组织中的管理者打交道,即使不想加入管理者行列,也可能要承担某些管理职责。通过学习管理学,你能够对组织如何行使职能和对上司、同事、下属的行事风格有更深入的洞察。所以,管理学课程是一门实用的基础课程,从中可以获得有价值的东西。

【案例分析】

1991 年,沃尔玛公司年销售额突破 400 亿美元,成为全球大型零售企业之一。据 1994 年 5 月美国《幸福》杂志公布的全美服务行业分类排行榜,沃尔玛公司 1993 年销售额高达 673.4 亿美元,比上一年增长 118 亿多,超过了 1992 年排名第一位的西尔斯(Sears),雄居全美零售业榜首。1995 年沃尔玛公司销售额持续增长,并创造了零售业的一项世界纪录,实现年销售额 936 亿美元,在《财富》杂志 95 美国最大企业排行榜上名列第四。事实上,沃尔玛公司的年销售额相当于全美所有百货公司的总和,而且至今仍保持着强劲的发展势头。至今,沃尔玛公司已拥有 2133 家沃尔玛商店,469 家山姆会员商店和 248 家沃尔玛购物广场,遍布美国、墨西哥、加拿大、波多黎各、巴西、阿根廷、南非、中国、印度尼西亚等处。它在短短几十年中有如此迅猛的发展,不得不说是零售业的一个奇迹。

沃尔玛公司提出"帮顾客节省每一分钱"的宗旨,实现了价格最便宜的承诺。提出了"天天平价、始终如一"的口号,并努力实现价格比其他商号更便宜的承诺。严谨的采购态度,完善的发货系统和先进的存货管理是促成沃尔玛做到成本最低、价格最便宜的关键因素。其创始人沃尔顿曾说过,"我们重视每一分钱的价值,因为我们服务的宗旨之一就是帮每一名进店购物的顾客省钱。每当我们省下一块钱,就赢得了顾客的一份信任。”为此,他要求每位采购人员在采购货品时态度要坚决。他告诫说:“你们不是在为商店讨价还价,而是在为顾客讨价还价,我们应该为顾客争取到最好的价钱。”

沃尔玛商店还向顾客提供超一流服务的新享受。公司一贯坚持“服务胜人一筹、员工与众不同”的原则。走进沃尔玛,顾客便可以亲身感受到宾至如归的周到服务。再次,沃尔玛推行“一站式”购物新概念。在商品结构上,它力求富有变化和特色,以满足顾客的各种喜好。其经营项目繁多,包括食品、玩具、新款服装、化妆用品、家用电器、日用百货、肉类果菜等。顾客可以在最短的时间内以最快的速度购齐所有需要的商品,正是这种快捷便利的购物方式吸引了现代消费者。

此外,虽然沃尔玛为了降低成本,一再缩减广告方面的开支,但对各项公益事业的捐赠上,却不吝金钱、广为人善。有付出便有收获,沃尔玛在公益活动上大量的长期投入以及活动本身所具的独到创意,大大提高了品牌知名度,成功塑造了品牌在广大消费者心目中的卓越形象。最后,也是沃尔玛能超越西尔斯最关键的一个原因,是沃尔玛针对不同的目标消费者,采取不同的零售经营形式,分别占领高、低档市场。例如:针对中层及中下层消费者的沃尔玛平价购物广场;只针对会员提供各项优惠及服务的山姆会员商店;以及深受上层消费者欢迎的沃尔玛综合性百货商店等。

为适应如此巨大的零售商业的需求,沃尔玛拥有一个规模空前的计算机网络系统,微机工作站有5500多个,总站和全世界各地的计算机工作站保持着热线联系。1987年,公司建立起全美最大的私人卫星通信系统,以便节省总部和分支机构的沟通费用,加快决策传达以及信息反馈的速度,提高整个公司的运作效率。沃尔玛与INFORMIX合作建立IN—FORMIX数据库系统,系统信息总量达到4000千兆的海量,每天仅条码阅读机读写的信息就有2500万字节之多,总部每天和各地分支机构交换的数据达1.5亿个字节,这也是世界上最大的民间数据库。依靠先进的信息化管理,任何一件商品的销售都会通过计算机系统进行分析,当库存减少到一定量的时候,电脑会发出信号,提醒商店及时向总部要求进货,总部安排货源后送往离商店最近的一个发货中心,再由发货中心的电脑安排发送时间和路线,在商店发出订单后36小时内所需货品就会出现在货架上。这样可以减少存货风险、降低资金积压的额度,加速资金运转速度。作为沃尔玛的总裁,依靠信息系统,可随时调用任何一个地区、任何一家商场的营业情况数据,知道哪里需要什么商品,哪些商品畅销,从哪里进货成本最低,哪些商品利润贡献最大等。沃尔玛就这样和众多消费者保持着密切的联系,也成为许多消费品制造商联系市场的重要渠道。

(资料来源:https://baike.so.com/doc/1108634-1172990.html)

讨论题:

1.沃尔玛是如何成功的?

2.从案例中可以吸取哪些管理经验?

复习题

1. 什么是管理?

2. 管理是一门科学还是一门艺术?请结合实践说明管理的科学性和艺术性。

3. 组织中的管理通常包括哪些职能活动?每种职能活动是如何表现的?它们之间有何关系?

4. 什么是管理学,管理学有哪些特点?

5. 管理学的学习方法有哪些?

6. 为什么要学习管理学?请结合自身情况进行阐述。

参考文献

1. 周三多,等. 管理学(第四版)[M]. 北京:高等教育出版社,2017.

2. 斯蒂芬·罗宾斯. 管理学(第13版)[M]. 北京:中国人民大学出版社,2017.

3. 吴照云,等. 管理学通论[M]. 北京:中国社会科学出版社,2007.

4. 陈传明,周小虎. 管理学原理(第2版)[M]. 北京:机械工业出版社,2012.

5. 中共中央马克思恩格斯、列宁斯大林著作编译局. 马克思恩格斯全集(25)[M]. 北京:人民出版社,1973.

第2章　管理思想与理论

【本章提要】

管理学在继承前人管理思想和理论的基础之上不断发展壮大起来。本章主要介绍了我国传统管理思想及现代管理思想，国外早期管理思想、古典管理思想、现代管理思想以及当代管理思想。我国传统管理思想主要介绍了各朝代具有代表性的管理思想，如先秦诸子百家的管理思想，汉魏六朝、唐宋以及明清时期的管理思想。我国现代管理思想主要介绍了具有中国特色的管理思想，如东方管理学、和谐管理学、矛盾管理学等。

国外早期管理思想主要介绍了詹姆斯·斯图亚特、亚当·斯密、大卫·李嘉图等早期经济学家的管理思想，理查德·阿克赖特、小詹姆斯·瓦特和马修·博尔顿、罗伯特·欧文等实业家的管理实践，查尔斯·巴贝奇、安德鲁·尤尔、亨利·普尔等工业革命后的管理思想。

古典管理理论主要介绍了泰勒的科学管理理论、法约尔的一般管理理论和韦伯的组织管理理论。现代管理理论更加丰富，囊括了行为科学理论，以及管理过程学派、社会协作系统学派、决策理论学派、经验学派、权变理论学派等在内的“管理理论的丛林”。当代管理理论的新发展则介绍了竞争战略学说、学习型组织理论、质量管理理论和企业流程再造理论等。

【学习目标】

理解我国古代各个时期传统管理思想主张；

掌握我国现代管理思想的主要代表人物及其观点；

把握国外早期管理思想萌芽和发展脉络，最具有代表性的古典管理理论和现代管理理论的主要流派及其思想观点；

洞悉国外当代管理理论发展的前沿趋势。

【关键词】

人本管理　无为而治　和谐管理　科学管理　例外原则　理想科层组织体系　霍桑试验　行为科学　管理理论丛林　系统管理　权变理论　竞争战略　全面质量管理　学习型组织　组织再造

管理思想是管理学的基础。尽管管理学作为一门独立学科的形成仅有一百多年时间,但是管理思想来源于人类早期的社会活动。人类管理活动实践日趋丰富,管理思想萌芽逐步形成了系统化的理论知识,这便构成了管理学的理论基础。西方管理理论的形成和发展对整个人类做出了巨大贡献,我国也拥有历史悠久的管理思想和实践,这都为当今管理学研究提供了诸多有益的借鉴。

2.1 我国管理思想概述

我国是古代文明的发源地之一,不仅创造了灿烂的文化、科学和技术,也孕育了宝贵的管理思想和主张。我国的管理思想与国家和民族的整体发展密切相关,从先秦时期萌芽和产生、秦汉至隋唐时期发展,到宋元明清时期承接、鸦片战争后与国际接轨、改革开放后形成中国特色,经历了从零散到系统、从思想到科学的发展历程。

2.1.1 我国传统管理思想

管理实践和管理思想与人类社会一样久远。中国具有五千年悠久历史文明,古代文明中的大规模集体协作劳动的管理实践中孕育着早期组织和国家管理思想。世界上修建时间最长、工程量最大的一项古代防御工程——万里长城,不但是劳动人民智慧的结晶,更是大规模协作劳动的管理实践的典范。我国传统管理思想和基本理论框架形成于先秦至汉代时期。尽管当时的管理思想处于萌芽状态,对管理的理解相对狭隘,缺乏系统,甚至存在诸多缺点,但历经千年的积累和提炼,在国家和企业管理实践中仍然发挥重要的作用。

一、先秦时期的管理思想

先秦时期是我国传统管理思想产生和奠基的时期。这一时期,学术思想自由,传统管理思想得到空前繁荣的发展,诸子百家提出了不同的管理主张,其中以儒家、道家、墨家的思想为主要代表。

1. 儒家管理思想

儒家思想产生于春秋战国时期,博大精深,源远流长。先秦时期儒家思想的核心代表人物有孔子、孟子、荀子等。儒家管理思想从“农业-宗法”社会中产生,大部分思想与治理国家或社会密切相关,“以民为本,以和为贵”是儒家管理思想主张的出发点。

在人性和管理方面,儒家管理思想的理论核心是“仁”。“仁者,人也。”孔子重视人的价值和道德修养,并强调人在管理中的能动性。

在人员甄选方面,儒家提出通过观言、观眸、观行、观志等方法来全面深入地观察人，结合众人观点，并通过谈话以及日常行为考察的诸多环节来知人。在用人方面，儒家提倡尚贤使能、知人善用、用人之长以及破格用贤。这些观点对现代人力资源管理有一定的借鉴意义。

在激励方面，儒家根据人性需求提出了具体的激励手段。儒家的“寡欲说”和“义利观”，并不否认人在物质上的需要，但更强调在仁德上的精神需要。基于此，儒家提出了爱民利民、表率激励、责任激励、礼仪激励、赏罚激励等方式来实现管理目标。

儒家“修身、齐家、治国、平天下”中蕴含着修己安人的领导管理思想。儒家极为看重领导者品质修养，“苟正其身矣，于从政乎何有？不能正其身，如正人何？”要求领导敬事而信、节用爱人，工作尽心尽力，吃苦在前、享受在后，勤俭节约，为民着想，同时以谦虚的态度和踏实的作风对待工作。

2. 道家管理思想

历代统治者往往“内用黄老，外示儒术”。道家学说由春秋战国时期楚国人老子开创。道家的核心思想为“道”，即以道贯天、地、人为核心，以自然秩序、社会秩序和心灵平衡的自然和合一体为目标。

无为而治是老子管理思想的核心，“道常无为而无不为”。道家提倡自然无为，遵循自然规律，与自然和谐相处。管理的“无为”是指要服从客观规律的管理行为过程。“无为”可以减少管理的心理阻力，顺应管理规律，避免引起下属的反感。同时，道家要求管理者“无为”“清心寡欲”，在利益分配上多关心下属的疾苦，多为下属员工谋利益，这会有利于管理。老子建议管理者应避免主观、随意决策，不干扰日常稳定的管理工作，让员工各司其职，充分发挥作用。

道家对领导者品质修养提出了具体的要求，要求领导者永远谦恭温和，不能事事居后、高高在上。在用人思想上，老子提出“知人者智”，要“常善救人”“故无弃人”，要做到人尽其才，才能做到不遗弃人才。

3. 墨家管理思想

墨子，春秋战国时期鲁国人，创建了墨家学派。墨家学派主张兼爱、尚同、尚贤、节用、非攻、非乐，在春秋战国之间曾经产生了广泛影响，一度与儒家学说并驾齐驱。

墨子的“兼相爱、交相利”体现出柔性管理思想。它主张利用人际友好互动来改善人与人的关系，营造出和善的社会氛围，同时达到“自爱”与“爱人”，这既顺应人的自然本性需求，又符合社会道德法律规范。墨子从修身，到爱他人，利他人，为他人，提出了管理学上的“人本管理”思想。

尚同和尚贤思想都是墨家管理思想体系的重要内容。尚同思想要求下级顾全大局，从整体利益出发，与上司意见保持一致；尚贤思想则主张尊重贤才，任用能人。

此外,墨家管理思想中包含了丰富的决策思想。墨子针对如何全面收集信息和分析信息,提出了“助己视听”的信息收集和“以见知隐”的信息处理方法,并采取“知大重于明小”的战略决策、“择务而从事”的重点决策、“利中取大、害中取小”的风险决策和“除七患于未然”的前馈决策等4种决策方法,从而进行有效决策。

二、汉魏六朝时期的管理思想

从三国、两晋、南北朝到隋唐,以天人关系为中心的神学、玄学、佛学思想盛行,管理思想受其影响,也得到了进一步发展。

1. 陆贾的管理思想

陆贾是西汉初期政治家和思想家,他主张“治事者因其则,服药者因其良”,强调任何一种管理措施必须遵循社会实际,不必拘泥于旧制。他提倡道家的“无为而治”,主张统治者的管理行为要顺应自然规律,对生产过程不横加干涉,少扰民。在领导管理方面,主张领导者修道行德、仁义治国,反对奢侈,崇尚简朴。

2.《淮南子》的管理思想

《淮南子》是西汉皇族淮南王刘安齐集宾客共同编写的一部著作。这本书吸收了先秦诸家的思想,主要是先秦道家管理思想的继承、改造和发展。该书主张“无为而治”,但对其进行积极的改造,“夫地势水东流,人必事焉,然后水潦得谷行;禾稼春生,人必加工焉,故五谷得遂长”,领导者在管理上必须顺民之心,因民之性,因势利导。《淮南子》在人才的甄选、任用、激励等方面有深刻的认识。它提出甄选人才要制定相应的标准,反对盲目效仿古法,考察人才要注重其行为的细节,然后推知总体品行。同时要求管理者在选人的时候,避免“志人之所短,忘人之所修”的求全心理,排除“求同乎己者”的个人偏好心理。

3. 司马迁的管理思想

司马迁是我国著名的史学家、文学家和思想家。他创作了中国第一部纪传体通史《史记》,不仅具有极高的史学价值、文学价值,而且蕴含着丰富的管理思想。司马迁通过对帝王将相的个性品质描述,在领导管理思想方面提出了诸多对现代管理产生影响的观点。

在领导品德修养方面,司马迁强调德行是领导者的主要素质之一。《史记·夏本纪》中指出领导要具备“宽而栗,柔而立,愿而共,治而敬,忧而毅,直而温,简而廉,刚而史,强而义”的品德修养。在领导的创新能力方面,司马迁认为作为领导,如果只是一味墨守成规,不创新,不求变通,必定会失败。随着环境的改变,原来的政策法令也应作出相应的改变。司马迁认为领导者在进行创新变革时,肯定会遇到阻力,这要求领导者坚定信心,适时“独断专行”,坚持己见,只要利国利民,不一定需要得到大多数人的赞同。

此外，司马迁提出作为领导要有自己的辨别力，兼听则明，偏听则暗。在领导交往能力方面，领导不仅要乐善好施，还要有兼容心，体谅和包容别人。

4. 曹操、诸葛亮等兵家管理思想

从秦汉至魏晋南北朝，我国历史经历了“久合必分，久分必合”的民族大动荡。在频繁的战乱中，形成了富有特色的军事理论，军事典籍颇丰，如曹操的《<孙子兵法>注》，诸葛亮的《将苑》《便宜十六策》，黄石公的《三略》等。兵家思想提出了很多具体的战略战术思想，使管理从宏观走向微观，如最高目标管理思想，“知己知彼，百战不殆”的信息管理思想，“验八征，择六守”的人才测评思想，“下下为君，赏善罚恶”的激励思想等。

三、唐宋时期的管理思想

唐宋时期，封建体制趋于成熟，伴随着社会经济迅速发展，管理思想获得较大发展，涌现出一大批重要历史人物，如唐代著名的思想家和文学家韩愈、柳宗元，宋代王安石、范仲淹、司马光等。

1. 韩愈、柳宗元的管理思想

唐代著名的思想家和文学家韩愈、柳宗元在人力资源管理思想方面的观点继承了儒家人力资源管理的传统，主张实行仁德政治、以民为本、任用贤能、培育英才，不仅推进了中国古代管理思想的完善，也值得现代管理引以借鉴。

在甄选人才方面，韩愈和柳宗元竭力主张任用贤才，破除世俗偏见，不以社会的毁誉取人。在用人管理方面，他们提倡君、臣、民三者各司其职、各尽其责，这不仅反映了封建统治者实施国家管理的关键所在，也和现代管理的管理者职能论相一致。此外，韩愈强调培养人才，并号召全社会兴起从师求学之风，这对现代管理中的学习型组织具有指导性作用。

2. 司马光及其《资治通鉴》的管理思想

司马光从史学家和政治家的视角系统阐述了如何以史为鉴治国用人。在《资治通鉴》中蕴含着丰富的人力资源管理思想。

司马光非常重视人才的任用。在甄选人才方面，他主张：“为官择人，唯才是用。苟或不才，虽亲不用。”不以门第取人，而应注重德才。他认为，“才者，德之资也；德者，才之帅也。”在甄选人才时，要审慎地考察德才的标准。他主张以德为中心，才是德的辅助。在用人方面，“人不可以求备，必舍其短，取其所长”，他主张要根据人才的具体情况扬长避短，物尽其用，人尽其才。

3. 王安石的管理思想

王安石是北宋著名的政治家、思想家、文学家和改革家。他倡导变法革新，对北宋中后期的政治、经济、教育有重要的影响。王安石将“大明法度”和“众建贤才”相提并论，大力提倡人才的教、养、取、用之道。

在甄选人才方面,王安石客观地指出知人的困难在于"贪人廉,淫人洁,佞人直,非终然也,规有济焉尔"。针对这种情况,他提出了取人之道:众人推荐和组织考察。在人才任用和待遇方面的观点更具有参考价值。他主张任人唯贤,用人唯才,综核名实。他提倡对各级官员的待遇要丰厚,以资养廉,杜绝贪贿,同时"约之以礼,裁之以法",依靠制度和刑法的约束与制裁。其思想脉络显然有法家思想的痕迹。

四、明清时期的管理思想

明清之际,封建社会发展进入衰败期,资本主义经济关系开始萌芽。一大批学者倡导经世致用,我国古代管理思想朝着求真务实方向发展,主要代表人物有王守仁、顾炎武、黄宗羲、王夫之等。

1. 王守仁的管理思想

明代著名的思想家、文学家和军事家王守仁,是陆王心学之集大成者。长期为官的经历使王守仁在处理各种事务中提出"顺物中制物"的思想,亦即重视深入调查,了解客观情况,实事求是的做事方式。他主张在管理中权变灵活的原则,要根据当时的情况来制定策略,不拘于常规,善于权变。

王守仁一直注重目标管理,"志不立,天下无可成之事,虽百工技艺,未有不本于志者",主张通过制定近期及远期的目标来促进事情的顺利完成和提高人的发展水平。

王守仁尤其擅长自我管理。他主张在不利于发展的环境中要承认困境,并以乐观心态继续前进。他提出了自我改过迁善和责善规过的原则,采取"真实切己"的修身之道来建立比较完善的人格形象和成熟练达的思维方式。

2. 顾炎武、黄宗羲与王夫之的管理思想

顾炎武、黄宗羲与王夫之并称为明末清初"三大儒"。他们均主张多听、多观察、多思考、多比较的踏实行事作风,强调经世致用、反对空谈。

在管理的人性假设方面,黄宗羲鲜明地提出了"有生之初,人各自私也"的观点,强调个体的需要。顾炎武在管理中主张不应只注重经济效益,也要考虑整体社会需求以及个人需求的多样性。王夫之提出了"天地之生,人为贵"的思想,亦即以人为本,人性可分为自然本性和社会本性,自然本性是先天遗传,而社会本性是通过后天学习形成。王夫之将人性的概念推向一个新高度。

在行政管理的权力配置方面,黄宗羲的"非君论"主张限制君权,反对独裁统治,恢复宰相制,建立学校监督王权和各级地方政府的思想。顾炎武则提出强化地方政权的行政管理思想,"寓封建之意于郡县之中",强调在人治条件下的地方行政管理,力主对人事制度进行改革创新。

2.1.2 我国现代管理思想

1840年鸦片战争以后,中国社会历经动荡,传统封建制度没落,资本主义工商业出现,管理思想也从僵化的封建国家管理和不发达的军事管理开始向西方科学管理理论学习。1978年后市场经济得到发展,企业自主性增强,管理科学自主创新成分增大,我国管理思想全面进入"管理现代化"阶段。特别是出现了一些结合中国情境的本土化管理思想和理论,如苏东水的"东方管理学"、席西民的"和谐管理理论"、李占祥的"矛盾管理学"、张立文的"和合学"以及黄如金的"和合管理理论"等。

一、苏东水的"东方管理学"

1997年,复旦大学教授、东方管理学派代表人物苏东水在世界管理大会上作了题为"面向21世纪的东西方管理文化"的报告。东方管理文化得到学者和管理实践者们的一致认同,并提出建立管理学的"东方学派"。东方管理学以东方文化为背景,以中国优秀传统文化与管理哲学思想为核心价值体系,以西方现代管理思想与方法为比较对象,培育具有中国特色社会主义与东方文化理想的组织文化软实力,以期塑造和提升企业组织核心竞争力,被国际上称之为"中国发展模式的"系列管理方法与理论实践。

东方管理学建立了一套以"三学理论"为基础,"三为原理""四治体系""五行管理"的创新体系。其中,"三学理论"指中国管理学、西方管理学和华商管理学;"三为原理"指以人为本、以德为先、人为为人;"四治体系"指治国、治生、治家、治身;"五行管理"指人道行为、人心行为、人缘行为、人谋行为、人才行为;"三和思想"是指人和、和合、和谐,这对有中国特色的管理科学的形成具有较强的指导意义。

二、席西民的"和谐管理理论"

西安交通大学席酉民教授1987年提出"和谐理论",这一理论致力于将各个子系统形成和谐状态,进而达到整体和谐的目的。和谐理论被应用于管理学领域,形成了相对完整的和谐管理理论框架。和谐管理就是在不断变化的环境中,组织以和谐主题为中心,通过优化和不确定性削减等方式来解决实际问题。和谐管理借助系统理论与系统方法论,使用"内耗"来反映组织发展的非线性过程这一基本特性。组织中的"人的因素"在内耗中发挥核心作用。这些观察和基于系统理论与系统方法的分析构筑了和谐管理理论的基础。

三、李占祥的"矛盾管理学"

中国人民大学李占祥教授对矛盾管理学进行开创性研究。他在《矛盾管理是管理学的理论基础》(1997 年)一文中指出,企业是一个多元矛盾的复合系统,矛盾产生和解决的不断循环驱动着企业的成长。

管理的过程就是正确处理矛盾的过程。在现阶段环境问题严峻情况下,如何解决企业可持续成长和节约资源、改善生态环境间的矛盾。矛盾管理学建议企业要走可持续成长的管理路线:建立与时俱进的企业事业观,以企业价值最大化为管理目标,正确处理企业成长的内在矛盾,关注企业生命周期重要节点,保持外延规模扩大和内涵素质提高并驾齐驱,学习和创新是有效途径,人才是决定因素。

具有中国特色的管理理论还有很多,比如中国人民大学张立文教授提出的以“和生、和处、和立、和达、和爱”五和原理为基础化解人类生态危机、人文危机、道德危机、精神危机、价值危机的“和合学”,以及中国社科院工业经济研究所黄如金博士创立的“和合管理理论”,将“以人为本”和“和合”作为叠生的价值准则,其精髓是“和气生财,合作制胜”。

2.2 国外管理思想概述

国外管理思想对人类管理理论的形成和发展作出了巨大贡献。20 世纪初泰勒提出“科学管理理论”之后,西方管理理论形成体系。通常来说,以泰勒的“科学管理理论”为界线,“科学管理理论”产生以前的管理思想统称为“早期管理”阶段,20 世纪初至 20 世纪 30 年代统称为“古典管理”阶段,把 20 世纪 40 年代至 80 年代统称为“现代管理”阶段,20 世纪 90 年代以来统称为“当代管理”阶段。

2.2.1 国外早期管理思想

早期国外社会的管理思想主要来源于教会、军队和国家等组织活动中的管理实践经验,如古埃及人金字塔的修建和管理、古罗马帝国的国家治理和军队管理体制、古巴比伦王国的《汉谟拉比法典》、古希腊的部落管理体制、罗马天主教会管理以及威尼斯兵工厂管理等。中世纪的欧洲社会进入封建主义阶段,城市的兴起、贸易的发展和威尼斯造船厂的管理实践促进古典管理思想的形成,涌现了诸如托马斯·阿奎那、马基雅维利和莫尔等人的思想,都对后期的管理思想发展具有一定启示。14~16 世纪,起源于意大利,席卷了整个欧洲的文艺复兴运动,不仅是人类社会发展的一个重大转折点,人文主义思潮对资本主义精神的形成以及 20 世纪初科学管理思想的形成都产生了极为深远的影响。尽管早期社会的管理思想丰富,但是来源于商业领域的思想少见。在这种尚未工业化的环境下,管理思想零散,正式的管理思想没有形成系统。伴随着西方工厂制度的出现,管理理论开始系统形成。

一、早期经济学家对管理思想的贡献

1. 詹姆斯·斯图亚特

詹姆斯·斯图亚特(James D. Stuart),经济学家,英国重商主义后期的重要代表人物,曾被马克思誉为引领亚当·斯密进入经济殿堂的领路人。早在他的《政治经济学原理》(1767年)一书中就提出了劳动分工的概念,论述了工人由于重复操作而获得灵巧性,这一分工思想早于亚当·斯密(Adam Smith)的《国富论》。并且他提出了工作方法研究和刺激工资的作用,指出"如果给一个人每天的劳动规定一定的量,他就会以一种固定的速度工作,永远不想改进他的方法;如果他是计件付酬的,他就会想出一千种办法来增加产量"。

2. 亚当·斯密

亚当·斯密是古典政治经济学的主要创立者,他的《国富论》(1776年)是现代政治经济学研究的起点。他强调劳动分工能有力地推动促进生产的增长,并指责腐朽的、武断的政治限制阻碍了工业的发展。亚当·斯密提出的劳动分工理论适应了当时社会对迅速扩大劳动分工以促进工业革命的需求,成为以后管理理论中一条重要原理。亚当·斯密在研究经济现象时,提出了人都是为了追求自己经济利益的"经济人"观点,对古典管理理论形成和发展产生巨大影响。

二、早期科学管理实践的萌芽

在工业革命的形成过程中,资本主义生产关系和工厂的建立使管理实践活动愈加频繁,促成管理思想的萌芽。一批实业家在管理工厂的过程中开展的管理实践活动,推动了早期管理理论和思想的形成。

1. 理查德·阿克赖特

理查德·阿克赖特(Richard Arkwright),不仅是英国棉纺工业的企业家,也是现代工厂体制的创立人。他于1771年创办了第一个棉纱厂,雇佣了5000多名工人。他在棉纱厂的管理过程中应用高效管理原则,将棉纺织业持续生产的各个工序集中于一个工厂,实行了12小时的工作时间制,并在工厂选址、设备材料、人事管理和组织制度、分工等进行了尝试,向英国棉纺业18世纪产业革命的支柱行业提供了管理实践经验。

2. 小詹姆斯·瓦特和马修·博尔顿

小詹姆斯·瓦特(James Watt)和马修·鲁滨逊·博尔顿(Mathew Robinson Boulton)分别是英国著名的蒸汽机发明家詹姆斯·瓦特和其商业合伙人马修·博尔顿的儿子。1796年他们接管了由其父辈们建立的索霍工场后,为工厂制定了许多管理制度,自觉地应用一些有效的管理思想和方法。比如，为了确定企业的生产能力，准确地编制生产计划，他们进行了针对欧洲大陆蒸汽机市场的需求调查；根据工作流程的需要，有计划地进行机器的布置，实行生产过程规范化、产品部件标准化；建立内部控制制度；人事管理方面制定工人和管理人员的培训和发展规划，选举员工管理委员会，改进员工福利，为员工建立一套互助保险制度。

3. 罗伯特·欧文

罗伯特·欧文(Robert Owen)不仅是19世纪初卓越的实业家，也是知名管理先驱者。欧文的管理思想基于“人是环境的产物”这一观点。他在自己的纺织厂内进行了改革试验。欧文对管理思想的主要贡献是，摈弃了把工人当作工具的做法，禁用未满9岁的童工，缩短工人的劳动时间，提高工资待遇，改善他们的生活和劳动条件，开设福利性的工厂商店，开办工厂子弟学校，建立工人互助储金会。这一系列的改革不仅提高了工厂利润，也改善了工人的生活条件，效果明显。因此，他被称为“现代人事管理之父”。

三、工业革命后管理思想的发展

工业革命使得西方社会的生产力成倍增长，但也带来了产品积压、企业倒闭、工人失业等问题。这种经济背景下的企业该如何管理和发展？处于贫困的工人该何去何从？人性如何适应生产的迅猛发展？这些日益尖锐的矛盾和问题引起管理实践者的重视并致力于这些问题的思考和探索，这便为20世纪初的科学管理思想及古典组织理论的发展奠定了基础。

1. 查尔斯·巴贝奇

查尔斯·巴贝奇(Charles Babbage)是英国的数学家、发明家和科学管理的先驱者，其最具影响力的著作为《论机器和制造业的节约》。巴贝奇凭借着数学基础和在工厂考察经验，提出许多创新的管理思想：

(1)制定企业管理的一般原则。巴贝奇建议通过调查计算出每种作业在一定时间内重复的次数，并以此来确定每种生产过程的精确成本。同时他制定了一种观察制造业的方法，通过与生产人员沟通，密切关注生产材料、工具设备和技术、费用和价格、市场与工人、工期等问题。

(2)探索专业化提高经济效益的具体原因。他发现主要原因包括：劳动分工不仅节省了学习所需时间以及学习所耗费的材料，还节省了工序转变所耗费的时间，工人工作速度加快，进而提高劳动生产率。

(3)在解决劳资矛盾方面，巴贝奇提出了固定工资加利润分成的制度。这种报酬制度包括按照固定性质所确定的固定工资，按照生产率贡献的大小来确定工人的利润和奖金，不仅能激发工人们工作的积极性，更能帮助管理人员和工人之间建立新的和谐的关系。

2. 安德鲁·尤尔

安德鲁·尤尔(Andrew Ure)在《制造业的哲学》一书中阐述了制造业的原则和生产过程,这是一种初期的系统思想,法约尔的一些思想来源于此。他认为每一个企业有三类系统:机械系统、道德系统和商业系统。机械系统指生产的技术和过程;道德系统指工厂中的人事方面,强调工人应该遵从工厂的纪律,好好地进行生产;商业系统指工厂企业通过销售和筹措资金来维持生存。

3. 亨利·普尔

亨利·普尔(Henry Poor)是著名的管理学先驱。他关注于铁路的发展状况、存在问题以及改革措施。在美国铁路公司的经营实践基础之上,他归纳出了大企业管理的3条基本原则:组织原则、沟通原则、信息原则。普尔建立了标准普尔工业指数,有利于评价和衡量相关企业。由于劳资冲突严重,普尔提出要重视人的因素,塑造团队精神和整体观念,需要优秀的领导者担负起管理的责任。

2.2.2 国外古典管理思想

作为管理理论发展的一个重要阶段,古典管理理论产生和形成于19世纪末到20世纪30年代。它主要包括由美国的泰勒及其追随者们所倡导的"科学管理理论"、法国的法约尔提出的"一般管理理论"以及德国的韦伯提出的"组织管理理论"等。

一、泰勒的科学管理理论

弗雷德里克·泰勒(Frederick Taylor)一生致力于科学管理研究,在工厂管理实践中开展了三大试验:"搬运生铁块试验""铁锹试验"和"金属切削试验"。他在试验中直接观察到工人工作时存在的各种问题,并意识到提高管理水平的可能性。《科学管理原理》(1911年)是其主要著作之一。作为古典管理学家、科学管理的主要倡导者,他被称为"科学管理之父"。

1. 泰勒科学管理理论的主要内容

(1)工时研究。泰勒认为工人之所以"磨洋工",其原因在于他们担心超额完成工作会导致失业,因此在工作中宁可少做。通过"搬运生铁块试验",他把工人操作的每个动作分解成尽可能多的简单动作,去掉无用的动作,并通过观察"第一流的工人"的每一个操作动作,选择出最好和最快的操作方法,记录相应所需要的时间,建立各种最优操作方法和时间的档案,并对工人进行操作方法的训练,这就是工时研究。泰勒通过工时研究科学地确定工人的操作方法和时间,发展到今天就是工作定额原理。

(2)标准化。泰勒的标准化原理来自于铁锹试验。为了采用科学的方法来提高工人的劳动效率,他系统地研究了如何使用标准化工具、机器和材料,标准化操作的方法以及如何保持作业环境标准化。

(3)差别计件工资制。泰勒认为造成工人“磨洋工”的原因除了缺乏科学的操作方法外,不合理的分配制度也是始作俑者之一。他提出,要刺激工人劳动生产率,工资标准不仅应该稳定,而且应该随着产量的增加而提高,实行差别计件工资制,完成并超过定额能获得较高报酬。

(4)职能工长制。职能工长制是科学管理理论的重要内容,指由一个工长负责一方面的职能管理工作,细化生产过程管理,即原有制度中的一个人的职能被8个人取代。

(5)计划职能与执行职能分开。在企业中设置专门的计划部门和计划人员,实现专业化,利于企业工作效率的提高。深层次而言,从组织结构的角度奠定了科学管理理论的形成和推广。

(6)例外原则。具有一定规模的企业往往不能仅凭职能原则来管理,还要实施例外原则。为了保证企业的高层管理者集中精力处理企业重大经营决策问题,要将一般性日常事务授权给下级人员。例外原则在管理中发展为授权原则、分权化原则和实行事业部制等管理体制。

2. 泰勒的贡献与局限

科学管理理论的提出标志着管理作为一门学科的形成。泰勒通过亲自试验提出了科学管理原理、原则和方法。因此,泰勒的科学管理理论不仅仅是一种思想和观念,更是一种具体的操作规程。

泰勒的管理思想贡献在于:①用科学的工作方法取代依据个人经验管理的工作法;②用员工选拔、培训和开发的科学方法代替自主选择工作和仅凭主观经验的训练做法;③以沟通来保证工人工作与科学管理原理相一致;④管理者与工人有基本平等的工作和责任范围。

科学管理在美国和欧洲大受欢迎。由于时代局限性,科学管理理论也有不足之处:研究范围和研究内容比较窄,没有涉及现代企业的经营管理、市场、营销、财务等方面的内容;着重研究生产作业管理,如何提高企业的生产效率;对人性假设的局限性,“经济人”是科学管理理论对人的本性的基本认识,忽略了人的“社会”和“心理”方面的需求。

3. 泰勒追随者们的贡献

在科学管理理论的形成和发展过程中,一大批有志于科学管理理论研究的追随者,如亨利·劳伦斯·甘特、吉尔布雷思夫妇等,他们为科学管理理论的发展和传播起了积极的作用。

亨利·劳伦斯·甘特(Henry L. Gantt)是泰勒创立和推广科学管理制度的亲密合作者,也是科学管理运动的先驱者之一。甘特提出了任务和奖金制度,发明了甘特图,即生产计划进度图。甘特非常重视工业中人的因素,他也是人际关系理论的先驱者之一。甘特是在泰勒指导下开始从事管理研究的,并为泰勒创立科学管理原理作出重大贡献。

动作研究是吉尔布雷思夫妇在管理方面做出的最大贡献,弗兰克·吉尔布雷思(Frank B. Gilbreth)被公认为动作研究之父。弗兰克发现工人砌砖的动作各不相同,速度也不相同。因此,他研究工人砌砖的动作,制定出更有效而省时的砌砖方法,并以研究进行任何工作的最好方法作为终身事业。他致力于通过有效的训练,采用合理的工作方法、改善环境和工具,使工人的潜力得到充分的发挥,并保持健全的心理状态。他把新的管理科学应用到实践中,其思想对后来行为科学的发展有一定的影响。

二、法约尔的一般管理理论

亨利·法约尔(Henri Fayol),法国古典管理理论学家。法约尔的著述很多,如《管理的一般原则》(1908)、《工业管理和一般管理》(1916)、《高等技术学校中的管理教育》(1917)、《国家的行政管理理论》(1923)、《公共精神的觉醒》(1927)等。其中,《工业管理和一般管理》标志着一般管理理论的形成。

亨利·法约尔对管理理论和思想最主要的贡献在于 3 个方面:企业基本活动的六大分类,管理活动的五大职能和 14 条管理原则,这也是一般管理理论的核心内容。

1. 企业的基本活动

法约尔认为经营与管理是不同的概念,管理只是经营的一部分,但是普遍存在于各种组织的活动。一般而言,"企业的活动可以分为以下 6 组:技术活动(生产、制造、加工)、商业活动(购买、销售、交换)、财务活动(筹集和最适当地利用资本)、安全活动(保护财产和人员)、会计活动(货物盘点、成本统计和核算)、管理活动(计划、组织、指挥、协调和控制)。不论企业大小、复杂还是简单,这 6 组活动总是存在的。"法约尔这种关于管理的普遍性认识对管理理论的发展是一个重大贡献,也是管理能成为一个科学的认识前提。

2. 管理职能

法约尔认为管理者履行了计划、组织、指挥、协调和控制等 5 项职能。其中,计划制定未来行动方案;组织是建立企业的物质和社会的双重结构;指挥的目的就是让组织发挥作用;协调要使企业一切活动和谐地配合;控制要确保实际工作与计划相符。学者们按照法约尔的研究思想对管理理论进行研究,形成了管理的过程学派,法约尔被称之为管理过程学派的创始人。

3. 管理原则

法约尔在多年的企业管理实践经验基础上,提出了 14 条管理原则。

(1)劳动分工原则。法约尔认为,劳动分工适用于技术工作、管理工作、职能的专业化和权限的划分。劳动分工不仅能扩大生产规模,降低费用成本,也能提高管理工作的效率。但他也指出:“劳动分工有一定的限度,经验与尺度感告诉我们不应超越这些限度。”

(2)权力与责任原则。权力是指挥和要求别人服从的力量,责任是承担的职责和任务。法约尔强调权力与责任要相符一致,建立有效的奖励和惩罚制度。

(3)纪律原则。法约尔认为纪律是企业发展的关键。组织需要制定统一的纪律来规范工人的行为。上级管理者不仅要制定明确而又公平的协定,也要自觉遵守协定,合理执行惩罚。

(4)统一指挥原则。统一指挥原则要求“一个下级人员只能接受一个上级的命令”,这是管理的重要原则。不同领导人同时对同一个人或事情行使权利,会造成管理混乱。

(5)统一领导原则。法约尔认为,统一领导原则要求在设置组织机构时,一个下级只能有一个直接上级,否则会产生多重领导,造成组织运行紊乱。统一领导原则强调一个下级不能有两个直接上级,而统一指挥原则强调一个下级不能同时接受两个上级的指令。

(6)个人利益服从整体利益原则。个人利益或者小集体利益不得超越或者凌驾于组织利益之上。法约尔认为,要维持这一原则,一是管理领导者要以身作则,二是尽可能签订公平的协议,三是做到认真监督。

(7)人员报酬原则。法约尔认为,人员报酬要根据职工的最低生活成本、可雇佣人员数量和企业的基本经营状况来决定,还要考虑职工的劳动贡献。他认为要制定公平、能充分调动职工积极性的报酬和奖励方式,但不能过多地超过合理限度。

(8)集中原则。集中原则主要讨论权力的集中和分散问题。法约尔认为,一个组织的权力是集中还是分散,主要受到领导者的权力以及领导者对发挥下级人员的积极性态度的影响。

(9)等级制度原则。等级制度是指从最高权力机构到低层管理人员的领导系列,是组织内部命令下达和信息反馈的渠道。等级制度原则有利于组织统一指挥,维持组织内信息畅通传递。但是,严格的等级制度、过长的信息沟通路线会导致信息传递低效。为此,法约尔设计了一种“联系板”方法,有利于不同等级中相同层次的人员能在上级允许的情况下直接沟通。

(10)秩序原则。秩序包括物的秩序和人的社会秩序。物的秩序原则要求物归其位,方便所有的工作程序。人的社会秩序原则要求每个人都有一个能充分发挥自身能力的工作岗位。

(11)公平原则。管理中的公平原则就是领导者为了鼓励下级员工忠实而专注地投入其工作职责,在“公道”的基础上,根据实际情况对员工的工作表现进行“善意”的评价。

(12)人员稳定原则。法约尔提出的人员稳定原则,就要使一个人在某一工作岗位上相对稳定地工作一段时间,才能熟悉这项工作,积累工作经验,并取得别人的信任。但人员的稳定是相对的,疾病、退休等原因造成人员不可避免的流动。企业要掌握人员的稳定和流动的度。

(13)首创精神。首创精神是人们在工作中的主动性和创造性。法约尔认为,自我实现需求的满足最能刺激员工的首创精神。管理者要在保证权力和纪律的前提下鼓励和支持员工的首创精神。

(14)团队精神。团队精神能为组织带来巨大力量。管理者培养个人的集体荣誉感和合作精神,加强组织内部关系,营造出和谐团结的气氛,形成团队凝聚力。

泰勒从一线的工厂管理着手企业内部具体工作效率的研究,而法约尔研究企业整体,并创立了一般管理理论。他认为管理理论是“指有关管理的、得到普遍承认的理论,是经过普遍经验并得到论证的一套有关原则、标准、方法、程序等内容的完整体系;有关管理的理论和方法不仅适用于公私企业,也适用于军政机关和社会团体”。

三、韦伯的组织管理理论

德国社会学家和哲学家马克斯·韦伯(Max Weber)对西方古典管理理论的确立做出了杰出贡献。韦伯毕生从事学术研究,对社会学、政治学、经济学、宗教学等领域研究颇深,著述很多,其中比较重要的有《一般经济史》《社会和经济组织的理论》《社会学论文集》《新教伦理和资本主义精神》等。他在管理学上最大的贡献就是“理想的科层组织关系”理论,并被人们公认为“组织理论之父”。

韦伯的科层组织理论主要内容包括:

1. 权力的分类

任何社会组织都要以权力为基础来实现组织目标。韦伯认为有3种不同类型的权力:第一种是法定权力,即合理、合法的权力。这种权力以依法确定的职务或职位为基础。第二种是以“古老的传统的神圣不可侵犯的信念以及对其下属行使权力的人的地位的合法性”为基础的传统权力。第三种是以个人的崇拜和迷信为基础的神授权力。

这3种权力中,传统权力的效率较差,其领导人是通过继承的方式来决定,而非按能力挑选。神授权力依据神秘或神圣的启示而不是依据规章制度,带有浓厚的感情色彩。传统权力和神授权力都不适合当作行政组织体系的基础。法定权力有明确的职权领域和执行等级系列,以才能选人,再以法定程序行使权力,可避免滥用职权。因此,法定权力能保证组织经营管理的持续性健康发展,是组织发展的最佳权力形式。

2. 理想科层组织体系

该理论的核心是通过职务或职位而非个人或世袭地位来管理。理想行政组织体系将组织架构分为3层:最高领导层、行政官员和普通工作人员。科层组织体系依照一定规则建立并发挥作用,按照组织目标要求进行明确劳动分工,建立由上而下的等级制度,形成一个畅通的上下级指挥链,选用能够胜任工作的人员,以知识为依据进行控制,以客观事实为依据实施领导。

2.2.3 国外现代管理思想

古典管理理论将理性带入管理活动之中,大大提高了劳动生产率,但是忽略了人的心理因素和社会需求。于是从20世纪30年代开始,管理学研究侧重于对人和组织行为的研究,促使行为科学理论形成和发展。而后从20世纪40年代至80年代,更多管理者沿着不同方向展开研究,形成了"管理理论丛林"。

一、行为科学理论的产生和发展

早期的古典管理理论和古典组织理论将工人视为"活的机器",强调管理的科学性、精密性和纪律性,忽视了人的心理因素和社会需求。从20世纪20年代开始,心理学被引入管理学研究领域,管理研究的重心逐步从对劳动过程的研究转为对人和组织行为的研究。1949年在美国芝加哥的一次跨学科会议上,第一次提出"行为科学"的概念,直至1953年被正式命名为行为科学。行为科学的研究过程中相继产生了人际关系理论、个体行为理论、群体行为理论以及组织领导理论。

1. 早期行为科学——人际关系学说

人际关系学说的代表人物是乔治·埃尔顿·梅奥(George Elton Mayo),其主要代表作为《工业文明的人类问题》(1933年)和《工业文明的社会问题》(1945年)。

1924年至1932年期间,梅奥在霍桑工厂进行了四个阶段的试验:照明试验、继电器装配工人小组试验、大规模访谈和接线板接线工作室观察研究。霍桑试验的初衷是试图通过改善工作条件与环境等外在因素来提高生产率,但试验研究结果表明人际关系才是影响劳动生产效率的最重要因素,而不是待遇和工作条件。基于试验研究结果,梅奥提出了人际关系学说的主要内容。

(1)工人是"社会人"。"社会人"是人际关系学说对人性的基本假设。"社会人"假设主张人不止追求经济和物质需求,更要追求安全感、归属感和受人尊敬等社会和精神需求。因此,管理者应该重视工人个体的心理需求来调动其工作积极性,提高生产效率。

（2）企业中的非正式组织。企业除了正式组织，还存在一些拥有自己的核心领袖，共同价值标准和观念、行为准则和道德规范的非正式组织。正式组织以效率逻辑为行为规范，非正式组织以感情逻辑为行为规范。如果仅重视生产效率而忽略工人的精神需求，必然导致冲突。所以，管理者要保持正式组织与非正式组织间的平衡，以便管理者与工人之间的合作。

（3）生产效率取决于工人的满意度及人际关系状况。梅奥认为，提高生产效率的主要方式就是提高工人的满意度。高满意度带来员工士气高涨，生产效率也随之提高。高满意度不仅来自于物质需求的满足，更重要的是精神需求，特别是人际关系的满足。

2. 个体行为理论

人际关系学说提出了在管理过程中如何满足人的社会和心理方面的需求来调动工人工作积极性的问题。以马斯洛为代表的诸多学者从个体视角来研究人的行为的基本规律。

（1）马斯洛的需求层次理论。亚伯拉罕·哈罗德·马斯洛（Abraham H. Maslow）在1943年发表的《人类动机的理论》一书中提出了需求层次论。他将需求分成从低至高的五个层次，生理需求、安全需求、社会需求、尊重需求和自我实现需求。生理需求是维持人类生存的最基本要求，如饥、渴、衣、住、行等。安全需求是对人身安全、财产安全等方面的需求。社会需求是对友谊和爱情以及群体归属感等方面的需求。尊重需求是对成就、社会地位和声望的追求。自我实现需求，表现为将自我潜能发挥到最大程度，实现个人理想。马斯洛的需求层次理论为管理者如何充分调动员工工作积极性提供了参考依据。

（2）赫茨伯格的双因素理论。美国心理学家弗雷德瑞克·赫茨伯格（Frederick Herzberg）提出了双因素理论，又称"激励因素-保健因素理论"。所谓激励因素是指能使员工感到满意的因素，如成就、赞赏、责任感、上进心等。改善激励因素能有效地激发员工工作热情，提高生产效率；但激励因素得不到满足，也不会使员工感到不满意。保健因素则不同，所谓保健因素是指造成员工不满意的因素，如金钱、监督、安全、工作环境等。一旦保健因素得不到满足，会使员工产生不满情绪、消极怠工，甚至罢工等对抗行为。尽管在某种程度上改善了保健因素，也难以使员工感到满意，更难以激发他们的工作积极性。

（3）道格拉斯·麦格雷戈的X-Y理论。美国社会心理学家道格拉斯·麦格雷戈（Douglas MC Gregor）提出了X-Y理论。X理论认为，人生而懒惰，常常逃避工作，不求上进，习惯于保守，缺乏理性，视个人安全高于一切。因此，要制定严格的管理制度，采取软硬兼施的管理措施。Y理论的看法恰恰相反。它认为，人并非生性懒惰，要求工作是人的本能；人并非天性逃避责任，多数人愿意承担工作中的责任；外力控制和惩罚不是实现组织目标的唯一手段，通过员工个人需要的满足,使个人和组织目标融合一致,提高生产率。

3. 群体行为理论

群体行为研究是人际关系理论的延续。库尔特·勒温(Kurt Lewin)用群体动力学理论来研究群体行为这一社会实际问题。他认为,个体的行为是由个性特征和场(指环境的影响)相互作用的结果。群体动力学主要研究群体的凝聚力、群体压力和社会规范、群体目标和成员的动机作用、群体的结构特性等。

4. 组织领导理论

相对于群体行为的研究,关于领导行为的研究更多,如在领导者品质理论方面,美国行为科学家威廉·亨利(William Henry)在调查基础之上归纳出成功领导者应具备的12种品质。在领导特征方面,美国经济学家威廉·杰克·鲍莫尔(William Jack Baumol)提出企业家除了掌握领导艺术、具备高效率的企业领导能力外,还应具备10项基本条件。在领导方式方面,美国德克萨斯州立大学心理学教授罗伯特·布莱克(Robert R. Blake)和简·莫顿(Jane Mouton)提出管理方格理论以及美国管理学家威廉·大内(William Ouchi)提出了比较流行的管理理论——Z理论。

二、现代管理理论主要流派和思想

第二次世界大战后的管理理论呈现出流派纷呈的局面。学者们基于前人的经验、理论,结合各自的研究领域,如数学、法学、经济学、社会学、社会心理学、哲学等学科研究管理问题,管理理论的发展出现众说纷纭,莫衷一是的局面。著名管理学者哈罗德·孔茨(Harold Koontz)将20世纪60年代初期这一局面称为"管理理论的丛林",形成了6个主要学派,即管理过程学派、经验学派、人类行为学派、社会系统学派、决策理论学派、数学学派等。时隔19年孔茨又发表《再论管理理论丛林》一文,指出"丛林已显得更加茂密",管理理论学派从6个发展到11个,即:管理过程学派、人际关系学派、群体行为学派、合作社会系统学派、社会技术系统学派、决策理论学派、系统学派、数学学派、权变理论学派、经验学派和经理角色学派。

1. 管理过程学派

管理过程学派又被称为管理职能学派、经营管理理论学派。法约尔是这个学派的创始人。孔茨也是这一学派的重要代表人物。管理过程学派研究管理的过程和职能,通过对工作过程的研究分析,概括和总结出基本的原理和规律性的知识,形成一种管理理论。基于相应的管理理论,通过对原理的实验,传授管理过程中包含的基本原则来改进管理实践。

2. 人际关系学派

孔茨认为20世纪60年代的人类行为学派已经分成人际关系学派和群体行

为学派。人际关系学派着重于研究组织中人与人之间的关系。他们以个人心理学作为理论基础,研究具有社会心理本性的个人行为动机,处理组织中人与人之间的关系。

3. 群体行为学派

群体行为学派以社会学、人类学和社会心理学为理论基础,研究组织中各种群体行为,如小群体的文化和行为方式、大群体的行为特点、非正式组织对正式组织行为的影响、组织中个人的从众行为等。这一学派的研究又被称为"组织行为学"研究。

4. 社会协作系统学派

社会协作系统学派的研究从社会学的视角展开,将组织视为具有社会和心理愿望的人及其行为构成的协作系统。组织成效取决于组织中个人的成效以及人们相互合作的成效。组织如何才能获得必要的个人努力和成员间的有效合作？关键在于组织的管理者。社会协作系统学派着重研究组织中的管理者在这个协作系统中如何有效地维护和协调这个系统。社会协作系统学派的代表人物是切斯特·巴纳德(Chester Barnard)。

5. 社会技术系统学派

社会技术系统学派从组织的社会和技术两个方面来改进组织的变革,创造出一个既能使生产效率更高而又使组织成员更为满意的工作系统。这个学派的学者大都集中于生产的技术系统与人及其工作关系的研究。这一学派的创始人是英国的艾瑞克·特里斯特(Eric L. Trist)。

6. 系统学派

系统学派侧重于用系统的观点来考察组织结构及管理的基本职能。系统学派学者认为组织是由多个子系统构成,企业是由人、物质、机器和其他资源在一定目标下组成的一体化系统,这个系统中的任一子系统的变化都会影响其他子系统。要研究这些子系统及其相互关系,才能有效地构成一个完整系统,把握组织的运行过程。主要代表人物为美国弗里蒙特·卡斯特(Fremont E. Kast)、詹姆斯·罗森茨威克(James E. Rosenzweig)等。

7. 数学学派

数学学派,又称作管理科学学派。这一学派运用数学模型以解决管理过程中出现的问题。借助管理科学方法,降低管理决策中存在的风险,提高决策质量,提高资源投入-产出的最大化经济效益。主要代表人物有弗雷德里克·兰彻斯特(Frederick W. Lanchester)、霍勒斯卡·文森(Horace Levinson)等。

8. 经验学派

经验学派的研究建立在管理经验的基础之上,研究管理人员在个别情况下成功或失败的经验教训,从而总结出一般性的结论,让人们在未来相应的情况下懂得如何运用有效的方法解决问题。经验学派强调用比较的方法来研究和概括管理经验。主要代表人物有彼得·德鲁克(Peter Drucker)、欧内斯特·戴尔(Ernest Dale)等。

9. 权变理论学派

权变理论学派认为,每个组织的内在要素和外在环境条件各不相同,不存在着一成不变、能适用于一切情景的管理理论和方法。管理者要根据组织所处的既定环境以及自身条件,采用不同的管理制度、手段和方法。主要代表人物有弗雷德·卢桑斯(Fred Luthans)、弗雷德·菲德勒(Fred Fiedler)等。

10. 决策理论学派

决策理论学派建立在社会协作系统学派基础上,融合了行为科学、系统理论、计算机科学和运筹学等学科知识形成的一个新的管理理论学派。这一学派围绕合理决策这个核心,研究从各种抉择方案中挑选出最“令人满意”的行动方案。主要代表人物是美国心理学家赫伯特·西蒙(Herbert A. Simon)。

11. 经理角色学派

经理角色学派通过观察经理的实际活动来明确经理角色的内容以求提高管理效率。该学派主要代表人物为加拿大管理学家亨利·明茨伯格(Henry Mintzberg)。明茨伯格通过观察不同组织中5位经理人员的活动,发现经理人员在管理活动中扮演了10个角色,根据经理的工作内容可以分为3大类:①人际关系方面,包括挂名首脑、联络者和领导者3个角色;②信息方面,包括监听者、传播者和发言人等3个角色;③决策方面,包括企业家、故障排除者、资源分配者和谈判者等4个角色。

2.3 当代管理相关理论

进入20世纪90年代以后,计算机的普及,互联网的广泛应用,人类进入信息化、知识化和全球化的新经济时代。环境的变化和激烈的市场竞争给管理理论带来了极大的挑战,产生了一些体现新经济时代特征的管理理论。

2.3.1 迈克尔·波特的竞争战略学说

迈克尔·波特(Michael E. Porter)是哈佛大学商学院教授,也是迄今世界最具影响力的管理学家之一。其主要代表作为《品牌间选择、战略及双边市场力量》(1976年)、《竞争战略》(1980年)、《竞争优势》(1985年)、《国家竞争力》(1990年)。迈克尔·波特获得的崇高地位缘于“5种竞争力量”和“3种竞争战略”的理论观点。

5种竞争力量分别来自供应商、进入者、客户、替代者以及竞争者。这5种作用力决定了行业结构,直接影响了行业的盈利能力(图2-1)。5种竞争力量分析模型能有效地分析客户的竞争环境,对企业战略制定产生全局性的深远影响。

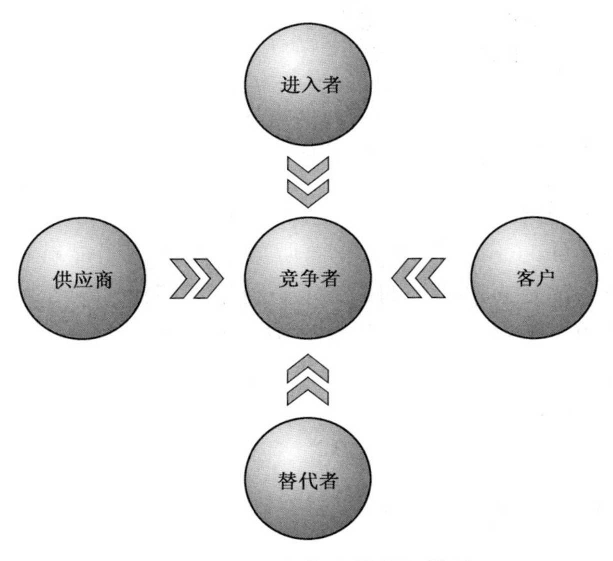

图2-1　五种竞争力量分析模型

波特的竞争战略包括成本领先战略、差异化战略、集中战略。企业要获得竞争优势,就必须从中选择一种作为主导战略。成本领先战略是将企业总成本降低于竞争者;差异化战略则使产品或服务差异化,以其特质获得溢价报酬;集中战略指企业聚焦于某一特定的市场细分、产品种类或地理范围。3种竞争战略有一定差异,企业要具备不同资源和技能才能实施成功。

2.3.2　彼得·圣吉的学习型组织理论

美国学者彼得·圣吉(Peter M. Senge)在《第五项修炼》一书中提出学习型组织理论。企业面临动态变化的外部环境,有必要建立学习型组织,力求精简、扁平化、符合人性、终生学习、不断自我组织再造,以维持竞争力。

彼得·圣吉认为"五项修炼"是建立学习型组织必备技能。

第一项修炼为自我超越。在认识客观世界的基础之上,不断认识自我,提出新的奋斗目标,通过学习和成长的"修炼"提升自己来达到理想。这种修炼是学习型组织的基础。

第二项修炼为改善心智模式。人们的言行往往受限于固有思维习惯和逻辑。唯有通过学习改变心智模式,才能有所突破。

第三项修炼为建立共同愿景。共同愿景是在共同理想、文化和使命作用下,达成组织共识,凝聚组织意志力,为组织共同目标奋斗。

第四项修炼为团队学习。团队学习是培养团队成员整体合作与实现共同目标的能力的过程。通过深度会谈和讨论,组织内部成员相互沟通、建立共识,通过集体思考和分析,做出正确决策。

第五项修炼为系统思考。这是五项修炼的核心。系统思考修炼就是要求组织搜集信息,以系统、动态的观点综观全局,进而建立系统的问题处理模式。

2.3.3 戴明和朱兰的质量管理理论

20 世纪 50 年代末,阿曼德·费根堡姆(Armand Feigenbaum)和约瑟夫·莫西·朱兰(Joseph M. Juran)提出了全面质量管理,"为了能够在最经济的水平上,并考虑到充分满足客户要求的条件下进行生产和提供服务,把企业各部门在研制质量、维持质量和提高质量的活动中构成为一体的一种有效体系"。

全面质量以全员参与为基础,增强员工的质量意识,加强产品质量控制,改进产品设计,优化生产流程,提高售后服务,减少经营质量成本和现场维修成本,为企业降低经营亏损。

2.3.4 企业流程再造理论

企业流程再造最早由迈克尔·哈默教授(Michael Hammer)和詹姆斯·钱皮(James Champy)共同提出。他们将企业流程再造定义为:"为了飞跃性地改善成本、质量、服务、速度等现代企业的主要运营基础,必须对工作流程进行根本性的重新思考并彻底改革。"

企业流程再造要对企业生产经营过程的各个环节进行检查,一旦发现不合理、不必要的环节,就要进行"再造"。一般按以下流程进行实施:①对原流程进行功能分析和效率评估,找出问题;②设计流程改进方案,并进行评估;③改进组织结构、人力资源配置等规划,形成系统的再造方案;④执行与持续改善。外部环境的变化带来了新的机会和挑战,这就要求企业要不断改进再造方案,以顺应新形势的需要。

复习题

1. 我国传统管理思想中儒家思想对现代管理有何启示?
2. 苏东水教授提出的"东方管理学"的研究特点是什么?
3. 欧文在管理思想史上有何贡献?
4. 科学管理理论对"人"是如何认识的?
5. 在管理思想和理论研究上,泰勒和法约尔的认识有何不同?
6. 请比较分析科学管理理论与人际关系学说。
7. 西蒙的决策理论特点有哪些?

8. 为什么会出现哈罗德·孔茨提出的“管理理论的丛林”?

9. 如何评价“管理既是科学,也是艺术”这一观点?

10. 比较中外早期管理思想,并说明两者异同。

参考文献

1. 朱永新. 管理心智[M]. 北京:经济管理出版社,2012.

2. 杨伯峻. 论语译注[M]. 北京:中华书局,2009.

3. 吴照云. 中国管理思想史[M]. 北京:经济管理出版社,2017.

4. 苏东水. 东方管理[M]. 太原:山西经济出版社,2002.

5. 王圆圆. 近代以来中国管理学发展史[M]. 北京:清华大学出版社,2014.

6. 许康,劳汉生. 中国管理科学化的历程[M]. 长沙:湖南科学技术出版社,2001.

7. 黄丹,席酉民. 和谐管理理论基础:和谐的诠释[J]. 管理工程学报,2001,15(3):69-73.

8. Van de Ven AH,Poole M S. Explaining development and change in organizations[J]. Academy of Management Review. 1995,20(3):510-540.

9. 席酉民,刘鹏,孔芳,葛京. 和谐管理理论:起源、启示与前景[J]. 管理工程学报,2013,(2):1-8.

10. 李占祥,等. 矛盾管理学[M]. 北京:经济管理出版社,2000.

11. 张立文. 和合文化与商道——21世纪经济活动的有效路径[J]. 探索与争鸣,2005(2):4-6.

12. 黄如金. 和合管理:创新中国管理科学的探索[N]. 光明日报,2006-05-29.

13. 孙耀君. 西方管理思想史[M]. 太原:山西人民出版社,1987.

14. 郭咸纲. 西方管理思想史[M]. 北京:北京联合出版公司,2013.

15. 林志扬. 管理学原理[M]. 厦门:厦门大学出版社,2000.

16. F·W·泰罗. 科学管理原理[M]. 胡隆祖,冼子恩,曹丽顺,译. 北京:中国社会科学出版社,1984.

17. H·法约尔. 工业管理与一般管理[M]. 周安华,林宗锦,等,译. 北京:中国社会科学出版社,1982.

18. 王建军,杨智恒. 管理思想史[M]. 成都:四川大学出版社,2007.

19. F·赫茨伯格. 赫茨伯格的双因素理论[M]. 北京:中国人民大学出版社,2009.

20. 哈罗德·孔茨. 论管理理论丛林[J]. 曹达夫,译. 外国经济与管理,1984(4).

21. 哈罗德·孔茨. 再论管理理论的丛林[J]. 毛蕴诗,译. 外国经济与管理,1981(5).

第3章　管理主体与客体

【本章提要】

管理主体是管理系统中最核心、最关键的要素,是整个管理系统的驾驭者。根据不同的划分标准,可以对管理者进行不同的类型划分。管理者的素质是指管理者的与管理相关的内在基本属性和品质。管理者的素质主要表现为品德、知识、能力与身心条件。管理者需要具备3种关键的管理技能,分别是:技术技能、人际关系技能和概念技能。

管理客体,相对管理主体而言,一般也称管理对象。管理对象从外延看,主要包括各类社会组织及其构成要素与职能活动。

管理环境是作用和影响管理实施和管理功效的各种外部条件和因素的总和。管理环境按照存在于社会组织的内外范围划分,可分为内部环境和外部环境。根据环境对组织业绩的影响程度,外部环境还可以进一步划分为一般环境和任务环境,内部环境还可以进一步划分为文化环境和经营环境。管理环境决定并制约管理主体和管理客体,起主导作用;管理主体和管理客体改善环境,具有反作用,形成管理生态系统。

管理机制是指管理系统的结构及其运行机理。管理机制具有内在性、系统性、客观性、自动性和可调性五个基本特征。管理机制的类型包括运行机制、动力机制和约束机制。PDCA运行机制不仅在质量管理工作中可以运用,同样也适合于其他各项管理工作。

【学习目标】

理解管理者的基本概念及其类型划分;
了解管理者应具备的基本素质;
掌握管理者应具备的3种关键管理技能;
理解管理客体的3个层面;
理解社会组织的基本特征和主要类型;
了解管理环境的分类;
能够理解并分析管理环境和管理主体的相互作用;
认识管理机制的特征和基本类型;
掌握PDCA循环管理运行机制。

【关键词】

管理主体　管理客体　管理环境　管理机制　PDCA循环

3.1 管理主体

管理主体是管理系统中最核心、最关键的要素，是整个管理系统的驾驭者。组织活动的开展、组织资源的配置、组织目标的实现，所有这些管理行为都要靠管理主体加以实施。管理主体，既表现为单个的管理者，又表现为管理者群体及其所构成的管理机构。而单个的管理者是最重要的管理主体，一般意义上，管理主体主要指单个的管理者。

3.1.1 管理者的基本概念

管理者是管理行为过程的主体，管理者一般由拥有相应权力和责任，具有一定管理能力，从事现实管理活动的人或人群组成。

传统的观点认为，管理者通过协调和监督其他人的工作来完成组织活动中的目标，如斯蒂芬·罗宾斯(Stephen Robbins)认为，"管理者(manager)是协调和监管其他人的工作，以使组织目标能够实现的人"。这种观点强调管理者拥有组织中的正式职位和职权，强调管理者必须拥有下属。

现代观点强调管理者必须对组织负有贡献的责任，而不仅仅是监督指导。如彼得·德鲁克(Peter Drucker)认为，"在一个现代的组织里，如果一位知识工作者能够凭借其职位和知识，对该组织负有贡献的责任，因而能实质地影响该组织的经营能力及达成的成果，那么他就是一位管理者"。这种观点强调作为管理者首要的标志是必须对组织的目标负有贡献的责任，对组织成果的形成有实际影响力，而不在于他是否有下属。正如彼得·德鲁克所言，"在每一个知识型组织中，总有人单独作战，虽然他们没有下属，但他们仍然算是管理者"。

综上所述，本书对管理者的定义界定为：管理者是运用一定的职务和权力，履行计划、组织、领导、控制、创新等管理职能，对实现组织目标负有贡献责任，并对组织目标的实现产生实际影响力的人。

3.1.2 管理者的类型划分

根据不同的划分标准，可以对管理者进行不同的类型划分。

一、按照管理层次划分

按照管理层次划分，可将管理者划分为基层管理者、中层管理者和高层管理者，这种划分通常适用于具有传统金字塔结构的组织中。

(1)基层管理者(frontline managers)。基层管理者也称一线管理者，是指那些在组织中直接负责非管理类员工日常活动的人。基层管理者的主要职责是直接指挥和监督现场作业人员,保证完成上级下达的各项计划和指令。例如,某个企业生产车间的工段长、班组长属于基层管理者。

(2)中层管理者(middle managers)。中层管理者是指位于组织中的基层管理者和高层管理者之间的人,在组织中起到承上启下、上传下达的作用。中层管理者的主要职责是正确把握和领会高层管理者的指示精神和指导意见,创造性地结合本部门的工作实际,有效指挥、指导各基层管理者开展各项工作。例如,某个组织职能部门的负责人、某个企业的部门经理、地区经理等属于中层管理者。

(3)高层管理者(top managers)。高层管理者是指组织中居于顶层或接近于顶层的人。高层管理者对组织负全部责任,高层管理者的主要职责侧重于沟通组织与外部的联系,决定组织中各类事项的大政方针。例如,某个企业的总裁、总经理属于高层管理者。

二、按照管理层次工作的性质和领域划分

按照管理层次工作的性质和领域划分,可将管理者划分为综合管理者和职能管理者。

(1)综合管理者。综合管理者是指负责管理整个组织或组织中某个事业部(或某个所属单位)全部活动的管理人员。综合管理者是一个组织或其所属单位的主管,对整个组织或该单位目标实现负有全部的责任;他们拥有该组织或单位所必需的权力,有权指挥该组织或单位的全部资源与职能活动,而不仅仅对某一资源或职能负责。例如,一个工厂的厂长,一个企业集团的董事长,一个大学的校长等,他们都是综合管理者。

(2)职能管理者。职能管理者是指仅仅负责管理组织中某一类活动的管理人员。职能管理者只对组织中的某一职能或专业领域的目标负责,只在本职能或专业领域内行使职权。例如,一个工厂的财务经理,一个企业集团的营销总监,一个大学的人事处处长等,他们都是职能管理者。就一般工商企业而言,其职能管理者主要包含:生产管理、营销管理、财务管理、人事管理、技术管理、物资设备管理、行政管理、安全保卫管理和后勤管理等。

三、按照职权关系的性质划分

按照职权关系的性质划分,可将管理者划分为直线管理者和参谋管理者。

(1)直线管理者。直线管理者是指有权对下级进行直接指挥的管理人员,他们与下级之间存在着直接的领导与隶属关系,是一种命令与服从的职权关系。直线管理者的主要职能是决策和计划。直线管理者通常是指综合管理者。

(2)参谋管理者。参谋管理者是指对上级提供咨询、建议,对下级进行专业指导的管理人员。他们与上级是一种参谋、顾问的关系,与下级是一种非领导隶

属的专业指导关系。参谋管理者的主要职能是咨询、建议和指导。参谋管理者通常是指各级职能管理者。

直线管理者和参谋管理者是按照职权关系进行的区分,是相对于职权作用对象而言的。在实际的管理过程中,两者经常转化。例如,在一个组织内,人事处处长相对于其他部门来说是参谋管理者,因为其只在人事管理领域内进行专业指导;而对于人事处内的人员来说,人事处处长又是直线管理者,因为其对本处工作人员有直接指挥的权力。

3.1.3 管理者的基本素质

从管理者的职责出发,并非人人都可以成为合格的管理者,管理者必须具备特有的素质才能履行好管理者的各项职责。管理者的素质是指管理者的与管理相关的内在基本属性和品质。管理者的素质主要表现为品德、知识、能力与身心条件等方面。

一、政治素质

管理者是国家方针、政策的宣传者、贯彻者和实施者,要正确处理国家、企业和个人三者之间的利益关系。因此,管理者必须贯彻执行党和国家的各项方针和政策,在管理实践中,自觉维护和尊重员工的主人翁地位,切实关心和维护员工的切身利益。

二、品德素质

这是指管理者的思想修养水平、思想境界与品德情操。有才无德的管理者,凭借其才能有可能带领组织取得辉煌的成果,并因此使自己的事业获得成功。但国内外大量的事实表明,这种辉煌和成功往往是短暂的。从长远来看,德才兼备,是任何一个管理者获得成功的必备条件。

三、文化素质

这是指管理者应当具备的良好的个性修养和广博的文化知识。管理者的个性是影响管理工作成败的一个重要因素,一个成功的管理者必须具备自信、谦虚、诚实、心胸开阔和具有吃苦耐劳精神。同时,由于管理的对象是多种多样的,这就要求管理者应当具有广博的知识才能应对各种各样的问题。管理者的知识结构从总体上而言应该是懂法律、精经济、强管理,了解人文历史和科学技术。

四、业务素质

这是指管理者在所从事工作领域内的知识与能力,包括一般业务素质和专门业务素质。管理者不但要懂管理,而且也要懂技术,懂业务。管理者只有具备良好的业务素质,才能在管理过程中遵循客观规律,提高管理效率,避免官僚主义,同时也有利于在下属心目中树立良好个人形象和魅力。

五、心理素质

现代管理者应具备良好的心理素质。主要包括:敏锐的信息观念,强烈的竞争意识,有效的时间观念,宽容大度的胸怀,执着的求知欲,坚韧不拔的意志,稳定而乐观的情绪,广泛而健康的兴趣等。

六、身体素质

这是指管理者应当具备强健的体质和充沛的精力。现代管理者要面对管理问题的复杂性,产品市场的多变性,工作时间的不确定性,必须具备良好的身体素质,才能胜任繁重的管理任务。

七、创新素质

这是指管理者在先天遗传素质基础上,后天通过环境影响和教育所获得的稳定的在创新活动中必备的基本心理品质与特征。在社会化大生产不断发展,市场竞争日趋激烈,知识经济已见端倪的今天,要进行有效的管理,要求管理者必须具备良好的创新素质。管理者的创新素质主要是指管理者必须具备一定的创新意识、创新精神、创新思维和创新能力。

3.1.4 管理者的主要技能

不管什么类型的组织中的管理者,也不管他处于哪一管理层次,所有的管理者都需要掌握一定的管理技能。罗伯特·李·卡茨(Robert L. Katz)提出,管理者需要具备3种关键的管理技能,分别是:技术技能(technical skills)、人际关系技能(interpersonal skills)和概念技能(conceptual skills)。

一、技术技能

技术技能是指管理者运用某个专业领域内有关的工作原理、工作程序、工作知识和工作技术来完成组织任务的能力。技术技能强调内行领导,如工程师、会计、技术员等。技术技能对一线管理者更加重要,有着优秀技术技能的员工常常被提拔为基层管理者。

二、人际关系技能

人际关系技能是指管理者处理有关人际关系的技能,如人际交往等。拥有良好人际关系技能的管理者,他们知道如何沟通、激发、领导、鼓励和信任。人际关系技能对所有的管理者都同样重要,因为所有的管理者都要与人打交道。特别是在“以人为本”的今天,人际关系能力对于现代管理者,是一项极其重要的基本功。

三、概念技能

概念技能是指管理者能够深刻洞察企业内部资源与外部环境相互影响的复杂性,并加以分析、判断、抽象、概括,在此基础上迅速作出决断的能力。具体包括:系统性、整体性能力,识别能力,抽象思维能力,创新能力等。概念技能对于组织的战略决策和发展具有极其重要的意义,是高层管理者所必须具备的,也是最重要的一种技能。

综上所述,不同层级管理者,由于所处地位、作用和职能不同,对三种关键管理技能的需要程度也明显不同。高层管理者尤其需要掌握概念技能,且所处层次越高,对概念技能要求越高。高层管理者对技术技能的要求就相对低一些。相反,基层管理者对技术技能的要求就相对较高,而对概念技能要求相对不高。对中层管理者而言,技术技能、人际关系技能和概念技能都很重要,尤其是对人际关系技能要求较高,因为他们的管理职能主要表现为执行和协调,对上下左右的人际交往和沟通能力自然要求更高。

不同管理层级对3种关键管理技能的需要程度差异情况,如图3-1。

高层管理者	概念技能	人际关系技能	技术技能
中层管理者	概念技能	人际关系技能	技术技能
基层管理者	概念技能	人际关系技能	技术技能

图3-1 不同管理层级需要的技能比例

【案例与思考】甜美的音乐

马丁吉他公司成立于1833年,位于宾夕法尼亚州拿撒勒市,被公认为世界上最好的乐器制造商之一。就像Steinway的大钢琴、Rolls Royce的轿车,或者Buffet的单簧管一样,马丁吉他每把价格超过10000美元,是你能买到的最好的东西之一。这家家族式的企业历经艰难岁月,已经延续了6代。目前的首席执行官是克里斯琴·弗雷德里克·马丁,他秉承了吉他的制作手艺。他甚至遍访公司在全世界的经销商,为它们举办培训讲座。很少有哪家公司像马丁吉他一样有这么持久的声誉。那么,公司成功的关键是什么?一个重要原因是公司的管理和杰出的领导技能，它使组织成员始终关注像质量这样的重要问题。

马丁吉他公司自创办起做任何事都非常重视质量。即使近年来在产品设计、分销系统以及制造方法方面发生了很大变化，但公司始终坚持对质量的承诺。公司在坚守优质音乐标准和满足特定顾客需求方面的坚定性渗透到公司从上到下的每一个角落。不仅如此，公司在质量管理中长期坚持生态保护政策。因为制作吉他需要用到天然木材，公司非常审慎和负责地使用这些传统的天然材料，并鼓励引入可再生的木材替代品种。基于对顾客的研究，马丁公司向市场推出了采用表面有缺陷的天然木材制作的高档吉他，然而，这在其他厂家看来几乎是无法接受的。

马丁公司使新老传统有机地整合在一起。虽然设备和工具逐年更新，雇员始终坚守着高标准的优质音乐原则。所制作的吉他要符合这些严格的标准，要求雇员极为专注和耐心。家庭成员弗兰克·亨利·马丁在1904年出版的公司产品目录的前言里向潜在的顾客解释道："怎么制作具有如此绝妙声音的吉他并不是一个秘密。它需要细心和耐心。细心是指要仔细选择材料，巧妙安排各种部件，关注每一个使演奏者感到惬意的细节。所谓耐心是指做任何一件事不要怕花时间。优质的吉他是不能用劣质产品的价格造出来的。但是谁会因为买了一把价格不菲的优质吉他而后悔呢？"虽然100年过去了，但这些话仍然是公司理念的表述。虽然公司深深地植根于过去的优良传统，现任首席执行官马丁却毫不迟疑地推动公司朝向新的方向。例如，在20世纪90年代末，他作出了一个大胆的决策，开始在低端市场上销售每件价格低于800美元的吉他。低端市场在整个吉他产业的销售额中占65%。公司DXM型吉他是1998年引入市场的，虽然这款产品无论外观、品位和感觉都不及公司的高档产品，但顾客认为它比其他同类价格的绝大多数吉他产品的音色都要好。马丁为他的决策解释道："如果马丁公司只是崇拜它的过去而不尝试任何新事物的话，那恐怕就不会有值得崇拜的马丁公司了。"

马丁公司现任首席执行官克里斯琴·费雷德里克·马丁的管理表现出色，销售收入持续增长，在2000年接近6亿美元。位于拿撒勒市的制造设施得到扩展，新的吉他品种不断推出。雇员们描述他的管理风格是友好的、事必躬亲的，但又是严格的和直截了当的。虽然马丁吉他公司不断将其触角伸向新的方向，但却从未放松过对尽其所能制作顶尖产品的承诺。在马丁的管理下，这种承诺决不会动摇。

（资料来源：http://www.wangxiao.cn/gl/9053414967.html）

讨论：根据罗伯特·李·卡茨的三大技能理论，你认为哪种管理技能对克里斯琴·费雷德里克·马丁最重要？解释你的理由。

3.2 管理客体

管理客体,相对管理主体而言,一般也称为管理对象,是管理者为实现管理目标,通过管理行为作用其上的客体。管理对象是管理行为的受作用一方,对管理行为成效的达成和组织目标的实现,具有重要的影响作用。管理对象从外延看,主要包括各类社会组织及其构成要素与职能活动。

3.2.1 组织层面的管理对象

管理行为的产生,首先体现为管理主体针对特定的群体或组织来实施。从管理学的角度看,组织(organization)是指具有明确的目标导向、完整的结构与有意识协调的活动系统的社会实体。狭义的组织专门指特定的社会人群。在现代社会生活中,组织是人们按照一定的目的、任务和形式编制起来的社会集团,组织不仅是社会的细胞和基本单元,也是社会的基础。因此,管理对象首先可以理解为各种社会组织,这些社会组织具有不同功能和类型。

一、社会组织的特征

(1)特定明确的组织目标。组织目标是指组织希望达到的未来某种预期状态,包括组织的使命与责任、成果的具体量化指标等。组织目标可以是单一的,也可以是具有内在联系的目标体系,一般分为远期目标和近期目标。组织目标一般是明确的、具体的。

(2)分工明确的组织结构。组织结构是保障组织目标实现的基础。为了实现特定的组织目标,社会组织一般根据功能和分工,设计制度化的职位分层体系与部门分工结构。社会组织通过组织结构体系设计,协调各个职能部门活动,顺利开展组织活动并达到组织目标。

(3)相对固定的组织成员。社会组织成员是相对固定的,组织内部成员一般具有明确的组织归属性。相对固定的组织成员构成了组织自身存在的实体基础。组织成员的增加或减少一般要按照特定的程序进行。

(4)统一有效的行动规范。没有规矩不成方圆。组织一般具有统一有效的行动规范,行动规范一般是以组织章程的形式出现,并作为组织成员开展活动的依据。行动规范是组织内部每个成员必须遵守的,对组织成员的活动具有约束性,以维护组织活动的统一性和有效性。

(5)全面开放的组织系统。从系统论的观点看,社会组织是一个全面开放的系统。组织的开放性,具体表现为组织内部各种资源要与组织外部环境进行物质、信息、人员等各种要素的持续交换。

二、社会组织的类型

根据不同的标准,可以对社会组织进行不同的类型划分。本书根据社会组织的性质和功能,将社会组织划分为政治组织、经济组织、文化组织、宗教组织和群众组织五大类。

(1)政治组织。政治组织是一定阶级、阶层的利益和意志的集中体现。政治组织主要包括政权组织和政党组织。国家机关、军队、法院、监狱、警察等属于政权组织。中国共产党、九三学社等属于政党组织。

(2)经济组织。经济组织是人类社会最普遍、最基本的社会组织。现代经济组织是工业化以后出现的专业化社会组织。经济组织包括农业、工业、商业、交通运输、第三产业等组织。

(3)文化组织。文化组织是从事传播人类文化成果、科学研究,保障社会成员文明健康生活的内容广泛的多层次、多种类社会组织。文化组织包括文艺、教育、科技、医疗卫生、体育、大众传媒等组织。

(4)宗教组织。宗教组织是宗教信仰者在其中过宗教生活、进行宗教活动的机构、团体、社会或其他形式的群体。

(5)群众组织。群众组织包括:基层群众自治组织(如城市居委会、农村村民自治会)、某些政治性群众团体(如工会、共青团、妇联)和社团组织(如学会、协会)。群众组织具有广泛的群众性,为各界群众参与政治生活、社会生活提供了广阔的舞台,是党和政府联系各界群众的重要桥梁。

需要指出的是,组织层面的管理对象,不仅包括社会组织本身,而且也包括社会组织内部的单位或部门,即在各种社会组织(独立法人)内部设置的各种单位或部门。

3.2.2 要素层面的管理对象

任何社会组织要发挥其功能,实现其目标,必须拥有一定的内部和外部的资源或要素。管理目标能够得以顺利实现,正是依靠管理者通过对这些资源或要素进行调配和组织。因此可以说,这些资源或要素也就成为管理者直接的管理对象。组织的资源和要素主要包括人员、资金、物资设备、时间和信息,各有其特定的属性与功能。

一、人力资源

"人力资源是第一资源。"在一切资源中,人力资源是最为宝贵的。人力资源是管理对象中的核心要素,所有管理要素都是以人为中心存在和发挥作用。人的管理是管理者最重要的职能。管理者要在人与人之间的互动关系中,通过科学的领导和有效的激励,最大限度地调动人的积极性,以保证目标的实现。

二、资金资源

"金钱不是万能的,但是没有钱是万万不能的。"资金是任何社会组织,特别是营利性经济组织极为重要的资源,是管理对象的关键性要素。要保证组织目标的顺利实现,保证组织职能活动正常开展,管理者就必须对资金资源进行科学高效的管理。

三、物资资源

"物质是不灭的,它们总是绝对地保持着原有的恒量。"物资资源是社会组织开展职能活动,实现目标的物质条件与保证。通过对组织内部物资资源的科学管理,充分发挥物资资源的作用,也是管理者的一项经常性工作。

四、时间资源

"时间就是金钱。"时间资源是组织的一种流动形态的资源,也是重要的管理要素。时间管理是现代管理者必不可少的技能。现代管理中,纷繁复杂的信息越来越多,各种事件来得越来越快。管理者必须重视对时间的管理,科学地运筹时间,在越来越紧的期限内完成任务,提高管理效益。

五、信息资源

"信息技术是21世纪的第一生产力。"在移动互联网、大数据、人工智能快速发展的今天,信息资源已成为极为重要的管理对象。现代管理者,特别是高层管理者,已越来越多地不再直接接触事物本身,而是同事物的信息打交道。信息既是组织运行、实施管理的必要手段,又是一种能带来效益的资源。管理者必须高度重视,并科学地管理好信息资源。

3.2.3 活动层面的管理对象

社会组织正是通过开展一系列职能活动,形成一系列工作环节,以此实现其功能或目标。现代管理者只有对这些职能活动或工作环节进行有效的管理,才能保证组织目标的实现。因此,这些职能活动或工作环节本身也成为管理的对象。例如,一个企业的主要职能活动包括生产、研发、营销、后勤等;一所大学的主要职能活动包括教学、科研、服务社会和传承文化等。

管理是使组织实现目标的过程效率化、效益化的行为。因此,最经常、最大量的管理对象是社会组织实现基本职能的各种活动。管理的功效,主要体现在组织的各种职能活动在管理的作用下更有秩序、更有效率、更有效益。管理者正是在对各种活动进行筹划、组织、协调和控制的过程中,发挥着管理的功能。

3.3 管理环境

管理环境是影响和作用管理实施和管理功效的各种外部条件和因素的总和。管理环境决定并制约管理主体和管理客体,起主导作用;管理主体和管理客体改善环境,具有反作用,形成管理生态系统。

3.3.1 管理环境概述

一、管理环境的概念

管理环境(management environment)是指存在于一个组织内部和外部的影响管理实施和管理功效的各种力量、条件和因素的总和。任何一个组织的绩效,都受制于存在于组织内外部的管理环境。

二、管理环境的分类

管理环境按照存在于社会组织的内外范围划分,可分为内部环境和外部环境。根据环境对组织业绩的影响程度,外部环境还可以进一步划分为一般环境和任务环境,内部环境还可以进一步划分为文化环境和经营环境,如图 3-2。

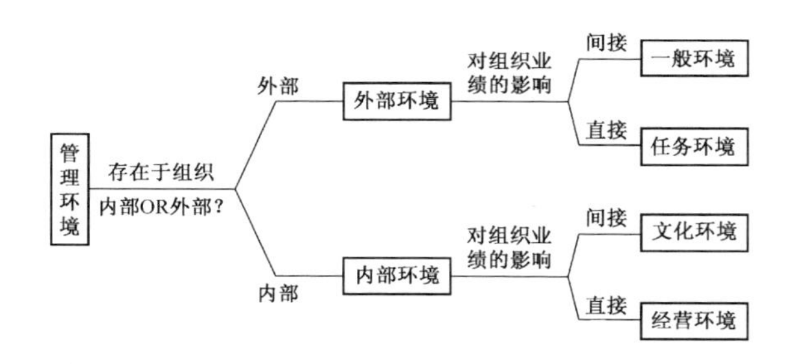

图 3-2 管理环境的分类

(1)外部一般环境。也称外部宏观环境,是指可能对组织活动产生影响的各种宏观社会因素。主要包括社会经济环境、社会政治环境、社会法律环境、社会文化环境和社会科学技术环境,如图 3-3。

(2)外部任务环境。是指对组织目标任务的实现有直接影响的外部环境因素。主要包括供应商、顾客、竞争者、同盟者、政府部门、社区和相关利益者等。

(3)内部文化环境。是指一个组织在长期的发展过程中逐步形成和发展起

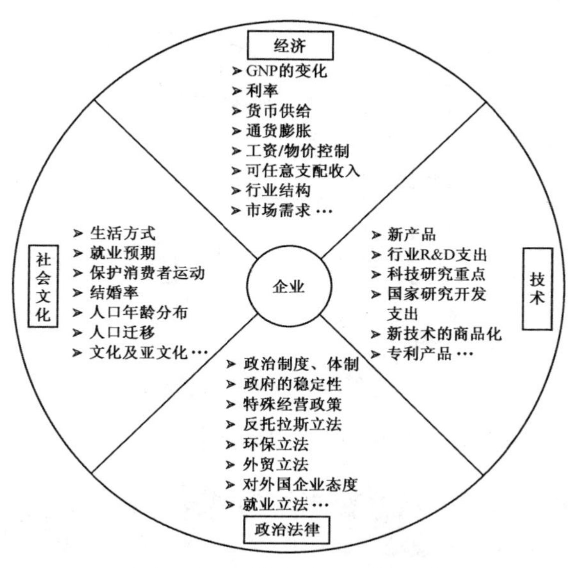

图3-3　组织的外部一般环境

来的日趋稳定的、独特的组织使命和组织价值观，以及以此为核心而形成的组织内部的行为规范、道德准则、群体意识、风俗习惯等。

(4)内部经营环境。是指一个组织所拥有的资源和具有的能力。组织资源包括人力资源、资金资源、技术资源、物质资源、客户资源、关系资源等。组织能力包括人力资源管理能力、财务管理能力、产品开发和技术研发能力、市场拓展能力、经营管理能力等。

3.3.2　管理环境对管理主体的影响

外部环境决定了一个组织可以做什么和不可以做什么，它一方面限制管理者的行动自由，另一方面又扩大了他们寻求外来资源与支持的机会。同时，在一个组织内部环境中，对管理者而言，总存在着3部分人，有的支持他，有的反对他，有的持观望态度，内部环境决定了该组织中的管理者能够做什么、做到何种程度等。在内外环境允许的范围内，管理者才能有所作为(图3-4)。因此，管理者的工作成效通常取决于他们对环境的了解、认识和掌握的程度，取决于他们能否正确、及时和迅速地作出反应。

一、外部环境不确定性对管理者的影响

环境不确定性是指一个组织的外部环境的变化程度和复杂程度。环境的变化程度是指外部环境的变化与稳定程度，环境的复杂程度是指组织外部环境构成要素的数量以及该组织对这些构成要素的了解程度。根据环境的变化程度和

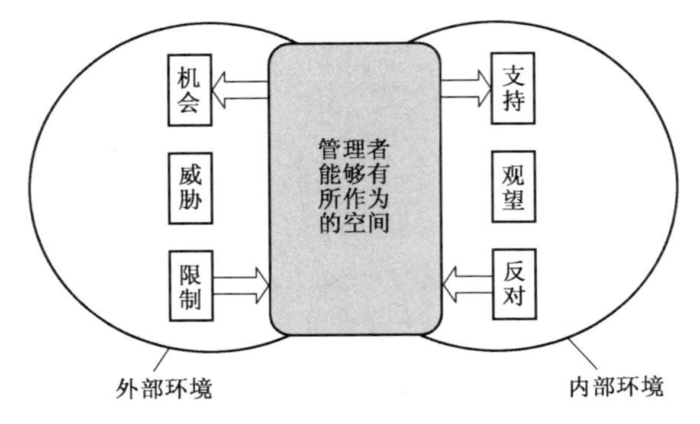

图 3-4　管理者有所作为的空间

复杂程度两个维度，可以画出环境不确定性矩阵，如图 3-5。

复杂程度 \ 变化程度	稳定	动态
简单	单元1 稳定的和可预测的环境 要素少 环境要素有些相似并基本上保持不变 对要素的复杂知识的要求低	单元3 动态的和可预测的环境 要素少 环境要素有些相似但处于连续的变化过程中 对要素的复杂知识的要求低
复杂	单元2 稳定的和不可预测的环境 环境要素多 要素间彼此不相似但单个要素基本维持不变 对要素的复杂知识的要求高	单元4 动态的和不可预测的环境 环境要素多 要素间彼此不相似并且处于连续变化中 对要素的复杂知识的要求高

图 3-5　环境不确定性矩阵

环境不确定性对管理者的管理功效构成很大的威胁。环境不确定性越大，对管理者的影响也越大。例如，在图 3-5 中，单元 1（稳定和简单的环境）代表最低程度的环境的不确定性，单元 4（动态和复杂的环境）代表最高程度的环境的不确定性。在单元 1 中，环境不确定性对管理者影响最小，因而管理者对组织绩效的影响最大。在单元 4 中，环境的不确定性对管理者影响最大，因而管理者对组织绩效的影响则最小。

二、内部组织文化环境对管理者的影响

组织文化是指组织在长期的实践活动中所形成的并且为组织成员普遍认可

和遵循的具有本组织特色的价值观念、团体意识、行为规范和思维模式的总和。

关于组织文化的定义,有 3 个方面的暗示。第一,组织文化是一种感知。它不是可以被实际触摸或看见的物体,但是员工基于自己在组织中的经历可以感知到它。第二,组织文化是描述性的。它与成员如何感知文化和描述文化有关,而与他们是否喜欢文化无关。第三,组织中的个人尽管有不同的背景或在组织的不同层级工作,但他们趋向于采用相似的术语来描述组织文化。

组织文化可以用 7 个维度来准确表述,这 7 个维度是:关注细节、成果导向、员工导向、团队导向、进取性、稳定性、创新和风险承受力,如图 3-6。组织的个性通常通过其中的一个文化维度得以塑造。管理者的决策受到其所处的组织文化的影响。具体而言,组织文化影响和限制了管理者计划、组织、领导和控制的方式。例如,管理者在执行计划职能时,应考虑到组织文化中的创新和风险承受力、员工导向、团队导向,即,计划应该包含的风险程度有多大,计划是否应该由个人或团队开发。又如,管理者在执行组织职能时,应考虑到组织文化中的员工导向、团队导向、进取性,即,员工的工作中应加入多少自主性,是否应该由员工或团队完成。

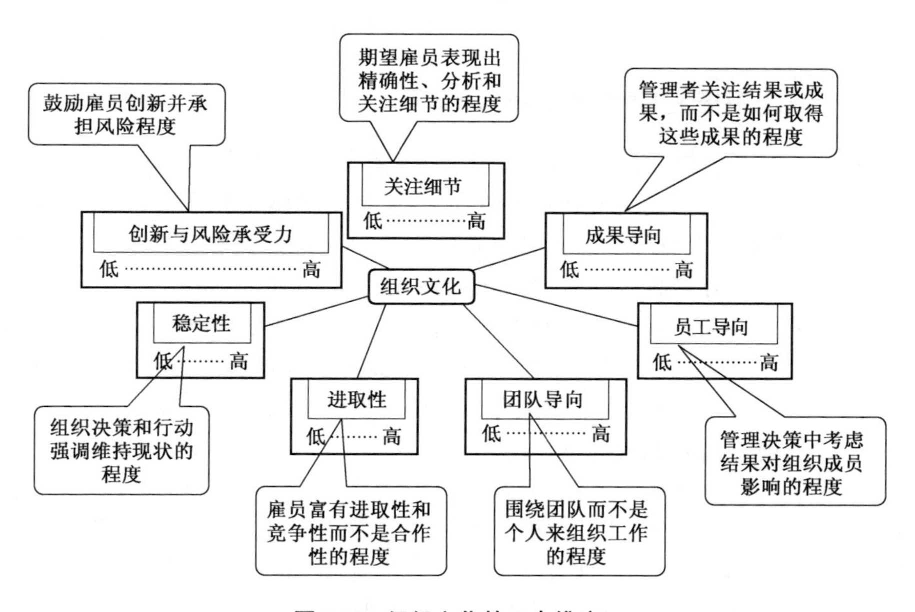

图 3-6　组织文化的 7 个维度

三、利益相关者关系对管理者的影响

利益相关者(stakeholders)是受组织决策和行动影响的、与公司业绩相互关联的任何个人或组织。利益相关者包括组织内部的群体也包括外部的群体，如图3–7。利益相关者关系的本质是环境影响管理者的另一种方式。这些关系越显著和安全，管理者对企业绩效的影响就越大。利益相关者越关键，环境越不稳定，对管理者的影响就越大，管理者就越需要与利益相关者建立明确关系的方法。

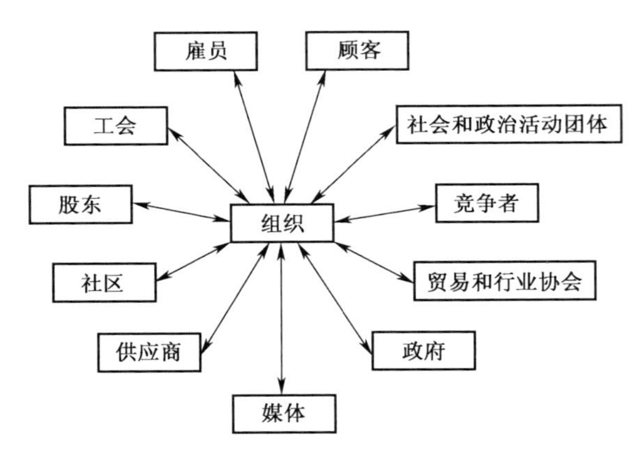

图3–7 组织的利益相关者

3.3.3 管理主体对管理环境的反作用

从一般意义上讲，人跟其他生物体一样，都是环境的产物，同时又不同程度地对环境变化带来一定的影响。当然，人与其他生物体具有本质的不同，那就是具有智慧，这使得人对环境的影响与其他生物对环境的影响也具有了本质的区别，那就是：人具有主观能动性，可以能动地影响环境，改造环境。

具体到管理者和管理环境的关系也是一样。管理者能否有所作为，能够有效地提高组织绩效，实现组织目标，首先要受到外部环境和内部环境的影响。与此同时，管理者作为一个具有管理智慧和积极主观能动性的群体，对包括组织内外的管理环境也具有积极的反作用。

管理者与管理环境的关系，大致可以分成四种情况：第一种是管理者不能适应管理环境，即管理者无法适应组织内外的管理环境，其结果是导致管理者不能胜任管理工作；第二种是管理者被动适应管理环境，即管理者起初不适应环境，但通过一段时间的体验、磨合，逐渐适应了管理环境，这种适应主要是被动的，甚至被迫的；第三种是管理者主动适应管理环境，即管理者起初不适应环境，但能够根据自己的需要，积极主动地调整心态，整合管理环境中的各种资源条件，尽可能地充分发挥各种资源条件的综合效果；第四种是管理者创造管理环境，即管理者能够按照自己的主观愿望、要求，创造新的管理环境，使管理环境为自己的管理实践服务。

这四种情况反映了管理者在处理与管理环境关系的时候可能达到的境界。这四种境界也是管理者驾驭自我和环境能力不断提升的4个阶段,即从管理者的成长过程看,最初是不能适应管理环境,然后到被动地适应,再到主动适应环境,直至最后达到创造环境的最高阶段。

3.4　管理机制

【案例与思考】降落伞的合格率

第二次世界大战期间,美国空军降落伞的合格率为99.9%,这就意味着从概率上来说,每1000个跳伞的士兵中会有1个因为降落伞不合格而丧命。军方要求厂家必须让合格率达到100%才行。厂家负责人说他们竭尽全力了,99.9%已是极限,除非出现奇迹。军方(也有人说是巴顿将军)就改变了检查制度,每次交货前从降落伞中随机挑出几个,让厂家负责人亲自跳伞检测。从此,奇迹出现了,降落伞的合格率达到了百分之百。

(资料来源:http://www.sohu.com/a/199240371_246516)

讨论:你认为降落伞的合格率达到100%的原因是什么?

3.4.1　管理机制的含义

有什么样的管理机制,就有什么样的管理。所谓管理机制,是指管理系统的结构及其运行机理。管理机制本质上是管理系统的内在联系、功能及运行原理,是决定管理功效的核心问题。

3.4.2　管理机制的特征

(1)内在性。管理机制的形成与作用完全由自身决定,是一种内运动过程,反映了管理系统的内在结构与机理。

(2)客观性。管理机制是一种不以任何人的意志为转移的客观存在。任何一个组织,只要其内部结构、功能既定,必然要产生与之相应的管理机制。

(3)系统性。管理机制是一个完整的有机系统,具有保证其功能实现的结构与作用系统。

(4)自动性。管理机制一经形成,就会按一定的规律、秩序,自发地、能动地诱导和决定企业的行为。

(5)可调性。管理机制不是一成不变的,组织结构的变化,就会相应改变管理机制的类型和作用效果。

3.4.3 管理机制的类型

(1)运行机制。运行机制是指组织基本职能的活动方式、系统功能、运行方式、运行原理。运行机制是组织中最基本的管理机制,是管理机制的主体。运行机制具有普遍性。任何组织,大到一个国家,小到一个企业、单位、部门,都有其特定的运行机制。

(2)动力机制。动力机制是一种极为重要的管理机制,是为管理系统运行提供动力的机制。所谓动力机制,是指管理系统动力的产生与运作的机理。系统的运行,组织成员的行为,都是在一定的动力机制作用下发生。动力机制的构成主要包括利益驱动、政令推动和社会心理推动。

(3)约束机制。约束机制是对管理系统行为进行修正的机制,其功能是保证管理系统的正确运行,以达到管理目标的实现。所谓约束机制,是指对管理系统行为进行限定与修正的功能与机理。约束机制主要包括权力约束、利益约束、责任约束和社会心理约束四个方面。

3.4.4 管理运行机制:PDCA 循环

一、PDCA 循环的含义

PDCA 循环是美国质量管理专家沃特·阿曼德·休哈特(Walter A. Shewhart)首先提出的,由爱德华兹·戴明(W. Edwards Deming)采纳、宣传,获得普及,所以又称戴明环。全面质量管理的思想基础和方法依据就是 PDCA 循环。

PDCA 是英语单词 Plan(计划)、Do(执行)、Check(检查)和 Action(调整)的第一个字母,PDCA 循环就是按照这样的顺序进行质量管理,并且循环不止地进行下去的科学程序。

二、PDCA 循环的实施阶段

P(计划):根据客户的要求和组织的方针,为提供结果建立必要的目标和行动计划。

D(执行):实施行动计划。

C(检查):根据方针、目标和产品要求,对过程和产品进行监视和测量,并报告结果。

A(调整):指新作业程序的实施及标准化,以防止原来的问题再次发生(或设定新的改进目标)。

三、PDCA循环的实施步骤

步骤一：分析现状，找出问题：强调的是对现状的把握和发现问题的意识、能力，发掘问题是解决问题的第一步，是分析问题的条件。

步骤二：分析产生问题的原因：找准问题后分析产生问题的原因至关重要，运用头脑风暴法等多种集思广益的科学方法，把导致问题产生的所有原因统统找出来。

步骤三：要因确认：区分主因和次因是最有效解决问题的关键。

步骤四：拟定措施、制定计划（5W1H）即：为什么制定该措施（why）；达到什么目标（what）；在何处执行（where）；由谁负责完成（who）；什么时间完成（when）；如何完成（how）。措施和计划是执行力的基础，尽可能使其具有可操性。

步骤五：执行措施、执行计划：高效的执行力是组织完成目标的重要一环。

步骤六：检查验证、评估效果："下属只做你检查的工作，不做你希望的工作。"IBM的前CEO郭士纳的这句话将检查验证、评估效果的重要性一语道破。

步骤七：标准化，固定成绩：标准化是维持组织管理现状不下滑，积累、沉淀经验的最好方法，也是组织管理水平不断提升的基础。可以这样说，标准化是组织管理系统的动力，没有标准化，组织就不会进步，甚至下滑。

步骤八：处理遗留问题。所有问题不可能在一个PDCA循环中全部解决，遗留的问题会自动转进下一个PDCA循环，如此，周而复始，螺旋上升。

四、PDCA循环的应用

在质量管理中，PDCA循环得到了广泛的应用，并取得了很好的效果，因此有人称PDCA循环是质量管理的基本方法。之所以将其称之为PDCA循环，是因为这4个过程不是运行一次就完结，而是要周而复始地进行。一个循环结束，解决了一部分的问题，可能还有其他问题尚未解决，或者又出现了新的问题，再进行下一次循环。PDCA循环的4个阶段，即"计划—执行—检查—调整"循环的运行机制，体现着科学认识论的一种具体管理手段和一套科学的工作程序。PDCA运行机制的应用对我们提高日常工作的效率有很大的益处，它不仅在质量管理工作中可以运用，同样也适合于其他各项管理工作。本书后面4章内容即采用PDCA循环的逻辑来进行阐述。

【案例分析】

郭宁最近被某生产机电产品的公司聘为总裁。在他准备去接任此职位的前一天晚上，他浮想联翩，回忆起他在该公司工作30多年的情况。

他在大学时学的是工业管理,大学毕业获得学位后就到该公司工作,最初担任液压装配单位的助理监督。他当时感到真不知道如何工作,因为它对液压装配所知甚少。在管理上也没有实际经验,他感到几乎每天都手忙脚乱。可是他非常认真好学,一方面仔细参阅该单位所定的工作手册,并努力学习有关的技术书刊;另一方面监督长也对他主动指点,使他渐渐摆脱了困境,胜任了工作。经过半年多时间的努力,他已有能力独担液压装配的监督长工作。可是,当时公司没有提升他为监督长,而是直接提升他为装配部经理。负责包括液压装配在内的4个装配单位的领导工作。

在他当助理监督时,主要关心的是每日的作业管理,技术性很强。而当他担任装配部经理时,发现自己不能只关心当天的装配工作状况,还得作出此后数周乃至数月的规划,还要完成许多报告和参加许多会议,而没有多少时间去从事自己过去喜欢的技术工作。当上装配部经理不久,他就发现原有的装配工作手册已基本过时,因为公司已安装了许多新的设备,吸收了一些新的技术。这令他花了整整一年时间去修订工作手册,使之切合实际。在修订手册的过程中,他发现要让装配工作与整个公司的生产作业协调起来是需要有很多讲究的。他还主动到几个工厂去访问,学到了许多新的工作方法,他也把这些吸收到修订的工作手册中去。由于该公司的生产工艺频繁发生变化,工作手册也经常修订,郭宁对此都完成得很出色。他工作了几年后,不但自己学会了做这些工作,而且还学会如何把这些工作交给助手去做,教他们如何做好。这样,他可以腾出更多的时间用于规划工作和帮助他的下属把工作做得更好,以及花更多的时间去参加会议、批阅报告和完成自己向上级的工作汇报。

当他担任装配部经理6年之后,正好该公司负责规划工作的副总裁辞职应聘于其他公司,郭宁便主动申请担任此一任务。在同另外5名竞争者较量之后,郭宁被正式提升为规划工作副总裁。他自信拥有担任此一新职位的能力,但由于此高级职务工作的复杂性,仍使他在刚接任时碰到了不少麻烦。例如,他感到很难预测1年之后的产品需求情况。可是一个新工厂的开工,乃至一个新产品的投入生产,一般都需要在数年前做准备。在新的岗位上他还要不断处理市场营销、财务、人事、生产等部门之间的协调,这些他过去都不熟悉。他在新岗位上越来越感到:越是职位上升,越难以仅仅按标准的工作程序去进行工作。但是,他还是渐渐适应了,做出了成绩,以后又被提升为负责生产工作的副总裁,而这一职位通常是由该公司资历最深的、辈份最高的副总裁担任的。到了现在,郭宁又被提升为总裁。他知道,一个人当上公司最高主管之时,他应该自信自己有处理可能出现的任何情况的才能,但他也明白自己尚未达到这样的水平。因此他不禁想到自己明天就要上任了,今后数月的情况会是怎么样? 他不免为此而担忧!

(资料来源:https://zhidao. baidu. com/question/441562680. html)

讨论题:

1. 你认为郭宁当上公司总裁后,他的管理责任与过去相比有了哪些变化? 应该如何去适应这些变化?

2. 你认为郭宁要成功地胜任公司总裁的工作,哪些管理技能是最重要的? 你觉得他具有这些技能吗? 加以分析。

3. 如果你是郭宁,你认为当上公司总裁后自己应该补上哪些欠缺才能使公司取得更好的绩效?

【历史经验】

1. 光武苻坚

【原文】汉光武建武三十年,群臣请封禅泰山。诏曰:“即位三十年,百姓怨气满腹,吾谁欺,欺天乎? 若郡县远遣吏上寿,盛称虚美,必完,令屯田。”于是群臣不敢复言,其英断如此。然才二年间,乃因读《河图会昌符》,诏索《河洛》谶文言九世当封禅者,遂为东封之举,可谓自相矛盾矣。苻坚禁图谶之学,尚书郎王佩读谶,坚杀之,学谶者遂绝。及季年,为慕容氏所困,于长安自读谶书,云:“帝出五将久长得。”乃出奔五将山,甫至而为姚苌所执。始禁人为谶学,终乃以此丧身亡国。“久长得”之兆,岂非言久当为姚苌所得乎? 又姚与遥同,亦久也。光武与坚非可同日语,特其事偶可议云。

【译文】汉光武帝建武三十年,群臣请光武帝祭祀泰山。光武帝下诏书说:“我即位三十年来,百姓怨气满腹,我欺骗谁呢,欺骗天吗? 如果郡县从远方派遣官吏前来为我上寿,我必然剃去他的头发,命他到边地屯田去。”于是群臣不敢再说封禅的事了,光武帝英明决断就是这样。然而才两年的时间,只因读《河图会昌符》,下诏索要《河洛》关于吉凶应验的文字所说九世应当封禅的话,于是进行东封的举动,可称是自相矛盾了。前秦皇帝苻坚禁止迷信谶书学习,尚书郎王佩读谶书时,苻坚将他杀死,学习谶书的人就再也没有了。到苻坚晚年,被慕容充围困于长安,他在长安自己也读谶书,谶书说:“帝出五将久长得。”就出奔五将山,刚到就被羌族首领姚苌拿获。开始时禁止别人学谶书,最后就因此丧身亡国。“久长得”的预兆,怎能不是说久当为姚苌所得吗? 又姚与遥同音,遥也是久的意思。光武帝与苻坚并非同时可以相比,唯独其事偶尔可以论说。

参考文献：(宋)洪迈．容斋随笔[M].王彝，主编.豪华大字珍藏本(全译本·上).北京：北京燕山出版社，1997:812-813.

2. 君臣事迹屏风

【原文】唐宪宗元和二年，制《君臣事迹》。上以天下无事，留意典坟，每览前代兴亡得失之事，皆三复其言。遂采《尚书》、《春秋后传》、《史记》、《汉书》、《三国志》、《晏子春秋》、《吴越春秋》、《新序》、《说苑》等书君臣行事可为龟鉴者，集成十四篇，自制其序，写于屏风，列之御座之右，书屏风六扇于中，宣示宰臣。李藩等皆进表称贺，白居易翰林制诏有批李夷简及百僚严绶等贺表，其略云："取而作鉴，书以为屏。与其散在图书，心存而景慕，不若列之绘素，目睹而躬行，庶将为后事之师，不独观古人之象。"又云："森然在目，如见其人。论列是非，既庶几为坐隅之戒；发挥献纳，亦足以开臣下之心。"居易代言，可谓详尽。又以见唐世人主作一事而中外至于表贺，又答诏勤渠如此，亦几于丛脞矣。宪宗此书，有《辨邪正》、《去奢泰》两篇，而末年用皇甫镈而去裴度，荒于游宴，死于宦侍之手，屏风本意，果安在哉？

【译文】唐宪宗元和二年，制作了《君臣事迹》，皇上因为天下无大事，留心于典籍，每次阅览前朝兴亡得失的事，都再三重复这些言论。于是采集《尚书》《春秋后传》《史记》《汉书》《三国志》《晏子春秋》《吴越春秋》《新序》《说苑》等书中君臣做事可以借鉴的，收集成十四篇，皇上自己制作序言，写在屏风上，排列在他的座位右方，写屏风六扇于中央，宣告宰相大臣。李藩等大臣都上表祝贺，白居易翰林为皇上制作诏书回答李夷简以及百官严绶等人贺表，诏书大略说："取而作为借鉴，书写成为屏风。与其散见于图书典籍，心中存在着而加以羡慕，还不如列于洁白的绘帛，用眼睛看着它而亲身加以实行，希望将成为后来人所效法，不单单是看看古代人的形象。"又说："森严在目，如见其人。论列是非，不久以后将成为座右铭了；如果将它加以发挥采纳，也足以开阔臣下的忠心。"白居易代替宪宗所说的话，可以说非常详尽了。从中可见唐代皇帝做一件事受到中外士人的祝贺，答谢的诏书也殷勤如此，也将近于细碎了。宪宗的这些书，有《辨邪正》《去奢泰》两篇，而他晚年则使用皇甫镈这样的奸臣而排挤忠臣裴度，荒废于游玩宴乐之中，死在宦官的手中，书写屏风的本来意愿，结果又如何呢？

参考文献：(宋)洪迈.容斋随笔[M].王彝，主编.豪华大字珍藏本(全译本·上).北京：北京燕山出版社，1997:850-852.

【点评】作为管理者，如果缺乏应有的约束和监督，即使是自己提出的正确意见，也会因为时位的变化而给予否定。光武帝与苻坚犯同样的错误，让人们深受警醒。唐宪宗也是如此,尽管明白事理,制《君臣事迹》,以史为鉴,终究无法做到知行合一,成为后人的笑柄。因此,管理者要加强自我修养,主动接受监督,始终做到不忘初心,保持清醒的头脑,不因为个人注意力和情绪的调整而失去理智。

3. 裴矩佞于隋忠(直或诤)于唐

据史书记载,裴矩是隋朝的大臣,出过不少祸国殃民的点子,但他十分懂得迎合隋炀帝,很得宠。隋炀帝说:"裴矩大识朕意,凡所陈奏,皆朕之成算,朕未发顷,矩辄以闻,自非奉国用心,孰能若是。"隋亡后,裴矩入唐为户部尚书,了解到太宗是开明之君,便一反常态,敢于进谏,甚至当面批评唐太宗。太宗很高兴,召集五品以上官员告诉他们:"裴矩能当官力争,不为面从,傥每事皆然,何忧不治?"同是一个裴矩,在隋朝时奸诈狡猾,到了唐朝就正直敢谏,他的变化过程令人深思。

参考文献:李恩柱. 读史可以明智[M]. 北京:北京时代华文书局,2014:180-181.

【点评】如何做一个有益于社会的人,是个很复杂的问题。除了那些品德特别高尚而且宁折不弯者,多数人会选择随大流的生存方式,就是明知对方错误,也加以附和,决不讲出自己的真心话。从根本上讲,他们虽然难说是好人,但他们却也是环境所迫,是复杂的形势和自我生存状态相互博弈而产生的怪胎。裴矩先后在北周、隋、唐三个王朝中任职,阅人多矣,丰厚的政治经验使他个性全敛,养成"迎合"君主的生存策略。隋炀帝一朝,大臣多有谄媚者,考其行状,与裴矩相似者不少。到了李氏唐朝,唐太宗总结前朝的亡国教训,主张大臣开口讲真话,君主虚怀纳谏,裴矩原来的那一套没了市场,他便顺应潮流,一改在隋朝为官时的作风。《大唐新语》载,唐太宗听说有的官吏忒爱受贿,暗地试验一下,果然有人受绢一匹,李世民大怒,要杀那个人。裴矩说:"为吏受赂,罪诚当死;但陛下使人遗之而受,乃陷入于法也"。最后李世民放过了那个人。司马光大有感慨,"古人有言:君明臣直。裴矩佞于隋而忠于唐,非其性之有变也;君恶闻其过,则忠化为佞,君乐闻直言,则佞化为忠。是知君者表也,臣者景也,表动则景随矣。"裴矩佞于隋而忠于唐的故事,给我们的启发是,正人先正己。与其责备裴矩,不如改变环境,让人尝试新的生存体验,否则说一千道一万,裴矩也改变不了。裴矩是随环境的改变而改变的。由此可见,管理环境对于管理主体、管理客体来讲,会起到决定性作用。邓小平同志说过,制度好可以使坏人无法任意横行,制度不好可以使好人无法充分做好事,甚至会走向反面。

思考题

1. 管理者有哪些类型?
2. 管理者应该具备哪些基本素质?
3. 举例说明管理者的四种技能。
4. 社会组织有哪些基本特征?
5. 请你谈谈对管理环境分类的理解。
6. 管理环境对管理者的影响有哪些?
7. 举例说明三大管理机制。

参考文献

1. 斯蒂芬·罗宾斯,玛丽·库尔特. 管理学[M]. 北京:中国人民大学出版社,2017.
2. 哈罗德·孔茨. 管理学[M]. 北京:中国人民大学出版社,2014.
3. 彼得·德鲁克. 管理的实践[M]. 北京:机械工业出版社,2006.
4. 彼得·德鲁克. 卓有成效的管理者[M]. 北京:机械工业出版社,2006.
5. 周三多. 管理学[M]. 北京:高等教育出版社,2017.
6. 单凤儒,金彦龙. 管理学——互联网思维和价值链视角[M]. 北京:高等教育出版社,2017.

第4章　决策与计划

【本章提要】

决策是为了实现某一目的而制定行动方案并从若干个可行方案中选择一个满意方案的分析判断过程。决策类型是指在决策科学中,人们根据不同标准、从不同角度对具有某种共同性质或特征的决策进行划分而形成的类别。决策目标,就是针对组织存在的问题,根据一定的决策方法,使用一定的决策工具所能达成的结果或目的。科学的决策程序一般包括以下6个环节:诊断问题、明确目标、拟定方案、选择方案、执行方案和评估效果。常见的决策方法有头脑风暴法、德尔斐法等定性方法;决策矩阵和决策树等定量方法。

计划是组织对未来行动的统筹安排,是未来行动的蓝图。计划与决策的关系密切:决策是计划的基础,计划是决策的逻辑延续。计划具有目的性、首位性、普遍性、效率性等性质。计划编制一般要遵循以下八大步骤:评估机会、设立目标、确定前提条件、拟定行动计划、评估行动计划、选定行动计划、制定派生计划和编制预算。

【学习目标】

理解决策的内涵,熟悉决策的类型;

可以应用决策的基本程序解决实际问题;

掌握头脑风暴、决策矩阵等常见的决策方法;

掌握计划的定义、理解计划与决策的联系和区别;

熟悉计划的编制过程并能加以应用。

【关键词】

决策　决策目标　决策类型　程序化决策　非程序化决策　确定性决策　风险性决策　不确定性决策　战略决策　战术决策　决策程序　决策原则　决策方法　头脑风暴法　德尔菲法　决策矩阵　计划　计划性质

决策是管理的核心,做决策是管理者的核心工作。一项失败的决策与组织目标背道而驰,可能摧毁一个好组织;一项成功的决策则为组织插上遒劲双翼,助力组织腾飞千里。在本章中,我们将主要探讨科学决策和计划的相关内容。

4.1 决策涵义与类型

4.1.1 决策涵义

一、决策的内涵

关于决策的涵义,不同学者理解角度不同。美国学者亨利·艾伯斯(Henry Albis)曾说"决策有狭义和广义之分。狭义地说,决策是在几种行为方案中做出选择。广义地说,决策还包括在做出最后选择之前必须进行的一切活动。"管理学教授里基·格里芬(Rocky W. Griffin)指出,"决策是从两个以上的备选方案中选择一个的过程"。伴随现代管理科学的飞速发展,管理的科学性大大提高,人们对决策内涵的理解也日益趋同。本书认为,决策是管理的核心工作,是指为了实现组织目标而制定行动方案并从备选方案中选择满意方案的分析判断过程。要深入理解决策内涵,必须把握以下几点:

(1)决策的前提:有明确的目的。决策的目的必须明确,就是要解决组织中存在的问题。如果不存在问题,也就无所谓决策。有些决策看起来很完备,也很有操作性,但却没有解决任何问题,为了决策而决策,就违背了决策必须目的明确这个前提。

(2)决策的条件:有若干可行的备选方案。如果只有一个方案,就无法比较其优劣,更没有可选择的余地。因此,有两个或两个以上备选方案是决策的重要条件。决策时不仅要有若干个方案相互比较,而且决策所依据的各方案必须是可行的。

(3)决策的核心:进行方案的分析评价。人们总结出这样两条规则:一是在没有不同意见前,不要作出决策;二是如果看来只有一种行事方法,那么这种方法可能就是错误的。

每个可行方案都有其可取之处,也存在一定的弊端。因此,必须对各个方案进行整体评估和比较,量化每个方案的收益和风险,判断比较各方案的优劣。

(4)决策的结果:选择一个合理方案。决策理论认为,最优方案往往要求从诸多方面满足各种苛刻的条件,只要其中有一个条件稍有差异,最优目标便难以实现。所以,决策的结果应该是从诸多方案中选择一个合理的满意方案。

(5)决策的实质:是一个分析判断过程。决策有一定的程序和规则,同时它也受价值观念和决策者经验的影响。在分析判断时,参与决策的人员的价值准则、经验和知识会影响决策目标的确定、备选方案的提出、方案优劣的判断及满意方案的抉择。管理者要做出科学的决策,就必须不断提高自身素质,以提高自己的决策能力。

二、决策与管理的关系

决策与管理之间是何关系？该问题的探讨时常见诸于期刊、著作等。有些人认为决策统御一切管理工作，决策包含管理；也有一些人认为，决策仅仅是管理的一个构成环节。本书将探讨二者的关系。

(1)决策是管理的核心。本书认同“决策是管理的核心”的观点。众所周知，组织的管理工作包括计划、组织、领导、控制和创新等活动，各项活动的开展都是为了顺利实现组织的目标。组织目标能否实现，很大程度上有赖管理决策的正确、客观和合理，如果决策出了问题，任何管理工作都等于零，从这个层面上讲，决策确实是整个管理工作的核心。

(2)决策贯穿于管理的全过程。有一种观点认为，决策只是管理工作的一个环节，与管理其他工作完全孤立，这显然是不对的。事实上，决策就像血液，流动于组织机体的每一个角落，如计划的制定、组织结构设计和行动方案的筛选都离不开决策。所以，决策渗透于管理的每个职能之中，具体见表4-1。

表4-1 决策与管理职能的关系

管理职能	决策
计划	组织长远目标 制定战略予以实现 短期目标 每个目标的难度
组织	管理幅度 集权程度 职务设计 组织变革
领导	如何激励 有效领导 沟通的力量 领导风格
控制	控制重点 控制过程 控制方法 控制系统

续表

管理职能	决策
创新	管理理念创新 组织创新 制度创新 管理方法创新

(3)决策正确与否关系着组织的存亡。决策是为实现组织目标的一系列行动方案和实现路径的预先安排,是组织其他管理活动的前提和基础。它为组织资源配置提供了依据,因而在组织活动尚未开始之前,决策就已经在一定程度上决定了组织的活动效率。决策正确与否关乎组织的生死存亡,一项正确的决策能让组织转危为安,化险为夷;相反,一项失败的决策将南辕北辙,雪上加霜将组织推向万劫不复的深渊。

管理是社会组织中,为了实现预期的目标,以人为中心进行的协调活动。应该说明,管理不等同于决策:管理包含决策,决策是管理的一个环节或部分。这是大概念与小概念的关系。但有些管理学者之所以说管理就是决策,这是从管理的作用和功能的角度来说的。首先,所有一切决策的实施,需要管理在每一实施环节进行细致的分析、判断、策划、制定具体的措施方案和办法(这一过程同样是决策),并通过管理体系的有效运行,对实施过程进行闭环管控和即时纠错(纠错的过程又是一个决策过程),以实现决策目标。其次,管理的目的是为了保证科学的决策和决策的目标最终实现。所以,从这个意义上讲,管理就是决策。管理的过程、手段和方式离不开决策。管理的目的是为了保证决策的科学、可行和决策目标的完美实现。

【案例与思考】马云的 4 次重要决策

作为商业界教父级人物,马云创造了举世瞩目的阿里帝国,其独特的管理思维和对未来社会发展模式的预测发人深省。在我们看来,马云之所以成功,很大程度上归因于在关键时刻做出的重大决策。

战略决策关乎企业的命运,一项失败的决策与组织目标背道而驰,可能摧毁一个好企业;一项成功的决策则为企业插上遒劲双翼,助力企业腾飞千里。面对千载难逢的机会,面对瞬息万变的网络产业,有时决策必须快,必须当机立断,否则贻误战机,也会铸成大错。相信自己的直觉,当机立断是马云的决策之道。马云说:“因为只有真正知道自己要做什么的时候,你才有可能承受住所有的压力,所有的指责。确定你要做什么,这需要你有使命感。”

马云所做过的 4 次重大战略决策,每一次都关系到马云和阿里巴巴的命运。

第一次战略决策是1995年下海创建中国第一个商业网站,即中国黄页。马云第一次触网之后,预见了一个伟大的网络时代即将到来。他深信,网络将改变整个人类社会,也将改变整个商业活动。网络将带来千载难逢的商机,于是他毅然辞职下海。

第二次战略决策是1999年创办中国式B2B模式的阿里巴巴。马云创办阿里巴巴时,网络大潮已经覆盖中国大地,各种模式的网络已经很多,门户网站已经成为主流。但马云偏偏选择了电子商务的雏形模式——中国式的B2B。而在当时,中国并不具备推行电子商务的基本条件。

第三次战略决策是2003年进入C2C领域,创建淘宝网。马云自从创建了阿里巴巴后,坚信B2B的电子商务模式是最好的,那时的他并不看好B2C(商家与消费者)和C2C(消费者与消费者)。然而网络是变化莫测的,应变也是马云的生存之道。两年后,eBay在美国的成功,易趣在中国的成功,雅虎在日本的成功,让马云看见了C2C的巨大潜力。从这时起,马云开始觊觎C2C。他决定,不仅要确保阿里巴巴在B2B领域里面第一的位置,并且还要在C2C这个领域里也争做第一,做全中国的第一位。

第四个战略决策是2005年进军搜索收购雅虎中国。阿里巴巴进军搜索不是因为搜索很热门,而是因为电子商务的发展其实绕不开搜索这道坎。马云知道,进军搜索收购雅虎中国要冒的风险很大。因为当时雅虎中国已经很危险了,差不多被抽空了,随时会倒掉。而雅虎和阿里巴巴的合作不仅是两个公司的整合,更是两个公司文化的整合。2005年8月11日,马云在北京宣布阿里巴巴全面收购雅虎中国,用10亿美元打造互联网搜索。

4次正确而漂亮的战略决策,凸显了马云相信自己的直觉,并且具有高瞻远瞩的过人魄力。

(案例来源:http://biz.jrj.com.cn/2011/12/07132511745412.shtml)

讨论:马云4次决策有效性的保证是什么?

4.1.2 决策类型

决策类型是指在决策科学中,人们根据不同标准、从不同角度对具有某种共同性质或特征的决策进行划分而形成的类别。可以说,组织中人人都是决策者,只不过决策的复杂性、影响性和重要性不同而已。

一、按决策的影响程度分类

(1)战略决策。战略决策是将对组织产生长期、深远和全局影响的决策。此种决策的制定需要决策者高瞻远瞩,能占有、协调和控制组织资金、人事、信息等各种资源,因此,战略决策的制定者往往是组织的高层管理者。企业经营范围选择、高校办学定位等就属于战略决策。

(2)战术决策。决定了战略决策,就要制定一些更具体的制度或办法去实现它,这些更具体的决策就是战术决策。较之于战略决策,战术决策的影响要小很多,往往只对某一个职能部门或业务部门产生影响。因此,此种决策的制定者往往是职能部门或业务部门的负责人等中层管理者。企业融资决策、高校学科专业建设等就属于战术决策。

(3)业务决策。业务决策是组织日常运行中最常见的决策,是战术决策的进一步具体化。就其影响力来讲,业务决策是最小的。企业现金管理决策、高校课堂教学规范等就属于业务决策。

二、按决策时间长短分类

(1)中长期决策。中长期决策是指在较长时间内,一般是三五年或更长时间才能实现的决策。它多属于战略决策,需要一定数量的投资,占用组织的资源较多,因而不确定性比较大。如国家层面的"十三五"规划;企事业单位层面的三年行动计划等。

(2)短期决策。顾名思义,短期决策就是要在较短时间内(一般是 1 年内)必须实现的决策。它多属于战术决策或业务决策,具有不需要投资和时间短的特点。如组织年度财务预算;学校学期教学工作安排等。

三、按决策者的层次分类

(1)高层决策。高层决策是指由组织最高层管理者所作的决策,它要解决的是组织全局性的、与外界环境相关的重大问题,大部分属于战略决策、战术决策,极少数属于日常业务决策。

(2)中层决策。中层决策是指由组织内中层管理人员所进行的决策,它所涉及的问题多属于安排组织一定时期的生产经营任务,或者是为了解决一些重要问题而采取必要措施的决策,一般属于战术决策,一部分属于业务决策,个别情况下也参与战略决策的制定。

(3)基层决策。基层决策是指组织内基层管理人员所进行的决策。它要解决的是作业任务中的问题,主要包括两方面的内容:一是日常性的作业程序,二是生产经营活动中偶然要解决的问题。这类决策问题技术性强,要求及时解决,不能拖延时间。

四、按决策问题的复杂程度分类

(1)程序化决策。程序化决策就是按照一套既定标准和程序就可以做出的决策。这种决策往往出现的次数多,制定的难度小,影响的范围窄。管理者可以预先制定相应流程和标准进行处理。企业原材料订货决策、车间工人招聘办法、高校年度科研先进个人推选流程等均属于程序化决策。程序化决策对决策者的专业能力要求较低,基层管理者即可胜任,甚至可以由电脑完成。

(2)例外决策。例外决策亦称非程序化决策,是指针对组织突发或偶发事件所采取的决策。任何中高层管理者都必须具备制定例外决策的能力。这是因为,一方面现代组织处于不断变化的外部环境中,每一个因素的变化都可能给组织带来意外的冲击,在这个意义上讲,例外决策可能并不例外;另一方面,组织要发展,就不能固步自封,只有不断求新求变,才能在激烈的市场中立于不败之地。很显然,例外决策面对的是全新的无章可循的问题,解决这类问题需要决策者具有良好的专业素养和敏锐的洞察力和判断力。企业新产品研制开发、海外并购,高校办学转型等就属于例外决策。

五、按决策问题风险程度分类

(1)确定型决策。确定型决策是风险最小的一种决策,在决策制定的时点即能准确预判未来的结果状态。事实上,纯粹确定型决策并不存在,只要是面对未来,就一定有风险。但是人们常常把一些基本能确定结果的决策近似认为确定型决策。例如,相对于企业用现金收购一家海外企业这项投资决策,用现金购买国债的决策就是一项确定型决策,因为国债风险很小,到期没有还本付息风险。

(2)风险型决策。风险型决策是组织日常活动中经常做的决策。处理同一个问题有若干方案,每个方案的风险和收益不确定,但每个状态的概率已知并可测量。对决策者来讲,要根据客观情况选择一个对组织最有利的方案。

(3)不确定型决策。不确定型决策是最让管理者头疼的决策,因为决策者根本不知道未来有几种备选方案,更无从获得每种备选方案的概率。该种决策的作出很大程度上依赖决策者的经验、直觉等主观判断。

除此之外,按不同的标准,决策还有其他分类方法。如按决策的依据,可分为经验决策和科学决策;从决策的主体看,可分为集体决策和个人决策;从决策的起点看,可分为初始决策与追踪决策。

【案例与思考】三棵树做金融

2016年9月20日,福建三棵树涂料股份有限公司(股票代码:603737,股票简称:三棵树)发布对外投资公告称,为优化资源配置,提高资本回报率,培育新的利润增长点,三棵树拟与永辉超市、阳光控股、永荣控股等9家公司共同发起设立福建华通银行。据了解,福建华通银行的注册资本暂定为人民币30亿元,总股本30亿股,每股面值1元人民币,拟注册地址:中国(福建)自由贸易试验区平潭片区。而三棵树拟以自有资金出资人民币1.5亿元认购其5%的股份。自2015年以来,在国家提出“扩大民间资本进入金融业,尝试由民间资本发起设立自担风险的民营银行”的大背景下,民营银行面临极大发展机遇和前景,包括三棵树在内各路实力企业“豪强”也是跃跃欲试。作为涂料行业的巨头,三棵树试水金融行业,跨度不可谓不大。也许三棵树看到了产业资本和金融资本融合的巨大商机,未来发展如何,我们拭目以待。三棵树创立于2004年,是中国民营涂料知名企业,总部位于福建莆田,董事长洪杰。2016年6月3日,三棵树正式登陆A股市场,成为“中国民营涂料第一股”。

(案例来源:https://www.sohu.com/a/114753148_313697)

讨论:三棵树投资做金融属于哪种(几种)决策?为什么?

4.2 决策目标与程序

4.2.1 决策目标

正如前文所讲,决策是管理的核心,而决策目标的确定又是决策成功的关键。因此,决策目标的确定是组织管理的核心内容。

决策目标,就是针对组织存在的问题,根据一定的决策方法,使用一定的决策工具所能达成的结果或目的。决策目标必须明确,含糊的、模棱两可的目标设定必然导致决策的失败,正因为如此,经典管理学文献都将“目标明确”作为一条铁律。然而,在现实的决策过程中,确实存在着目标本身的确定非常依赖于实现手段与路径的现象,或者一个决策将某项目标及其实现路径与手段同时锁定的情形。也就是说,选择某种方法,先干起来再说,然后再逐渐修正、调整,甚至放弃、转移,在行动中把目标确定、理清。

【案例与思考】教授买车

华盛顿大学有位享誉世界的组织行为学教授,他的研究特长是管理决策模型创建。该教授有一次要买新车,于是充分发挥自身专业优势,根据自己对车的理解以及购车需求,将一些重要的汽车参数选出,代入自己创建的决策模型进行比较筛选。结果发现:经过多轮反复分析,其中某款车型屡屡得宠,每每胜出。正常来说,该教授肯定非该车不买了。然而,最终这位教授却买了另外一款车。理由颇叫人大跌眼镜:因为该款车是蓝色的!

分析过程:作为一位知名教授,如果一开始就将颜色设为选车的唯一依据,显得幼稚和非理性,因此一般不会这么做。肯定是将品牌、动力、性能、油耗、安全性、发动机、变速器、颜色、空间和价格等诸如此类的指标纳入考量,最后综合比较作出决定。然而结局让人意外,颜色战胜了其他一切参数,也许教授本人都很难以言说个中原因。有时候决策就是这么非理性。

（本案例来源于互联网整理）

4.2.2　决策程序

决策程序又叫决策步骤,是指决策者做出一个科学决策所必经的若干环节。尽管我们上文提到,组织中决策类型可能多种多样,决策主体的层次差异可能很大,但是不管何种类型的决策,也不管是谁做出的决策,需要的环节和步骤大体是相同的(图 4-1)。

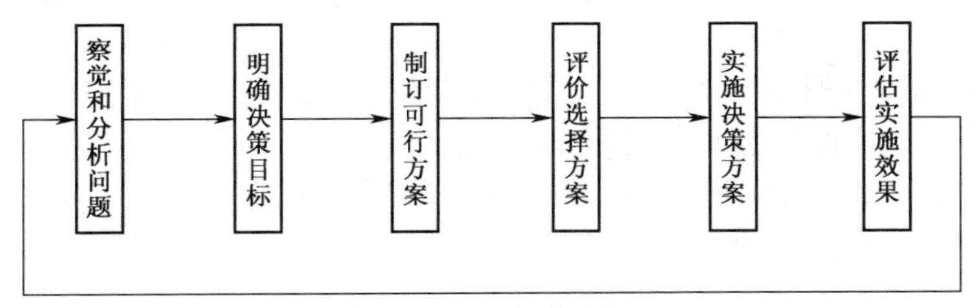

图 4-1　科学决策的程序

一、察觉和发现问题

管理层离职率不断上升,企业坏账率居高不下,市场份额被竞争对手层层吞噬等。每一项决策都始于某个问题,即实际状态与期望状态的不一致。科学决策程序的第一步是察觉和发现问题,也就是决策者必须知道哪里出了状况(实际偏离预期)。常见的发现问题的窍门是捕捉组织“异象”。异象就是反常,反常必有问题。有时候问题很明显,我们稍加留意就能发现。比如,一家做服装的公司把大量现金用于炒股,这就明显不合常理,绝对有问题。但更多的时候,要察觉和发现问题并不容易,需要管理者有一定的专业能力。

一般来说,卓有成效地对以下 3 个方面进行深入分析有助于我们发现问题:第一,实际状态与期望状态有无差异?差异有多大?第二,导致该差异的原因,直接还是间接?主观还是客观?内部还是外部?第三,上一级组织或外部环境是否造成该问题的根源?

二、明确决策目标

管理者一旦发现了问题,接下来就要设定一个明确的目标,也就是组织想要达到的状态或实现的业绩。

确定目标要考虑目标的可考核性。可考核是指目标要尽量具体,不能模糊,能量化尽量量化。比如,“力争本年末销售额位于同行业前列”这一目标就不够具体,因为不同人对“前列”的理解并不相同,行业前3%、5%、10%都可以理解为前列,这样的目标会让执行者无所适从,也没有激励作用。我们可以将其修改为“力争本年末销售额位于同行业前三”,这样一来目标就很明确了。

确定目标还要注意“度”的把控。一方面,目标不能好高骛远,超出组织资源和管理者能力的支撑,不能实现的目标等于零;另一方面,目标设定也不能过于简单,不费多大力气就轻松达成的目标对参与者激励力有限。

三、制定可行方案

目标确定之后,管理者就要制定实现目标和解决问题的各种方案。通常来讲,达成目标的方案或途径不止一个,比如要解决企业资金问题,既可以向银行借款,也可以发行股票,还可以企业内部筹集。我们应该将所有切实可行的备选方案一一列示出来,以便对其进行详细评估和比较。

在拟定备选方案时,管理者应鼓励员工畅所欲言,甚至天马行空,因为只有这样,一些富有创意的点子才会产生。

四、评价选择方案

完成了可行方案的制定工作,接下来进入方案的评价选择环节。评价选择方案就是对各备选方案进行评估比较至最终选出满意方案,该部分工作是整个决策的核心。

选择方案必须遵循科学的程序,具体来讲包含以下4个步骤:首先,要建立一套有助于指导和评判方案优劣的决策准则;其次,按决策准则对各个方案进行评价打分;第三,根据组织的大政方针和所拥有的资源来分析每一个方案,比较各方案利弊;第四,综合评价,提出候选方案。

评价方案时遵循一些重要的原则有助于我们作出正确的选择。一是要有大局观,某个方案孤立地看可能很好,但却会对组织其他部门造成伤害,这种方案就要坚决舍弃。相反,有的方案可能本身收益甚微,但却会带来组织联动辐射效应,就应该入选;二是要有增量观,实施某个方案能否带来增量贡献,也就是实施有没有比不实施好,如果是肯定的,该方案才有采纳的价值;三是要有量化观,如果有两个备选方案,一个是具体可量化,一个是描述性的,你选哪个?这种情况先不管三七二十一淘汰后者,因为它不可量化,这是大忌。

五、实施决策方案

临渊羡鱼,不如退而结网。某个决策方案在目前可能很好,但时过境迁,随着组织内外部环境改变,该方案可能变得不合理,因此管理者必须十分重视行动力。执行决策方案就是将决策要求的具体内容贯彻落实到实处,最终实现决策目标。然而,推动一项决策的施行绝非易事,这是因为,其一,任何一项决策的施行都会不可避免的对一部分既得利益者造成损害,因而必将遭致抵制。面对这种情况,决策者一方面必须获得上层支持,获取制度保障和资源支撑,坚定信心不动摇,另一方面必须做好既得利益方的安抚工作,以理服人、以情动人,必要的时候作出适当的补偿,争取获得对方最大的让步;其二,任何组织和个人都有安于现状、讨厌改变的天然惰性,决策方案的推行可能无法得到广大员工的支持。为此,决策者有必要将决策目标分解到个人,赋予相应的权利和责任,激发员工的积极性。

六、评估实施效果

评估实施效果是科学决策程序的最后一步,该步骤就是评估第一步发现的问题有无得到解决。如果问题解决了,则总结经验,形成档案,以备未来查询借鉴;若问题没有解决,那么决策者就要检查哪个环节出现了问题。是方案拟定有疏漏,还是问题根本就没有被明确定义?是选择了错的备选方案,还是正确的方案没有有效施行?给出的答案可能需要决策者重新考虑前面的某些环节或者所有环节。

4.3 决策的原则与方法

4.3.1 决策的原则

决策的原则就是决策者在整个决策过程中应该遵循的一套要求和准则。一般来说,严格依据这些原则进行决策,能很大程度提高决策的准确性和效率。

一、科学性原则

科学性原则是决策的首要原则。决策必须科学合理,在现代组织管理中理所应当。然而,要真正实现科学决策绝非易事。究其原因:一方面,我们的有些行政机关企事业单位,尽管有其完整的民主决策制度和程序,但“一把手决策”“拍脑袋决策”还是经常出现。这种情况下,决策的质量可以想见;另一方面,现代组织所处的内外部环境瞬息万变,决策者面临的问题越来越复杂,决策的难度越来越高。基于以上两点,要坚持决策的科学性就必须做到以下两点:第一,切实把民主决策落到实处，消除领导包办决策的“异象”，积极引入外部专家帮助决策；第二，花大力气学习现代决策科学，系统科学、信息科学等先进知识，提高科学决策的能力和水平。

二、整体性原则

整体性原则是指从决策目标设置到决策效果评估的整个决策过程都必须有大局观意识。尽管由于所处的层次和部门不同，决策者的利益诉求和思考问题的角度各异，但是任何决策者在做决策时都不能违背整体性原则。某个行动方案可能会带来某个部门利益最大化，但却伤害了组织整体利益，这种方案就与整体性原则宗旨相悖，应该舍弃。

三、可行性原则

可行性原则是指决策必须“易理解，可执行，好评估”。否则再好的决策都是“水中月，镜中花”。“易理解”是指决策的目标、方案和途径必须十分清晰明确，能准确告知组织成员“向何处去”和“如何到达”。“可执行”是指一项好决策必须是通盘考虑了组织资源禀赋和组织成员能力之后制定出来的，是通过组织努力之后能够实现的。如果一项决策目标人们倾尽全力也无法企及，则最好的选择就是放弃。期望理论认为，一项目标只有当人们认为有可能实现时才有激励作用，说的就是这个道理。“好评估”是指决策执行的效果必须容易评估，只有这样，才能对决策本身的优劣进行评价，也只有这样，才能对决策过程中每个环节进行评价。在组织管理中一个普遍出现的问题是，有时候人们发现没有达成预期决策目标，却找不到问题症结所在，这就说明该决策没有满足“好评估”的标准。必须说明的是，可行性原则虽然强调可行，但并不意味着决策目标越容易实现越好，难度过低无需经过努力就能实现的目标，也没有持久的激励作用。

四、民主性原则

民主性原则是指决策者在决策活动中要充分发扬民主，发动、鼓励组织所有成员参与决策。民主性原则包含三个方面的内容：一是决策目标制定的民主性。在确定决策目标时要多比较，多分析，多征求基层民意，提高目标设置的合理性；二是拟订决策方案的民主性。在拟定方案时，多采用头脑风暴法等群体决策技术，提倡畅所欲言，鼓励奇思妙想。三是执行决策方案的民主性。决策的执行往往会遭遇多方阻力，此时让员工成为执行决策的主人，无疑会大大减少阻力。

4.3.2 决策的方法

决策的方法指的是决策者在决策过程中所运用的技术、手段和工具的总和。

"工欲善其事,必先利其器",科学先进的决策方法能大大提高决策的效率。在信息时代,信息技术就是做好管理决策的重要工具。然而,只有工具还不行,还要学会使用工具的方法。

决策使用的方法既依赖于客观条件,比如是否有计算机和相应软件,也依赖于决策者的能力,比如定性分析与定量分析的能力。根据决策所采用的分析方法,可以把决策方法分为定性方法和定量方法。

一、定性决策方法

1. 头脑风暴法

头脑风暴法(brain storming)是一种风靡全球的群体决策技术,1939年由美国学者奥斯本首次提出。其主要特点是:针对发现的问题,参加者各抒己见,畅所欲言,提出尽可能多的解决方案。实施该决策方法应遵循以下原则:

第一,大胆表达。即要求参加者卸下心理包袱,不要担心自己的想法过于荒诞不经,要勇于说出自己与众不同的想法。

第二,会后评判。头脑风暴参与者必须谨记一点:不得在会上对其他人的点子进行评判,所有人的任务是尽量说出自己的观点,而非对别人的看法评头论足。不在会上评判不等于不评判,而是说应留待会后统一进行评判。

第三,以量求质。即要求参会者尽可能多地提出备选方案,事后再从中选优。

第四,智力互补。尽管我们说不在会上对别人的意见进行评判,但并不是说参与人员对彼此的想法漠不关心。头脑风暴法特别提倡在别人的观点上进行延伸补充,集众人智慧,不断完善创新性想法。

2. 德尔菲技术

德尔菲技术是著名的专家决策法,由兰德公司提出的。运用这一方法包含以下步骤:

(1)根据需要解决问题的类型,邀请召集相关专家。

(2)将与问题相关的背景信息呈送给专家,要求专家据此独立发表意见。

(3)组织者对专家的意见进行综合整理,把综合意见向专家反馈,请专家再次发表意见。

(4)根据需要,多次循环反复,最后形成代表专家组意见的方案。

二、定量决策方法

1. 决策矩阵

决策矩阵是由备选方案、不确定型因素控制下的自然状态和决策结果组成的矩阵。运用这种方法进行决策,相对简明,有助于了解决策的本来面目以及选择备选方案的决策规则。

例:某纽扣加工厂主要搞批发销售。每个纽扣成本费用为0.03元,以0.05

元/件的批发价销售。如果当天无法销售完该天生产的纽扣,则该天损失 0.01 元。该工厂每天的产量和销量见表 4-2。问:该如何安排每天的产量?

根据条件,设产量为 q、销量为 s、收益为 r,则当 $q>s$ 时,$r=s\times(0.05-0.03)-(q-s)\times0.01$;当 $q\leq s$ 时,$r=q\times(0.05-0.03)$。计算结果见表 4-2,表中数字代表每个备选方案在不同销量下的收益。

表 4-2 某纽扣厂的收益矩阵

r(元)		销售量 s(件)				
		0	1000	2000	3000	4000
产量 q	0	0	0	0	0	0
	1000	-10	20	20	20	20
	2000	-20	10	40	40	40
	3000	-30	0	30	60	60
	4000	-40	-10	20	50	80

在选择决策方案时,决策者可依据以下 4 个决策准则:

(1)乐观准则。乐观准则又称为大中取大准则,其基本思想是假定决策者对未来的结果持积极态度,假设总会出现对自己最有利的结果,因而最佳方案就是在最有利的方案中选择最有利的方案。此例中,根据乐观准则,决策者首先找出每个备选方案的最大值,然后选出每个最大值中的最大值即 80 元,这个最大值对应的方案即产量为 4000 件的方案即为最满意方案。

(2)悲观准则。其基本思想是假定决策者对未来的结果持消极态度,总是以为会出现对自己最坏的结果,最佳选择就是在最坏的方案中选择最好的方案。根据悲观准则,决策者首先估计各个方案的最坏结果,并在最坏的结果中选择他们认为最好的行动方案。在这个例子中就是选择产量为 0 件的方案。

(3)等概率准则。其基本思想是认为未来每个状态出现的概率相同,因此最佳选择就是备选方案中期望值最大的方案。例如,方案 2 即产量为 1000 件的方案的期望值=(-10+20+20+20+20)/5=14 元,依次算出各方案的期望值分别为 0 元、14 元、22 元、24 元、20 元。所以,选择产量为 3000 件的方案。

(4)最小后悔准则。该类决策者对未来不悲观,但也不是特别看好。根据最小后悔准则,决策者必须首先建立机会损失矩阵,据此进行决策(表 4-3)。最小后悔准则决策的具体步骤:第一,找出每列的最大值,然后用最大值减去该列的相应数值,以得出的差值为一列重新构造一个矩阵,这个矩阵即为机会损失矩阵;第二,从机会损失矩阵的每行中选择出最大的机会损失,再从选出的机会损失中选择最小的机会损失,就是最满意方案。据此分析,本例第四个方案即产量为 3000 时，决策者最满意。

表 4-3　最小后悔准则决策表

r		销售量 s					最大机会损失
		0	1000	2000	3000	4000	
产量 q	0	0	20	40	60	80	80
	1000	10	0	20	40	60	60
	2000	20	10	0	20	40	40
	3000	30	20	10	0	20	30
	4000	40	30	20	10	0	40

2. 决策树

这是一种以树形图来辅助进行各方案预期收益的计算和比较的决策方法。举个简单的例子（这里不考虑货币的时间价值）：某工厂拟建新厂推出新产品，根据目前市场行情，新产品的销量存在不确定性。公司有两个备选方案可以选择：方案一是投资 30 万元新建一个大厂，收益情况依赖于销售情况，销售情况好盈利 100 万元，销售情况差则亏损 20 万元；方案二是投资 20 万元另建一小厂，收益情况同样依赖于销售情况，销售情况好盈利 40 万元，销售情况差仍可盈利 30 万元。根据公司市场调研表明，该新产品推向市场的销路好坏概率预计三七开。根据这些情况，下面用决策树法说明如何选择最佳的方案（图 4-2）。

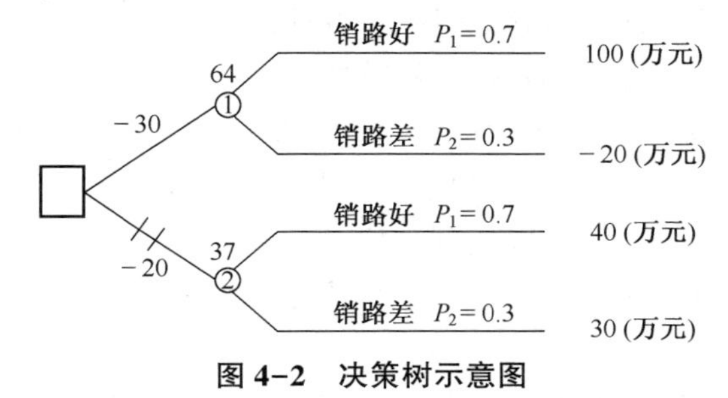

图 4-2　决策树示意图

决策树图中有很多专业符号，下面加以解释。矩形图形代表决策节点，由决策节点引出的若干条枝条称为方案枝，代表某决策可备选择的几种方案，分别以带圈数字①、②等来表示；由方案枝点进一步引出的枝条称为状态枝，在每一状态枝的上方标示状态出现的概率，状态枝条的末端列示该状态下方案的损益值。

决策树方法已经是一种比较成熟的量化决策方法，用于对备选方案进行评判选择时需遵循以下几个步骤：

首先，根据项目备选方案的数量及每种方案下损益情况和发生概率，画出决策树。

其次，量化每种方案的预期收益值，首先用某一方案在各种自然状态下的损益值去分别乘以各自然状态出现的概率（$P1$，$P2$），计算得到某方案各状态下的预期收益值；然后将各状态枝的期望收益值累加，求出每个方案的期望收益值

(可将该数值标记在相应方案的圆形节点上方)。在上例中:

方案一的预期收益 = (-20)×0.3+100×0.7 = 64(万元)

方案二的预期收益 = 30×0.3+40×0.7 = 37(万元)

最后,将每个方案的预期收益值减去该方案的成本(即投资额),得到每个方案的预期净收益。在本例中,方案一预期净收益 = 64-30 = 34(万元),方案二预期净收益 = 37-20 = 17(万元)。因此,较之于方案二,方案一是更好的方案,故选定(在决策树图中,被“剪断”的符号用来表示舍弃的方案)。

4.4 计划的概念与编制

4.4.1 计划的概念及其性质

一、计划的概念

凡事欲则立,不预则废。计划是组织对未来行动的统筹安排,是一项重要的管理职能,是未来行动的蓝图。计划有广义和狭义之分。广义的计划是指编制计划、施行计划和评估计划效果3个密切衔接的工作过程。狭义的计划则往往仅指编制计划,也即是说,结合组织内外部环境提出在未来一定时期内要达到的目标,以及实现目标的途径。它是组织中各项活动顺利进行的保证。

计划是全部管理职能中最基本、最首要的一个职能,它与其他几个职能有密切的联系。因为计划工作既包括选定组织和部门的目标,又包括确定实现这些目标的途径。管理者围绕着计划规定的目标,去从事组织工作、人员配备、指导与领导以及控制工作等活动,以达到预定的目标。为使组织中各种活动能够有节奏地进行,必须有严密的统一的计划。从提高组织的经济效益来说,计划工作是十分重要的。

无论是计划工作还是计划形式,计划内容都包括:5W1H(表4-4)。计划必须清楚地确定和描述这些内容。

表4-4 计划内容:5W1H

WHEN	何时做?时间安排
WHO	谁去做?为谁做?人员安排
WHERE	在哪里?地点安排
WHY	为何做?动机阐释
WHAT	做什么?计划对象与目标
HOW	怎么做?手段途径

二、计划与决策

计划和决策是管理学中一对关系非常密切的概念,在管理实务中人们往往对它们不加区分。然而,在理论界一直都存在着对两者区别的讨论。讨论的焦点在于两者的范畴孰大孰小,相应地形成了针锋相对的两种观点:一种观点认为计划大于决策,另一种观点则认为计划只是决策的一部分。比如组织管理之父法约尔就认为,较之于计划,决策是一个更狭小的范畴,只是计划工作内容的一部分,而计划是一个更为宏观的概念。在管理活动和管理工作中,计划几乎包含组织、领导、控制等各项管理职能的内容。西斯克也支持法约尔的看法,他认为,“计划工作在管理职能中处于首位”,决策只是计划工作的一项活动,是在“两个或者两个以上的可选方案中作选择”。然而,以西蒙为代表的决策理论学派则提出,“管理就是决策。决策是包括情报活动、设计活动、抉择活动和审查活动等一系列活动的过程,决策是管理的核心,贯穿于整个管理过程。因此,决策不仅包括了计划,而且包含了整个管理,甚至就是管理本身。”

南京大学教授周三多、陈传明认为,决策与计划既相互联系又相互区别。首先计划与决策是相互联系的。这是因为,其一,决策是计划的前提,计划是决策执行层面的延续。决策为计划的制定和实施指明了方向和道路,计划则为决策的落实提供了保证。其二,在管理实务中,计划工作和决策工作往往是复杂交织在一起的。

其次计划与决策又是相互区别的。这是因为二者强调的内容不同。决策强调的是对组织活动方向、内容以及方式的选择。计划强调的是对组织在一定时期内的目标和任务进行分解,落实到组织的具体工作部门和个人,从而保证组织工作有序进行和组织目标得以实现的过程。

三、计划的性质

根据孔茨的观点,计划具有目的性、首位性、普遍性和效率性四个方面的性质。

1. 计划工作的目的性

任何组织想要发展壮大都必须具有明确的目标。决策工作为组织目标的达成提供了备选方案和实现路径。计划工作则是对备选方案和实现路径在时间和空间两个层面的进一步细化。首先,在时间层面的细化是指计划工作把决策所确立的组织目标及其行动方案拆分为更短时期的目标和行动安排;其次,在空间层面的细化是指计划工作把决策所确立的组织目标及其行动方式分解为组织内不同管理层次(如顶层、中层、底层等)、不同职能部门(如生产部门、财务部门、营销部门、研发部门等部门)的目标及其行动安排。计划工作的目的就是要不断地把决策工作确定的目标和行动方案予以落实,从而实现组织的最终目标。

2. 计划工作的首位性

计划是四大管理职能之一。不同于其他管理职能的是,计划职能居于管理职能首位。究其原因,一方面,从管理的逻辑进程来看,先必须有计划,才谈得上组织、领导和控制;另一方面,在有些特殊情况下,可能仅需要计划工作,根本不必开展其他管理职能活动。比如,对于一个是否推出新产品的计划研究工作,如果认为推出新产品不可行,那就不需要后续的研发、推广和控制等其他活动了。需要指出的是,计划工作的首位性并非说计划比其他职能重要,组织、领导和控制等职能只是时间上晚于计划。

3. 计划工作具有普遍性

计划工作的普遍性是指组织中人人、处处、时时有计划。所谓人人有计划是指组织中上到股东、董事和经理,下到车间工人、门卫和保洁阿姨人人都有自己的计划,只是计划的影响和复杂程度不一样。所谓处处有计划是指组织中不管哪个部门都要制定本身业务范围内的计划,否则就会陷于混乱,无法保证组织目标的实现。所谓时时有计划并非说组织每时每刻都被卷入计划的漩涡中不能自拔,而是指需要对计划不断调整和补充,以便适应不断变化的组织环境,正所谓“计划赶不上变化”。

4. 计划工作的效率性

经济学上讲效率主要是指单位产出的多寡,与我们这里讲的效率有区别。计划工作的效率用通俗的语言来表达,就是不仅要“做正确的事”又要“正确地做事”。“做正确地事”是实现组织目标的前提,是必要条件;“正确地做事”是达成组织目标的效率保证,是充分条件。用错误的方法做正确的事也许也能实现目标,但事倍功半,得不偿失;方式是正确的,但选择了错误的事,就一定会南辕北辙,迷失方向。需要补充说明的是,考察计划工作的效率性不能割裂、孤立看待问题,需要有大局观。有时候对于一个车间、一个部门来讲计划很有效率,但却会损害组织整体利益,就不是一个好计划。

4.4.2 计划编制过程

正如前文所讲,计划是不断把组织目标和行动方案予以实现的过程。因此,计划编制必须遵循一定的科学程序,只有这样才能保证计划编制的准确性。

根据不同的标准,计划可以分成不同的类型,不同类型的计划差异可能极大,比如战略计划和作业计划,再比如研发计划和销售计划。尽管计划类型多样,但在编制时都要遵循一套相同的程序。

一、评估机会

评估机会是编制计划的第一步。所谓“知己知彼,百战不殆”,管理者在制定计划前必须认真分析组织内外部环境各种影响因素,只有对各种影响组织的变量了然于胸,才能对自身进行合理的定位,找到组织真正的发展机会,从而制定出切实可行的计划。在管理实践中,管理者对组织宏观环境进行分析常用的工具是众所周知的“SWOT”分析法。简言之,该方法就是透过对组织各种影响变量的详细考察,发现组织的优势和不足,从而找到组织面临的威胁和机会。进一步地,我们需要分析组织所处的竞争环境,常用的分析工具是迈克尔·波特(Michael Porter)的“五力竞争模型”,即通过对竞争对手、供应商、潜在进入者、顾客和替代品等五种要素的分析,再一次审视和评估组织可能的机会。

二、设立目标

设立目标是编制计划的重要步骤。计划的首要功能就是要明确告诉我们去向何处。目标是对组织活动预期结果的主观设想,是在头脑中形成的一种主观意识形态,也是活动的预期目的,具有维系组织各个方面关系,构成系统组织方向的核心作用。衡量一个目标设置合理与否、质量高低,重要的是把握以下几点:一是目标设置是否清晰明确。模糊不清的目标如“一定要提高产品的质量”没有具体的观测指标,也就无法评估目标执行的效果,这样的目标对组织成员激励力有限。如果把目标改成“将产品合格率提高到99%”就很明确,一方面增加了目标实现的观测指标“合格率”,另一方面又有对观测指标的量化“99%”,因此目标变得相当明确,是一个具有激励作用的科学目标;二是目标的难度是否适中。科学合理的目标应该是决策者综合考虑了组织管理资源、信息资源、货币资源和人力资源等各项资源后权衡作出的,是组织成员通过自身努力后可以达成的目标。如果目标定得过高,人们穷尽所有也无法企及,这样的目标就不是好目标;相反,如果目标定得过低,人们几乎毫不费力就能实现,这样的目标就没有激励作用,同样不是好目标。

三、确定前提条件

计划面对的是未来,未来是充满变数的。站在现在的起点对未来作出安排,不可避免地需要对组织内外部影响因素做出一定的设想。只有设想兑现了,计划才能得以施展。这就是我们所要确定的前提条件。

前提条件是决策者为保证计划顺利施展而对组织环境作出的假设条件,前提条件可能是组织可以把控的,比如下一年产品合格率,也可能是超越组织范畴的,比如税率的调整,对此决策者必须有清醒的认识。预测前提条件是很复杂的工作,对决策者要求很高。对于可以把控的条件,预测可以适当激进一点,对于难以把控的条件,就要适当保守一点。

预测在确定前提条件时很关键:将进入怎样的市场?面临哪些竞争对手?价格制定多高合适?成本税费怎样规避?自然环境将发生哪些变化?政府政策预期一致吗?顾客的消费偏好将发生什么变化?如此种种,都需要决策者预先做出判断。

四、拟定行动计划

计划编制的第四步为"拟定行动计划"。通常来讲,实现预定目标的途径和方案有很多,正所谓"条条道路通罗马""殊途同归"。拟定可行性行动计划要求拟定尽可能多的计划。可供选择方案越多,选出高质量方案的可能性越高,计划执行越有效率。因此,在拟定行动方案时,要让组织成员广泛参与,必要时寻求外部专家支持,集多方智慧,尽可能产生多的备选方案,量多才能质优。在拟定行动方案阶段要鼓励奇思妙想,支持标新立异,大力提倡创新。

五、评价行动计划

在拟定了备选计划之后,接下来就是根据前提条件和目标对方案进行评价。评价行动计划是计划的核心环节,评价准确与否关乎整个计划的成败。评价过程中要把握好以下几点:第一,定量核算和定性描述两手抓。一般来说,评估方案应尽可能量化,因为数据有说服力。但是并非说定性分析一无是处,有些方案无法完全用定量核算,如品牌溢价等无形资产,这个时候必须借助定性分析的手段才能作出评价。第二,局部利益和整体利益相结合。评估方案优劣时切忌"一叶障目,不见森林",只有既能带来局部利益最大化又不损害整体利益的方案才是可取的好方案。

六、选定行动计划

这是计划编制中最关键的一步,最需要管理者做出决断。能否选到合适计划既有赖于前序步骤的分析质量,也在很大程度上取决于管理者的自身能力和风险偏好。有时候备选计划难分优劣,做出选择并不容易。敢打敢拼、富有进取精神的管理者可能会选择高风险高收益的方案;而保守谨慎、稳扎稳打的管理者则更青睐低风险低收益的方案。当然,选择方案时还要进行多方面的权衡,长期和短期的权衡、整体和局部的权衡。

七、制定派生计划

选定了行动计划之后,紧接着就要制定相应的为主要计划配套的派生计划。

比如,某高校年初制定了“三年内拿下博士点”的发展计划,为实现这一计划,必须制定相应的基建计划、科研计划、学科建设计划、招生计划、人才引进计划、财务计划等派生计划。再比如,某企业希望实现“两年内在创业板上市”的计划,就必须考虑企业组织形式的改制、生产和销售的安排、资产规模和利润情况等很多问题,做出相应的计划方案。

八、编制预算

在做出决策和确定计划后,就来到了计划编制的最后一步:为计划编制预算。编制预算的目的体现在两个方面:其一是方便对计划过程进行控制。计划实施过程中经常会出现偏差,预算数字的波动会及时发出相关信息,管理者能及时采取措施;其二是方便对计划的结果实行考核。显而易见的是,预算能清晰反映计划执行的质量和效率,从而有利于管理者对计划的结果进行考核。

【案例分析】

福耀集团(全称福耀玻璃工业集团股份有限公司)1987年成立于中国福州,是专注于汽车安全玻璃和工业技术玻璃领域的大型跨国集团,于1993年在上海证券交易所主板上市(A股代码:600660),于2015年在香港交易所上市(H股代码:3606),形成兼跨海内外两大资本平台的“A+H”模式。经过30余年的发展,福耀集团已在中国16个省市以及美国、俄罗斯、德国、日本、韩国等9个国家和地区建立现代化生产基地,并在中美德设立4个设计中心,全球雇员约2.6万人。2016年,福耀集团实现营业收入166.21亿元人民币,净利润31.44亿元人民币。

福耀稳健发展的动力何在?福耀董事长曹德旺说,这主要得益于创新驱动,从“制造”迈向“智造”,让工业4.0落户;也得益于全球化战略,大力推动“走出去”结出的硕果。

布局工业4.0:从“大制造”迈向“强智造”

长期以来,福耀不断拓展“一片玻璃”的边界,由“产品供应商”向“为客户提供汽车玻璃解决方案”转型。由此,福耀制造的汽车玻璃功能逐步拓展,越来越节能环保、安全舒适。如镀膜前挡玻璃在阻隔99%紫外线、48%红外线的同时,其金属膜层还可以作为加热介质,在雨雪天气快速为玻璃去冰除雾,既方便实用又节能环保。这种玻璃打破了国际巨头的垄断,受到市场青睐。

这个时代,发力科技创新不新奇,难的是始终引领风向。在工业4.0方兴未艾之际,福耀敏锐地把握机遇,乘势而上,从“制造”迈向“智造”。

2014年第三季度,曹德旺提出“技术领先、智能生产”两大战略,即通过自动化和信息化不断融合,搭建数字化的链接通道,打通研发、生产、管控、销售等各个环节,实现定制化产品、自动化制造、智能化运营。“我们期望构建全新的福耀模式,打造中国制造业的工业4.0范本。”

一年多的实践,已初见成效。“多品种、小批量”的柔性生产方式,为福耀高品质、高效率、低成本生产奠定了坚实基础,此举也走在全球同行业前列。

以一个年产数百万套汽车玻璃车间为例,高度柔性的生产方式可以在同一条生产线上实现数十种不同汽车玻璃的生产。制造工艺不是太复杂的玻璃品种类的切换通常只需1小时。一个车间一年可以生产上万种不同的汽车玻璃。从下订单开始,客户定购2000片汽车玻璃最快仅需1天即可完成。“在过去,很难实现这样的多品种、小批量、高效率的生产。而现在,当某个汽车厂商需要为客户进行个性化定制生产时,福耀作为玻璃供应商,我们完全能满足多样的个性化需求。”福耀玻璃技术负责人介绍。

“中央提出推进供给侧结构性改革,我们提出‘让工业4.0在福耀落户’,以创新驱动为支撑,实现智能生产,既补了短板,也降低了成本,这就是供给侧改革在福耀的具体实践。”曹德旺说。

2015年12月30日,福布斯中文网公布“新制造先锋”榜单,推选了14位代表和引领中国未来制造力量的商业人物,曹德旺是唯一获评的汽车和零部件行业代表。一同入选的还有海尔董事长张瑞敏、格力董事长董明珠等。

缘此,福耀始终挺立潮头。目前,福耀已是中国第一大、全球第二大汽车玻璃专业供应商,国内每3辆汽车就有2辆使用福耀玻璃;在全球市场上,占有率近23%。

推动全球化:到汽车制造商“家门口”设厂

如果说创新驱动是福耀持续引领风向的强大引擎,那么,坚持国内市场、国际市场双轮驱动,则是其逆势上扬的持久保证。大步“走出去”,已成为近年来福耀的耀眼表现,也是“中国制造”真正实施全球化战略的典范。

之所以选择“走出去”,恰恰源自曹德旺对全球行业发展态势的敏锐判断。

“2008年的金融危机给汽车玻璃行业格局带来巨大的变化,国际同行因为原有的大批量生产模式和个性化、小批量的消费需求相悖,导致成本高涨。而且,汽车玻璃业务只是其集团多元业务的一块,因而渐渐被边缘化。福耀始终专注于做汽车玻璃,提升综合竞争力,我们的比较优势明显,因此渐渐赢得更多汽车厂商的信赖。”他说。

应大众汽车等合作伙伴之邀,2011年6月,福耀挺进俄罗斯,在卢卡加州投资2亿美元设厂。设计产能为年供应300万套汽车安全玻璃。2013年9月,项目一期100万套汽车玻璃顺利投产。这一步,将使福耀成为俄罗斯汽车市场主要玻璃供应商。

2014年,福耀又启动美国项目(包括汽车玻璃和浮法玻璃两个重点项目),总投资6亿美元,这是中国汽车零部件企业在美最大投资项目。该工厂建成后将形成450万套汽车玻璃+400万片汽车配件的生产能力,成为全球最大的汽车玻璃单体厂房。项目一期已于2015年底投产,通用、克莱斯勒等整车客户的订单络绎不绝。

浮法玻璃项目位于伊利诺伊州。2014年7月,福耀收购世界汽车玻璃巨头PPG公司旗下芒山(Mt. Zion)工厂,包括土地、厂房、两条生产线等。经1年的设备升级改造,可生产满足汽车玻璃要求的各等级浮法玻璃,年产量达28万吨。

进军全球最重要的汽车生产和消费市场美国,挑战极大,但福耀以产业链配套为纽带,稳扎稳打,效应初显。

曹德旺说:"我们'走出去',肯定是要去赚钱的,不可能做亏本买卖。"以美国项目为例,虽然美国制造业的人力成本占整个生产运营成本的四成多,但天然气等能源成本只有国内的五分之一,到全球最主要的几家汽车制造商"家门口"设厂,可降低原料供应、生产和运输等成本。这样形成产业配套,发挥协同效应,大大降低了成本。

全球化布局,支撑了福耀更高起点再出发。过去,海外市场收入占比不到一成,但目前福耀已有三分之一的收入来自海外市场。

据悉,2016年,福耀在继续完成美国项目二期建设、建立研发中心的同时,还将在德国建立包边工厂。届时,福耀在全球将拥有福建、上海、美国、德国四大设计中心。以此为依托构建全球制造基地,福耀将实现全球客户需求与供应的即时对接、互联互通,进一步做大做强。

(案例来源:http://news. fzneds. com. cn/fazhou12016040415701c78ddoa49. shtml)

讨论题:

1. 福耀玻璃作出从"大制造"到"大智造"的重大决策需要遵循哪些基本原则?

2. 福耀玻璃"走出去"战略决策可能遇到哪些问题,如何解决?

【历史经验】

1. 存亡大计

【原文】国家大策系于安危存亡。方变故交切,幸而有智者陈至当之谋,其听而行之，当如捧漏瓮以沃焦釜。而愚荒之主，暗于事几，且惑于谀佞孱懦者之言，不旋踵而受其祸败，自古非一也。曹操自将征刘备，田丰劝袁绍袭其后，绍辞以子疾不行。操征乌桓，刘备说刘表袭许，表不能用，后皆为操所灭。唐兵征王世充于洛阳，窦建德自河北来救，太宗屯虎牢以扼之，建德不得进，其臣凌敬请悉兵济河，攻取怀州、河阳，逾太行，入上党，徇汾、晋，趣蒲津，蹈无人之境，取胜可以万全，关中骇震，则郑围自解。诸将曰："凌敬书生，何为知战事，其言岂可用？"建德乃谢敬。其妻曹氏，又劝令乘唐国之虚，连营渐进，以取山北，西抄关中，唐必还师自救，郑围何忧不解。建德亦不从，引众合战，身为人擒，国随以灭。唐庄宗既取河北，屯兵朝城，梁之君臣，谋数道大举，令董璋引陕、虢、泽、潞之兵趣太原，霍彦威以汝、洛之兵寇镇、定，王彦章以禁军攻郓州，段凝以大军当庄宗。庄宗闻之，深以为忧。而段凝不能临机决策，梁主又无断，遂以致亡。石敬瑭以河东叛，耶律德光赴救，败唐兵而围之，废帝问策于群臣。时德光兄赞华，因争国之故，亡归在唐，吏部侍郎龙敏请立为契丹主，令天雄、卢龙二镇分兵送之，自幽州趣西楼，朝廷露檄言之，虏必有内顾之虑，然后选募精锐以击之，此解围一策也，帝深以为然。而执政恐其无成，议竟不决，唐遂以亡。皇家靖康之难，胡骑犯阙，孤军深入，后无重援，亦有出奇计乞用师捣燕者。天未悔祸，噬脐弗及，可胜叹哉！

【译文】国家重要决策，关系到安危存亡。当各种变故交织在一起时，幸而有聪明的人提出正确的谋略，听从他们的话去实行，好比双手托着漏的水瓮去浇烧焦的锅一样（可救急）。而愚昧的君主，看不清全局形势，而且容易被奸猾怯懦的人的话迷惑，很快就会因此而败亡，自古以来这样的例子不止一个。三国时期曹操曾亲自领兵去征伐刘备，田丰劝袁绍袭击曹操的后方，袁绍借口儿子有病而不出兵。曹操领兵去攻打北方的乌戎，刘备劝说刘表袭击许都（今河南许昌），刘表没有采纳他的建议，后来（袁绍、刘表）都先后被操所灭。唐朝时唐兵去洛阳攻打郑国的王世充，窦建德从河北出兵来救援，唐太宗李世民把军队屯于虎牢关来阻挡，窦建德攻打不进，他的部下凌敬请求让全部兵力渡过黄河，占领怀州、河阳（今河南沁阳、孟县），再翻过太行山，进入山西上党（今山西长治）境内，沿汾水、晋州（今山西临汾）奔赴蒲津关（今山西永济西），如入无人之境，保证能够取胜，关中地区（今陕西西安一带）震动，洛阳之围就可以解了。可是，建德手下的将军们却说："凌敬不过是个书生，懂得什么军事，他的话怎能采用？"建德便谢绝了凌敬的建议。建德的妻子曹氏，又劝他趁唐国后方空虚，集中兵力，稳扎稳打，夺取山北地方，再向西包抄关中，唐兵必然要回来救援，郑国的包围哪里还愁不解呢。建德也还是没有听从，而是领兵与唐兵进行硬拼，结果被唐兵俘虏，他的国家也随之灭亡。五代的后唐庄宗占领河北地方后，在朝城屯兵，梁国君臣商议，决定分兵几路大举进攻，让董璋领陕州（今河南陕县）、虢州（今河南灵宝）、泽州（今山西晋城）、潞州（今山西长治）四州之兵攻打太原，霍彦威领汝州和洛阳的兵攻打镇、定（今河北石家庄一带），王彦章领禁军攻郓州（今山东郓城），段凝统率主力去抵挡唐庄宗。庄宗得知这消息，十分担忧。但是段凝不能当机决策，梁国国君又优柔寡断，结果导致灭亡。后唐的河东节度使石敬瑭叛乱，契丹部落的领袖耶律德光领兵去救援他，打败了来征伐的唐兵，并把唐兵包围起来。后唐废帝听到这消息，向群臣征求对策。当时德光的哥哥耶律赞华，因和德光争夺王位失败，逃亡在后唐，吏部侍郎龙敏便请求立赞华为契丹国王，让天雄、卢龙两镇（管辖河北大名至北京以北一带）节度使派兵送他回国即位，经幽州（今北京西南）直往西楼（今内蒙古林西），朝廷再出檄文通告这项决定，契丹必然担心出现争位内乱，这时再派精兵去袭击他们，这是解围的一个方法。废帝也觉得是个好办法。可是执政的大臣怕没有把握，到最后也没有决定是否采纳这个主张，后唐于是因此而亡国了。我们大宋经历靖康之难，金国的兵侵犯国都东京（今河南开封），孤军深入，无有力的后援，当时亦有人献出奇计，请派精锐兵力直捣金国后方的幽燕地区。大概是老天有意给大宋降下灾祸，而此计没被采用，真是可叹啊！

参考文献：（宋）洪迈．容斋随笔[M]．王彝，主编．豪华大字珍藏本（全译本·上）．北京：北京燕山出版社，1997:345-347.

2. 一定之计

【原文】人臣之遇明主，于始见之际，图事揆策，必有一定之计，据以为决，然后终身不易其言，则史策书之，足为不朽。东坡序范文正公之文，盖论之矣。伊尹起于有莘，应汤三聘，将使君为尧、舜之君，民为尧、舜之民，卒之相汤伐夏，俾厥后惟尧、舜，格于皇天。傅说在岩野，爰立作相，三篇之书，皎若星日，虽史籍久远，不详纪其行事，而高宗克鬼方，伐荆、楚，嘉靖商邦，礼陟配天，载于《易》之《既济》，《书》之《无逸》、《诗》之《殷武》，商代之君莫盛焉。罔俾阿衡，专美有商，于是为允蹈矣。管仲以其君霸，商君基秦为强，虽圣门羞称，后世所贱，然考其为政，盖未尝一戾于始谋。韩信劝汉租任天下武勇，以城邑封功臣，以义兵从思东归之士，传檄而定三秦；下魏之后，请北举燕、赵，东击齐，南绝楚粮道，西会荥阳，至于灭楚，无一言不酬。邓禹见光武于河北，知更始无成，说帝延揽英雄，务悦民心，立高祖之业，救万民之命，帝与定计议，终济大业。耿弇与光武同讨王郎，愿归幽州，益发精兵，定彭宠，取张丰，还收富平、获索，东攻张步，以平齐地，帝常以为落落难合，而事竟成。诸葛亮论曹操挟天子令诸侯，难与争锋；孙权据有江东，可与为援而不可图。荆州用武之国，益州沃野千里，劝刘备跨有荆、益，外观时变，则霸业可成，汉室可兴，及南方已定，则表奖率三军，北定中原。已而尽行其说，至于用师未战而身先死，则天也。房乔杖策谒太宗为记室，即收人物致幕府，与诸将密相申结，辅成大勋，至于为相，号令典章，尽出其手，虽数百年犹蒙其功。王朴事周世宗，当五季草创之际，上《平边策》、以为："唐失吴、蜀，晋失幽、并，当知所以平之之术。当今吴易图，可挠之地二千里，攻虚击弱，则所向无前，江北诸州，乃国家之有也。既得江北，江之南亦不难平。得吴则桂、广皆为内臣，岷、蜀可飞书而召之，不至则四面并进，席卷而蜀平矣。吴、蜀平，幽可望风而至。唯并必死之寇，候其便则一削以平之。"世宗用其策，功未集而殂。至于国朝，扫平诸方，先后次第，皆不出朴所料。独幽州之举，既至城下，而诸将不能成功。若乃王安石颛国，言听计从，以身任天下之重，而师慕商鞅为人，苟可以取民者，无不尽，遂诒后世之害，则在所不论也。

【译文】人臣遇见明主，在最初见面时，图谋定计，必须要有一定的决策。根据这些决策，决断大事，并且终身不改变自己的诺言。这样史书将予以记载，足可以使其不朽。苏东坡给范仲淹的文集作序，已议论得十分透彻。

伊尹来自于有莘，在汤的三次聘请后，应允辅助汤，并决心使汤成为尧舜之君，使民成为尧舜之民，最后终于成为汤的宰相，并灭了夏，使商成为了尧舜以后的盛世，这种精神感动了上天。傅说隐于岩间山野，后被任命为宰相，写了《说命三篇》的文章如同日月星辰一样发放光芒。虽然史籍久远，古书里没有详细记载他们的事迹，但商高宗攻克鬼方，征伐荆、楚，安定商国，德行配于上天。这在《易经》的《既济》、《尚书》的《无逸》、《诗经》的《殷武》等文章里都有记载。商朝的各代君王，没有比高宗时期更加繁盛的了。傅说的功绩，不让伊尹专美于商朝一代，这才是比较公允的。春秋时管仲使他的君主称霸于诸侯，战国时商鞅为秦国的强大奠定了基础。虽然圣贤们不称道他们，后世也不看重他们，然而考察其为政的经历，确实没有一件是违背他们当初制定的谋略的。韩信劝汉高祖依靠天下武勇之士，以城邑封赐功臣，以准备东征去吸引那些盼望回故乡的武勇之士，以一纸文告就可以把三秦收服；攻下魏地之后，又请求举兵击燕、赵，向东击齐，南则断绝楚国的粮道，西边又在荥阳同项羽决战，直到最终灭掉楚国，没有一句话没有实现。邓禹到河北去见光武帝刘秀。他知道更始帝刘玄将不会有什么作为，劝说刘秀延揽人才，安定民心，建立汉高祖那样的大业，救万民之命。光武帝与他制订计划，终成大业。耿弇与光武帝同讨王郎，他愿意到幽州，增加精兵，平定彭宠，取张丰，收回了富平、获索，东攻张步，平定了齐地。光武帝常常以为耿弇性格孤僻，难与人合作，结果最后成了大功。诸葛亮认为曹操挟天子以令诸侯，难与他争锋；孙权据有江东，可以为后援而不可以图谋吞并他。荆州是个用武之地,益州有千里沃野,劝刘备占据荆、益二州,观察时局的变化,这样霸业可成,汉室可兴,等到南方平定,则表彰三军,率领他们北伐中原。以后基本上按这个策略进行。至于出师未胜诸葛亮就死了,那是天意呀!房玄龄拄着拐杖去见唐太宗,太宗任用他为记室。他便广泛搜集各种人才到秦王府,并与武将们密切合作,终于辅佐唐太宗建立大功业。以后当了宰相,各种号令典章,尽是他亲手制定的。虽然过了几百年,他制定的法令仍然起着治国的作用。王朴在周世宗手下为官,当时正是五代混乱的时候,王朴上《抨边策》认为:"后唐失去了吴地和蜀地,后晋失去了幽州、并州的地方,所以应当知道平定这些地方的策略。当今吴地容易获得,可攻击的地方有二千里,攻虚击弱,则所向无敌。江北各州,即可为国家所有。既得江北,江南也就不难平定了。获得吴地则广西、广东就可以臣服。四川一带,可送去檄文招降,若不降,就四面并进,席卷全川。吴、蜀平之后,幽州也会望风而降。只有并州是必须歼灭的敌人,寻找适当时机将其削平。"周世宗采用了他的计策,但还没完成,世宗便病故了。到了宋朝,扫平各方,先后次序,都没能超出王朴的预料。只有征伐幽州一事,兵已至城下,可是诸将攻城都未能成功。至于王安石当权,皇室对他言听计从,他身任天下之重,却仿效商鞅为人。凡是可以从老百姓身上获取的东西,没有不取的,以致给后世带来祸害,本文不讨论这个问题。

参考文献:(宋)洪迈. 容斋随笔[M]. 王彝,主编. 豪华大字珍藏本(全译本·上). 北京:北京燕山出版社, 1997:384-387.

【点评】从存亡大计、一定之计这两则来看,决策关乎国家存亡与兴败。历史上因为决策正确而崛起兴盛,由于决策不当而一败涂地的例子不胜枚举。因此,要把决策与谋划,作为管理的首要环节,予以高度重视。

3. 陈翠说燕后

【原文】赵左师触龙说太后,使长安君出质,用爱怜少子之说以感动之。予尝论之于《随笔》中。其事载于《战国策》《史记》、《资治通鉴》,而《燕语》中又有陈翠一段,甚相似。云:"陈翠合齐、燕,将令燕王之弟为质于齐,太后大怒曰:'陈公不能为人之国,则亦已矣,焉有离人子母者!'翠遂入见后曰:'人主之爱子也,不如布衣之甚也,非徒不爱子也,又不爱丈夫子独甚。'太后曰:'何也?'对曰:'太后嫁女诸侯,奉以千金。今王愿封公子,群臣曰,公子无功不当封。今以公子为质,且以为功而封之也。太后弗听。是以知人主之不爱丈夫子独甚也。且太后与王幸而在,故公子贵。太后千秋之后,王弃国家,而太子即位,公子贱于布衣。故非及太后与王封公子,则终身不封矣。'太后曰:'老妇不知长者之计。'乃命为行具。"此语与触龙无异,而《史记》不书,《通鉴》不取，学者亦未尝言。

【译文】赵国左师官触龙规劝皇太后，让长安君出外作人质，他当时采用爱怜幼子的说法去感动太后。我在《随笔》中曾论述了这个事。此事记载于《战国策》《史记》和《资治通鉴》中。然而《燕语》中又有关于陈翠的一段记载，所说的内容与此事很相似。《燕语》载："陈翠在齐国与燕国之间说合，准备让燕王的弟弟到齐国去作人质，燕国太后听后大怒说：'陈翠你不能为人家的国家办成事，也就罢了，怎么能够拆散人家的母子呢？'于是陈翠进去会见太后说：'人君您怜爱自己的儿子，并不像一般老百姓爱子爱地那样深。您不爱自己年幼的儿子，更不爱自己已成年的儿子。'太后问他道：'何以见得？'陈翠回答说：'太后您把自己的女儿嫁给诸侯，陪送她千金财物。现在国王愿意册封你的儿子，而大臣们却说，他无功不当受封。今让你的儿子去作人质，并将以此为功册封他，太后您又不同意。由此知道人主您更不爱自己已成年的儿子。再者，现在幸运的是太后您和国王都健在，所以您的这个儿子能处于高贵的地位。一旦你们下世之后，长子即帝位，那么你的这个儿子会贫贱的如老百姓。所以，如果不趁太后您和王在世时册封您的这个儿子，那么他一辈子也不会受封。'听罢太后说：'老妇我原本不知道长老您的长远考虑。'于是，下令准备她的儿子前往齐国的行李。"这段话与触龙所讲的没有什么差别，然而《史记》没有记载，《资治通鉴》也没有采用，学者中也未尝有人说过。

参考文献：(宋)洪迈．容斋随笔[M]．王彝，主编．豪华大字珍藏本(全译本·下)．北京：北京燕山出版社，1997：1050-1051.

4. 汉采众议

【原文】汉元帝时，珠崖反，连年不定。上与有司议大发军，待诏贾捐之建议，以为不当击。上以问丞相、御史，御史大夫陈万年以为当击，丞相于定国以为捐之议是，上从之，遂罢珠崖郡。匈奴呼韩邪单于既事汉，上书愿保塞上谷以西，请罢边备塞吏卒，以休天子人民。天子令下有司议，议者皆以为便，郎中侯应习边事，以为不可许。上问状，应对十策，有诏勿议罢边塞事。成帝时，匈奴使者欲降，下公卿议，议者言宜如故事受其降。光禄大夫谷永以为不如勿受，天子从之。使者果诈也。哀帝时，单于求朝，帝欲止之，以问公卿，亦以为虚费府帑币，可且勿许。单于使辞去。黄门郎扬雄上书谏，天子寤焉，召还匈奴使者，更报单于书而许之。安帝时，大将军邓骘欲弃凉州，并力北边，会公卿集议，皆以为然，郎中虞诩陈三不可，乃更集四府，皆从诩议。北匈奴复强，西域诸国既绝于汉，公卿多以为宜闭玉门关绝西域。邓太后召军司马班勇问之，勇以为不可，于是从勇议。顺帝时，交趾蛮叛，帝召公卿百官及四府掾属，问以方略，皆议遣大将发兵赴之，议郎李固驳之，乞选刺史太守以往，四府悉从固议，岭外复平。灵帝时,凉州兵乱不解,司徒崔烈以为宜弃,诏会公卿百官议之,议郎傅燮以为不可,帝从之。此八事者,所系利害甚大,一时公卿百官既同定议矣,贾捐之以下八人,皆以郎大夫之微,独陈异说。汉元、成、哀、安、顺、灵皆非明主,悉能违众而听之,大臣无贤愚亦不复执前说,盖犹有公道存焉。每事皆能如是,天下其有不治乎?

【译文】汉元帝时候,珠崖(今海南琼山县东南四十里)反叛,几年平定不了。皇帝和大臣商议用兵平叛,待诏贾捐之建议,以为不应当打。皇帝便问丞相和御史,御史大夫陈万年认为应当打,丞相于定国以为贾捐之的建议对,皇帝采用了贾捐之的意见,就撤销了珠崖郡。匈奴呼韩邪单于既归服了汉朝,上书说愿意保卫汉朝边塞,从上谷(今北京市怀来县东南)以西,撤走汉朝守边的军队,让人民得到休养生息。皇帝让大臣们商议,都以为可行。郎中侯应熟悉边疆情况,以为不可答应。皇帝询问情况,侯应提出了十条不能答应的意见,皇帝于是下诏不要再谈撤掉边备的意见。汉成帝时候,匈奴使者想要投降,皇帝让大臣们商议,大臣们主张应按例接受他投降。光禄大夫谷永以为不可答应,皇帝采纳了谷永的意见。使者果然是诈降。汉哀帝时候,单于要求朝见皇帝,皇帝不想答应,便征求大臣意见,大臣们也认为耗费国家钱财,不宜答应。单于使臣便走了。黄门郎扬雄上书劝谏,皇帝省悟过来,召回匈奴使臣,另写了诏书,答应了单于的请求。汉安帝时候,大将军邓骘想放弃凉州(今甘肃陇县),加强力量,以对付北方边患。朝廷召集公卿商议,都以为可行,郎中虞诩陈述了三条意见,以为不能放弃。于是又召集丞相、御史、车骑将军、前将军四府商议,都同意虞诩的建议。北匈奴再度强盛,西域诸国断绝了和汉朝的关系,大臣们多主张关闭玉门关(今甘肃敦煌市西北小方盘城),和西域断绝交往。邓太后召来军司马班勇,询问他的意见,班勇以为不宜断绝,于是采纳了班勇的意见。汉顺帝时候,交趾(今越南河内一带)蛮反叛,皇帝召集公卿百官和四府的僚属商讨对策,都主张派大将进兵征讨,议郎李固提出反对意见,要求选派刺史太守去安抚,四府都听从了李固的意见,岭南又安定下来。汉灵帝时候,凉州军士骚乱不止,司徒崔烈以为应该放弃,朝廷乃召集公卿百官商议,议郎傅燮以为不能放弃,皇帝听从了傅燮的建议。这八件事,都关系着国家成败,当时公卿百官都有了共同意见,贾捐之等八人,都是郎、大夫一类的小官,却敢提出不同意见。汉元帝、成帝、哀帝、安帝、顺帝、灵帝都不是英明的皇帝,都能够违背众人,听从他们的意见,大臣们不论贤愚,也不再坚持前议,这是公道还存在的表现。每件事都能这样,天下还有不太平的吗?

参考文献:(宋)洪迈. 容斋随笔[M]. 王彝,主编. 豪华大字珍藏本(全译本·上). 北京:北京燕山出版社, 1997:41-42.

【点评】以上这两则说明管理者在制定决策时,需要听取不同意见,择其善而从之。至于采纳大多数人的意见,还是少数人的意见,应当作出分析判断,不可一概而论,有时真理掌握在少数人手中。

复习题

1. 为什么说决策是管理者的核心工作?
2. 描述决策制定的步骤。
3. 如何评价"群体决策总是优于个体决策"?
4. 我们制定决策时都会掺杂偏见。具有偏见会导致什么后果?请予以解释。这对管理决策有何隐含意义?
5. 有人说头脑风暴法纯粹浪费时间,毫无意义。你怎么看?
6. 如何理解计划与决策的关系?
7. 如何理解"计划赶不上变化"?

参考文献

1. 哈罗德·孔茨,海因茨·韦里克. 管理学(第九版)[M]. 北京:经济科学出版社,1995.
2. 海因茨·韦里克,哈罗德·孔茨. 管理学(第十四版)[M]. 北京:经济科学出版社,2015.
3. 亨利·西斯克. 工业管理与组织[M]. 北京:中国社会科学出版社,1985.
4. 斯蒂芬·P·罗宾斯. 管理学(第11版)[M]. 北京:中国人民大学出版社,2012.
5. 周三多,陈传明. 管理学(第三版)[M]. 北京:高等教育出版社,2010.
6. 彼得·F·德鲁克. 管理:任务、责任、实践[M]. 北京:中国社会科学出版社,1987.
7. 赫伯特·西蒙. 管理行为[M]. 北京:北京经济学院出版社,1989.
8. 周健临. 管理学教程(新版)[M]. 上海:上海财经大学出版社,2003.
9. 周三多,陈传明. 管理学(第二版)[M]. 北京:高等教育出版社,2005.
10. 芮明杰. 管理学现代的观点(第三版)[M]. 上海:上海人民出版社,2013.

第5章　执行与控制

【本章提要】

组织的执行力是管理成败的关键,执行不力会严重影响组织管理的效率。要提高组织的执行力,就要注重组织结构、人员配备、操作流程等的改进和完善,在制度上减少漏洞,在目标上设定标准,在落实上有效监督。

组织结构是组织为实现共同目标而进行的各种分工和协调的系统。根据横向分工结构划分,由简单到复杂,组织结构可以分为以下7种类型:创业型组织结构、职能制组织结构、事业部制组织结构、M型组织结构(多部门结构)、战略业务单位组织结构(SBU)、矩阵制组织结构和H型结构(控股企业/控股集团组织结构)。

组织文化是指组织在长期实践中形成的,被组织成员所普遍认可和遵守的具有本组织特色的团体意识、主导价值观、群体规范、行为准则和思维模式的总和。组织文化大致可以分为制度层面、物质层面、精神层面3个层次。

控制是指管理人员根据组织规定的计划目标和各种标准,衡量和测定计划执行中的偏差,分析偏差的原因,采取纠正措施,并在必要时修改计划标准,使计划目标更适合于实际情况,以确保组织目标的实现。简而言之,其主要内容包括确立(调整)控制标准、衡量绩效(偏差)和采取措施纠正偏差。按控制的内容,控制可分为库存控制、进度控制、质量控制、预算控制和人事管理控制。控制方法是指在控制的各个关键领域,为达到控制目标而采取的相应控制策略和途径,主要包括预算控制、财务控制及其他综合控制方法,如标杆控制和平衡计分卡。

【学习目标】

深刻理解执行和控制内涵;

掌握执行中的组织的概念、设计;

了解各种不同的组织结构和组织文化;

深刻理解执行的各种方法;

掌握控制的策略,包括各种控制的方法和策略。

【关键词】

执行　组织　组织设计　组织结构　组织文化　控制　控制标准　衡量绩效　纠正偏差　标杆控制　平衡计分卡

5.1 执行的内涵和保障

5.1.1 执行和执行力的涵义

管理学中,“执行”一词对应的英文是“execute”,主要有两种解释,一是对已有计划地实施,二是完成某种困难的事情或变革,它不以已有的计划为前提。执行力就是在既定的战略和愿景下,组织协调内外部可利用的所有资源,制定可行的战略,采取有效的执行措施,最终实现组织目标、达成组织愿景的一种力量。

执行力可分为两个方面,一是个人执行力,二是团队执行力。个人执行力是指一个人获取结果的行动能力。例如,组织内部高级管理人员的执行力是指他们对组织的管理能力。个人执行力的高低主要取决于个人自身的素质,包括但不限于个人的工作风格、管理能力、工作思路等。团队执行力是将战略与决策转化为实施结果的能力。根据莉莎·汉尼伯格(Lisa Hennebeger)的研究,中层管理是卓越执行的强劲推动力。领导决定战略,战略决定方向,中层管理者决定执行,执行决定绩效。

5.1.2 执行与管理

组织的执行力是管理成败的关键,执行不力会严重影响组织管理的效率。要提高组织的执行力,就要注重组织结构、人员配备、操作流程等的改进和完善,尽量减少制度方面的漏洞,设定具体的目标标准,监督目标的落实情况。

执行力在反映组织整体素质的同时,也在某种程度上反映了管理者的角色定位。所谓的角色定位,就是指管理者以教练的身份指导组织成员工作,达到组织目标。管理者的角色要是没有扮演好,没有发挥好其应有的执行力,特别是其管理思想和指导方法没有得到适当发挥,则容易导致组织人员不能认真地对待和落实执行目标与工作方案。正如许多企业所提出的二八法则一样,80%的工作未达到目标是源于管理者的执行力问题,所以管理者的执行力非常重要。

5.1.3 执行的保障

管理者如何避免低效甚至无效的执行,从而避免管理的失败?至少需要做到以下几点。

首先,要有清晰、可量化的目标。在这方面,管理者当以身作则,在组织内部倡导“执行文化”,做好示范作用。成功的导向作用最终将使这种行为演变为该组织文化的重要部分。

第二,要有明确的时间表。每项具体任务都应当有明确的开始时间和结束时间,而不能只有开始时间而无结束时间,否则任务将永远不会被完成。

第三,要有正确的处理排序。从重要性和紧急性两个维度把事情分成4类,适当的处理顺序应当如下:首先处理"很重要、很紧急"的事情,其次处理"很重要、但不紧急"的事情,然后处理"不重要、但很紧急"的事情,最后处理"不重要、也不紧急"的事情。特别是要区分好第二种"很重要、但不紧急"的事情和第三种"不重要、但很紧急"的事情,应当优先处理前者而不是后者。

第四,要有明确、简明的指令。指令的下达可能牵涉多个层级,明确、简明的指令才能避免出错,避免造成执行结果和预期的偏差。

第五,要有跟踪和指导。执行开始后,管理者要注意追踪跟进,必要的时候需要督促和指导。跟踪与过程控制对组织管理而言是非常重要的。

最后,要有反馈机制。从制定决策,到管理执行,再到执行反馈,再到重新制定决策,如此可以形成管理工作的良性循环,各环节紧密相连,最终形成一个高效的组织管理系统,促进管理目标的实现。执行的路线如图5-1所示。

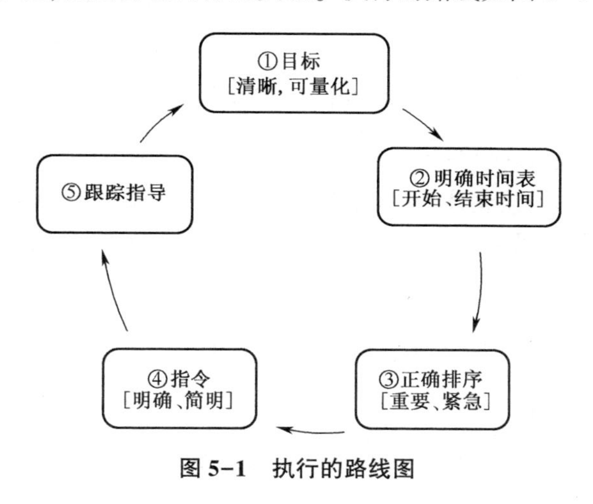

图5-1　执行的路线图

5.2　执行的组织

5.2.1　组织的概念

组织是管理的一个重要职能。在管理活动中,通过决策与计划可以实现对资源的配置和管理活动的部署,计划真正地执行则需要具体的人来完成。如何对这些执行人进行管理,将他们有机地协调起来,高效地完成这个计划,就显得尤为重要。而管理的组织职能正是基于人类对合作的需要而产生的。

组织的涵义可以从两个方面理解。在广泛的涵义上,组织是指由各种因素依照某种方式相互联系起来的一个系统。从这个意义上理解,组织本身就是一个系统,既然是系统,就可以从控制论、系统论等角度对组织进行理解和分析。在狭义上,组织就是某种团体,不同的团体通常都有自己特定的目标,自己特定的联系方式等,如党组织、军事团体、非盈利性的学校、盈利性的企业等都是不同的组织。狭义的组织通常包含着对其覆盖人群的特殊定义,一般运用于社会管理之中。在现代社会中,各种组织通常是根据一定的目标、按照某种特定的形式建立起来的社会团体,这些组织是构成社会的基本单元,是社会形成的基础。

5.2.2 组织设计

一、组织设计的概念

组织设计是在明确的组织目标下,对组织结构的基本形态、组织的内部资源进行配置与安排。组织设计的任务是提供组织结构系统图,编制职务说明书,建立组织手册。

二、组织设计的步骤

组织设计首先从岗位设计着手,要求明确岗位的职能、职责和职权;其次,根据专业分工进行部门化设计,并根据管理层次和管理幅度要求进行层次结构设计;最终形成权力等级清晰、任务分工明确、利益分配合理的组织结构与组织关系系统。

三、组织设计的原则

1. 目标统一原则

设计组织结构的目的就是为了通过明确、合理的分工更好地实现组织目标。因此,在组织设计时,管理者无论选取哪种类型的组织结构,都应当服从、服务于总体目标,使组织内部各部门的目标与组织整体的总目标保持一致。

2. 分工与协作原则

分工与协作是指为达到组织目标,在内部需要同时做到明确的分工和有效的协作。分工可以有效提高组织管理的专业化程度,把组织的任务、目标层层分解,具体到各个部门、各个人,明确各层次、各部门乃至各个人须完成的工作内容以及完成工作的方式和方法。协作是指明确部门和部门之间以及部门内部的协调关系与配合方法。分工协作是提高劳动效率的有效手段。以知识型组织为例,各成员具有异质但相关或相近的人力资本,分工可以使每个人专注于自己专长领域内的工作,有利于提高个体工作效率,有助于推动个体创新。与此同时,建立在个体分工上的群体协作有利于实现个体间的优势互补,在实现个体效率的基础上推进集体效率的提高,推进群体的创新性。因此,组织设计中要注重分工与协作。

3. 权责对等原则

权责对等即权责一致,指组织中的管理者所拥有的权力与其承担的责任应当相匹配。权责对等原则可以从以下几方面理解。首先,权责对等。就是权力与责任要匹配,就是既不应是权大于责,也不能是责越过权,承担多大的责任就应当被赋予多大的权力,二者要相互匹配。其次,适度授权给管理者。对管理者的授权要适度,这关系到管理者的努力程度,涉及一个组织的激励机制是否适当。第三,适当地选人、用人。在对管理者选用、任命时,要综合评估其整体素质,充分考虑其个人能力、道德品质和工作责任感,授予适合的管理岗位。第四,严格监督和检查。要做好对管理者的管理,即发展一套适当的监督机制,对管理者的用权和履责做到全面、严格的监督和检查。

4. 集权与分权相结合原则

集权是指组织的关键决策在较大程度上集中于组织高层。即在做出关键决策时高层管理者几乎不考虑较低管理层级的意见,则该组织是偏集权的。相反,若组织把决策权下放到低层管理人员手中,即较低的管理层级可以较广泛地参与到组织的决策制定中,则该组织是偏分权的。集权管理是保持组织统一性和协调性的内在需要。一般而言,技术越发展,社会化程度越高,分工越精细,协作越紧密,则越需要集中统一管理,以利于加强组织内部各部门和各职务的协调配合。但是,过度集权又可能阻碍信息的交流,影响决策的及时性,也不利于调动下层管理人员的积极性,可能降低组织的适应能力。因此,管理中要进行适度的分权,即要集权和分权相结合。对组织中的重大决策及全局性、战略性问题实行集权,对于日常事务管理则采用分权。

5. 有效管理幅度原则

管理幅度也称管理跨度,是指管理者直接管理的人员的数量。有效管理幅度是指管理者直接管理的人员数量应当有一个有效范围,越过该范围,无论是数量过多还是过少,都不利于组织管理效率。若管理幅度过大,即管理者直接管辖的人员过多,则容易造成监管不力,从而使组织陷入失控状态;若管理幅度过小,即管理者直接管辖的人员过少,则容易使管理人员资源浪费,从而导致管理效率降低。

6. 最少层次原则

管理层次是整个组织中纵向管理的层次数量。最少层次原则是指,为提高组织的管理效率,应尽量减少管理层次。通常情况下,组织规模越大,层次相应也越多,但从高级管理层到基层管理最好保持在2~4个层次,不宜过多。

7. 稳定性与适应性相结合的原则

有效的管理应当能够在静态稳定与动态变化间获得适当的平衡。即当内外部环境发生变化,或者组织自身目标发生变化时,组织能够正常有序地继续运作,即所谓的稳定性。与此同时,对于变化的环境或目标等情况,组织能够相应、适度地做出调整,即所谓的适应性。

【案例与思考】集权还是分权?

宝莉公司是一家成立于2002年的生产经营美妆产品的公司,由于产品新颖,原材料独特,价格亲民,宝莉公司的产品广受消费者的欢迎。在宝莉总裁林澜的领导下,公司一直以来发展较为顺利。然而,随着规模不断扩大,宝莉公司本来运行良好的组织结构逐渐暴露出一些问题。

宝莉公司原本采取的是职能制组织结构,主要包括研发、采购、财务、人事、营销、生产等职能部门。随着公司的发展壮大,宝莉生产的产品从最初的粉底液、BB霜、素颜霜等美妆产品扩展到护肤品如爽肤水、乳液、面霜、精华液等系列护肤品上。随着产品数的增加,旧的组织结构不断出现问题,公司内部各职能部门之间矛盾不断涌现,许多决策都要由总裁林澜亲自制定。

2010年,饱受公司各种问题困扰的总裁林澜决定对公司组织结构进行调整,根据产品种类将公司分为8个分公司,每个分公司独立经营,除对分公司的盈利要求外,总公司不再干涉分公司的具体运作。然而,事与愿违,重组后的公司很快又出现许多新问题。比如,各分公司经理占山为王、各自为政,对总公司的方针和政策不予遵守;各个分公司在采购、人事等职能方面存在大量重复建设,导致资源浪费等。总体而言,在经过一段时间的运行后,总裁林澜发现这次的组织结构调整并不成功,公司似乎正逐渐瓦解为一些独立的部门,不再是完全受自己控制的公司,自己似乎在分权的道路上走得太远了。

有鉴于此,总裁林澜重新开启了集权改革,并制定了一系列针对性的政策,如要求超过10万的大额资本支出、新产品的研发、发展战略的制定、关键人员的任命等须由总裁决定。新的改革使分公司经理曾经膨胀一时的权力大幅缩水,他们认为公司的方针摇摆不定,个别经理甚至提出辞职。总裁意识到此次的收权改革影响了分公司经理的士气,挫伤了他们努力的积极性,但他也很无奈,不知道到底该怎么办?

讨论:集权还是分权?如何做好二者的权衡取舍?林澜要怎么做才能有效提高公司的管理效率?请提出你的建议。

5.2.3 组织结构

组织结构是组织为实现共同目标而进行的各种分工和协调的系统。根据横向分工结构划分，由简单到复杂，组织结构可以分为以下 7 种类型：创业型组织结构、职能制组织结构、事业部制组织结构、M 型组织结构（多部门结构）、战略业务单位组织结构（SBU）、矩阵制组织结构和 H 型结构（控股企业/控股集团组织结构）。

一、创业型组织结构

创业型组织结构是最简单的组织结构，它是多数小型企业的最佳选择。这种组织结构的一个重要特点是，没有中间层级，直接由最高管理层领导最低层员工，这里的最高管理层通常就是企业的所有者。一般而言，初创企业的规模较小，人员较少，生产也比较简单，分工不会很复杂，比较适合这种组织结构。

二、职能制组织结构

比创业型组织结构要稍微复杂一些的，是职能制组织结构，它是按职能划分部门的一种纵向职能结构。比如，根据职能划分，企业分为以下几个不同的基础部门，比如研发部、采购部、生产部、销售部、财务部、人事部等，这些部门由企业领导直接管理。以图 5-2 为例，总经理是企业最高领导，其直接管理企业下属的 4 个职能部门，这就是一个最简单的职能制组织结构。职能制组织结构一般适用于中小型企业，这些企业通常只有一个产品线，技术比较单一，环境也比较稳定。在这种情况下，这种简单的纵向组织结构就能够确保企业有效地运转下去。

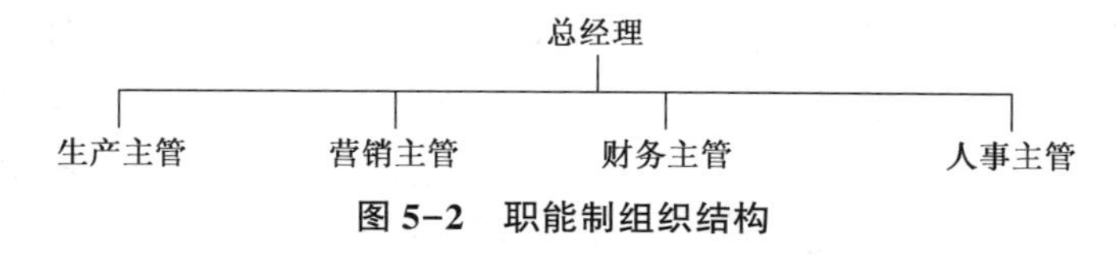

图 5-2 职能制组织结构

三、事业部制组织结构

事业部制组织结构也叫“联邦分权化”，1924 年由通用汽车总裁斯隆（Alfred P. Sloan）提出，实行“集中政策，分散经营”，是一种建立在集权下的分权管理体制。

事业部制的“分级经营”即指“分级管理、分级核算、自负盈亏”，即一个公司可以分成几个事业部，从研发、生产到销售均由每个事业部自己负责，独立核算，独立经营,公司总部只保留预算、人事方面的决策权,并对各公司实行监督和控制,其一般结构如图 5-3。

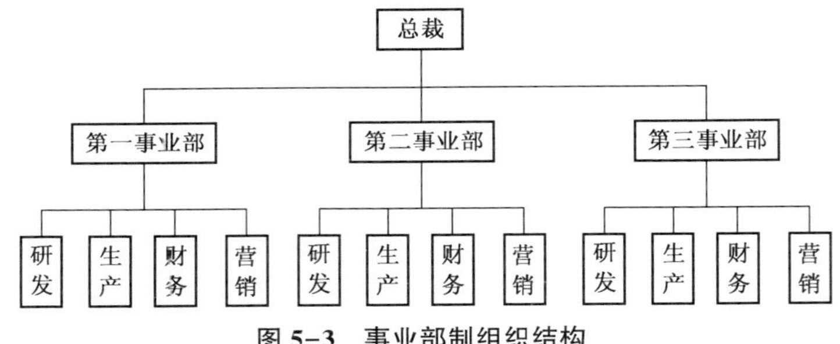

图 5-3　事业部制组织结构

事业部制组织结构中的事业部可以根据不同的标准来划分。比如,根据不同的产品种类,可以划分为不同的产品事业部,根据不同的地理位置,可以划分为不同的地区事业部等。

事业部制在中国已有 30 多年历史,目前已被一大批企业成功运用,如海尔、美的、华为、中国石化等。以美的为例,美的较早时采用直线职能制组织结构。之后随着企业发展壮大,其产品扩展到包括空调、冰箱、洗衣机、电饭煲等各种大小家电在内的 1000 多种产品。大量品种的产品若由总部统一销售、统一生产,很容易出现问题。为此,美的根据不同产品逐步建立相应的事业部体系,成立了包括空调事业部、冰箱事业部、厨房小家电事业部等许多独立的事业部,各事业部在集团总战略下独立经营、独立核算。多年发展的事实表明,美的的事业部组织结构运营得很成功。

四、战略业务单位组织结构

随着企业的持续发展壮大,不仅需要将相关产品线划分为不同事业部,还可以进一步将这些事业部划分为不同的战略业务单元。因此,战略业务单位组织结构的建立是以事业部制组织结构为基础的。建立战略业务单位组织结构,实际上并没有改变事业部组织结构的基本形态,只是对事业部组织结构进行进一步的归类和集中管理,以便于对同类事业部进行协调控制(其一般形态如图 5-4)。战略业务组织结构的优点是:一方面,可以较大程度地降低总部的控制跨度,降低总部信息处理过度的情况,从而有效提高总部的管理效率;另一方面,战略业务单位对具有类似产品或技术的事业部进行了归类,从而可以更有效地协调这些关联度较高的事业部的发展,有利于提高整体管理效率。鉴于以上特点,战略业务单位组织结构一般适用于规模较大的、多元化经营的企业。

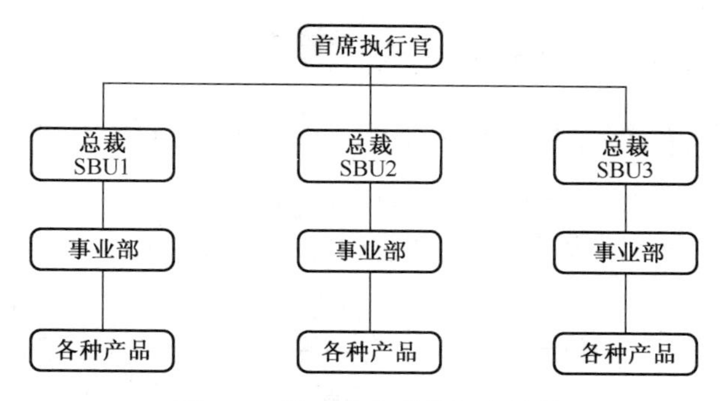

图 5-4　战略业务单位组织结构

五、矩阵制组织结构

所谓的矩阵是一种二维平面的概念，不再是一维直线的概念。因此，矩阵制组织结构是基于职能制组织结构这条纵线和事业部组织结构这条横线二者的结合之上建立而成的。它既包含了职能的专业化分工，又包含了产品的专业化分工，是二者叠加于一体的、纵横二向的平面管理系统，纵横系统的权力平衡是这一组织结构的关键(其一般形态如图 5-5)。这种结构的优点是，有利于加强不同职能部门的协调配合，顺利完成预定任务。相应地，其缺点是，由于系统中同时存在纵横向的交叉领导，容易导致多头领导、无头负责的乱象，因此其稳定性较差。

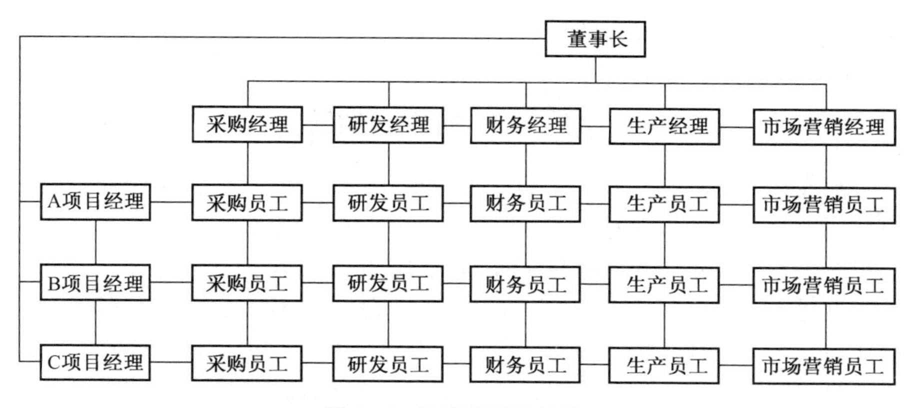

图 5-5　矩阵制组织结构

矩阵制组织结构一般适用于比较复杂的、动态的环境。动态、复杂的环境通常会带来决策的复杂性，而矩阵制组织结构的双向管理特性尽管有其固有缺陷，却是解决这种环境的一种有效手段。实际应用中，矩阵制组织结构一般适用于技术发展相对较快、产品种类相对丰富、对创新性要求较高、面临较复杂环境的大型企业,如军工企业等。此外,部分企业中要求较高的科技项目研发、新产品开发等也可以采用这种组织结构。

六、H 型结构(控股企业/控股集团组织结构)

控股企业/控股集团组织结构是一种建立在多个法人实体集合之上的母子体制,其中的母公司和子公司在行政上并不存在隶属关系。相反,他们是通过产权这个纽带连接而成的。控股结构一般出现于大型的多元化企业集团,这种企业集团通常是由多个企业合并而成的,合并后各子公司仍然保有较大的独立性,总公司一般是通过各种委员会或部分职能部门对各子公司进行协调和控制。

采用 H 型控股结构的企业中很多是特大型国企。国内的部分企业集团,包括很多的国有企业集团,他们的成立并不是遵循“单体企业发展壮大——形成到多企业单元——形成集团多业务结构”这样的发展路线,而是通过先成立众多的同类或近似的独立企业,然后在此基础上成立或改组设立集团总部,或者是对原先在同一行业但不同行政隶属关系的多个企业主体合并重组形成的。一般情况下,这种形式成立的企业集团其下属企业的历史架构已基本形成,此时集团就会通过控股公司方式去解决历史问题。例如,中国航空工业集团公司就是这种类型。2008 年,原中国航空工业第一集团公司和第二集团公司进行重组整合,形成了中国航空工业集团公司。该集团旗下包含多个产业板块,包括航空装备、航空研究、贸易物流、资产管理、工程建设、汽车等多个产业,下辖近 30 家上市公司。

5.2.4 组织文化

一、组织文化的内涵和结构

组织文化是指组织在长期实践中形成的,被组织成员所普遍认可和遵守的具有本组织特色的团体意识、主导价值观、群体规范、行为准则和思维模式的总和。组织文化大致可以分为制度层面、物质层面、精神层面 3 个层次。

制度是文化的重要内容,包括组织行为准则、群体规范、作业规则等,是规范组织成员行为的具体准则以及对组织成员行为进行奖惩的具体安排和约定。物质层面是组织文化外化的、展示给公众的形象部分,包括组织建筑设计、造型布局、组织统一制服、组织宣传海报等,是表达组织的风格、面貌和一致性的符号。精神层面是文化的灵魂和核心,它是经过精心培养而逐步养成的,并为全体成员认同的思想境界、价值取向和主导意识,是组织评判事务和指导行为的基本信念、总体观念和选择标准,具有调节性、评判性和驱动性特点。

二、组织文化的功能

导向功能，是指组织文化对组织及其内部成员的价值取向及行为决策起引导作用，使之符合组织所确定的目标。它是一种软性的约束，把组织的价值观不断向组织内的个人渗透，最终形成一种组织的自我调控机制，引导企业走向预定的方向。

凝聚功能，是指共同价值观有利于培养组织成员的认同感和归属感，建立起组织和成员之间的相互信任和依存关系，形成稳固的文化氛围，凝聚成一种无形的合力。

激励功能，是指组织文化可以激人奋进，使组织成员从内心产生发奋进取精神。组织文化可以使组织成员自发产生为组织拼搏、奉献的精神。

辐射功能，是指组织文化的模式一旦形成，不仅会在组织内发挥作用，对组织成员产生影响，而且会将这种影响辐射到组织外部，对整个社会产生广泛的影响。

三、组织文化的建设途径

组织文化的建设是一个系统工程，是一个漫长的过程。一般而言，组织文化建设需要以下几个步骤：

第一，结合组织的宗旨、特点和战略，选择合适的组织价值观。组织价值观要科学、清晰，特点鲜明，要与员工的素质相协调，过高或过低都将减弱组织文化的作用。

第二，强化员工的认同感。通过媒体宣传、培养树立典型榜样、加强内部培训教育等手段，使员工系统理解和接受、认同组织所倡导的组织文化。

第三，精练定型。在经过初步宣传、反馈评价、系统分析、总结归纳后，对组织文化的初步方案进行修正、提炼，最终以精练的语言提取形成组织文化的表达文字。

第四，巩固落实。在组织文化演变为员工自发的行为指引之前，要从制度规范、领导榜样、奖惩激励等方面扎实推进，确保组织文化能够被员工所接受。

第五，调整完善。随着组织外部环境的变化和组织内部发展战略的调整，组织文化内部的各要素也应相应调整变化，因此，组织文化的建设是一个不断变化发展的、动态的、长期的过程。

5.3 执行的方法

良好的执行需要明确目标、建立运行有效的流程、采取适当的沟通和激励机制。

5.3.1 明确目标

有了明确的目标,执行才有方向。但是,不同的人对目标会有不同的理解,这使得目标在执行过程中存在较大的不确定性,容易造成执行结果与目标的偏离。因此,为了推动执行,有必要事先明确目标。

确定目标有两个层面,第一个层面是总体战略上的,是在对组织内外部环境、组织自身优劣势充分分析和掌握的基础上做出的方向性决策,是一项长期的、全局的重大决策;第二层面是具体的、量化的目标层面的,只有明确量化的目标才具有可操作性。对执行而言,目标既是牵引力,也是驱动力。有了方向和具体数量指标后,才能充分发挥执行的作用。

5.3.2 核心流程

流程是为完成某项目标而进行的一系列逻辑相关的活动。传统的管理理念认为,组织的战略目标确定之后,就应形成相应的组织结构,而流程则是根据组织结构的需要而设定的,并随之调整和优化。但是,这种完全依赖组织结构而设定的流程往往存在一些问题,比如组织内部不同部门之间的人员缺乏配合度,导致同一流程在执行跨部门任务时效率不高。因此,从目标执行的角度分析,流程其实是目标执行力的重要推动力,决定了其最高水平。执行的 3 个核心流程是人员流程(用正确的人)、战略流程(做正确的事)和运营流程(把事做正确)。三项流程的综合协调程度就表现为执行力。

一、人员流程

人员流程是战略流程和运营流程的基础。无论是对组织内外部环境进行判断,根据判断的结论制定相应的战略,还是实施这些战略,其中的人员都是至关重要的。只有建立了有效的人员流程,选择了适当的人员,战略流程和运营流程才能够得到适当的执行。否则,即使战略流程和运营流程再好,恐怕也无法发挥出应有的效果。

一个有效的人员流程包含至少 3 个任务:对个人进行精准的评估,为培养新管理层提供指导性框架,拓展领导输送通道。很少有组织能够同时做到以上几点,这些组织的人员流程存在如下问题,过于重视职员的过去表现,而不够重视其未来的发展潜力,而这一点往往会影响到组织的发展高度。

一个有效的人员流程还必须提供一个有效的指导框架,这个框架可以帮助组织制定一系列有效的行动计划,从而满足该组织在相应时间内的人才需求。实际上,要发挥人员流程的作用,至少需要做到以下 4 点:

其一，将人员与组织战略和运营结合起来。要对组织各阶段的战略目标和运营计划进行详细地分析，分析时要把人员流程与二者之间的联系结合起来，确保能够选用合适的人员去执行相应的流程，从而实现预定的战略目标。

其二，为组织提供完善的领导层培养渠道。首先，应确定组织中哪些员工值得培养，应如何培养，从而建立一个管理者候选群体；其次，对于优秀的员工，要关注其未来离开的可能性，要注意防患于未然；最后，将人力资源部门的工作与组织运营的实际效益结合起来，无论是聘任员工，还是人才培养、鼓舞员工士气等，都应当从组织的实际效益出发。

其三，能恰当地处理好那些表现不佳的员工。有些员工在当前岗位表现不佳，可能只是因为他们被放在了不合适的岗位上，只需要把他们调岗，新的岗位可能就和他的能力相匹配。比如，有些员工做营销做得特别好，是非常好的推销员，但是，把他提升为经理则不合适，因为他并不擅长战略和运营。而另一些员工则可能就不是这种问题，而是态度的问题，有可能他根本就不努力工作，在任何一个岗位他都不会有良好的工作表现，这种员工，就需要给予他们解职处理。

其四，把人力资源管理与组织效益结合起来。在一个强调执行文化的组织中，人力资源管理应当被整合到组织运营的具体流程中去，与组织的整体战略、具体运营做到有机的结合。此时，人力资源管理部门应当能够通过评估、培养、提拔员工来发挥较大的作用，从而推动组织获得更高效益。比如，企业制定好未来 3 年的发展战略后，人力资源管理部门应当和负责的具体业务部门共同做好未来的人才规划，确定需要新聘请的人才、对现有员工进行考核和培训等，在整个战略的实施过程中都应当有人力资源管理部门积极有效的参与。

二、战略流程

战略制定的再好，若无有效的执行，则无法达到预期的目标。一个好的战略流程，应该是一个有效的行动计划。通过它，管理者可以实现制定的预期目标。制定战略流程时，管理者应当对组织的战略目标和人员执行能力有清晰的认识。事实上，在战略流程制定之前，管理者应当先明确一些关键问题，如组织当前面临的机遇和挑战，拥有的优势和弱势。制定之后则应当考虑：计划所涉及的前提条件是否成立？是否已准备多个备选方案？组织是否具备实施该计划的能力？需要采取哪些行动配合，以帮助计划顺利实施？在情况发生变化时，是否能够及时修正该计划？

三、运营流程

如果说战略流程定义的是组织未来的发展方向，人员流程定义的是实施战略的人员，那么运营流程就定义了这些人员应通过何种方式方法来实现组织的战略。具体而言,运营流程就是把组织的长期战略目标分解为各个具体的短期执行目标,为顺利完成各阶段目标,管理者需根据具体情况制定各种微观战术,这些战术必须与组织的整体运营战略相匹配,在具体情况发生变化时能够进行适当地调整和适应。

组织的管理者必须切实深入到所有的3个核心流程中。在运营流程中,管理者的一个重要任务是监督计划的实施。具体而言,管理者要通过设定目标,将运营流程与人员流程和战略流程结合起来,同时对组织内各成员的表现进行适当的评估,在面临各种不确定性时做出适当的判断和权衡取舍,并对下属进行适当的指导。

5.3.3 沟通机制

管理的执行除了要制定高效的流程外,还要在组织内部建立良好的沟通和激励机制。有效的沟通是执行的保障。管理学上的双50%理论就认为,管理者50%以上的时间都花在了沟通上。而事实上,工作中有50%以上的问题又都是在沟通中产生的。因此,要提高执行力,领导应首先在组织内部建立顺畅的沟通渠道,这可以从以下几方面展开。

第一,建立内部沟通机制。领导应在组织内部建立良好的沟通渠道,培养积极沟通的氛围。这种渠道应当是多角度、双方向、多层级的。可以是各种正式的沟通,如例会、座谈会、交流会、简报等。也可以是非正式的,如电话、电子邮件、QQ、微信、小型聚会等。

第二,调整心态,找准沟通角度。领导需要选择适当的时机,把握沟通的角度,与员工进行有效的沟通。如员工情绪波动较大时可暂不沟通,对不同特质的沟通对象,要有针对性地采取不同的沟通角度。领导在与员工沟通时,要尽量做到换位思考,多用同理心,沟通时要避免一味的责骂和单向指令,应多提供有建设性的意见和建议,让员工可以自由地表达意见,做到双向沟通。

第三,简化语言、主动倾听。执行的时间是有限的,为提高执行效率,当中的沟通应做到省时、高效。领导要把握沟通主题、方向、节奏,注意表达方式,尽量做到语言精练、重点突出、目标明确,对于员工的反馈意见要注意倾听,避免产生偏差和误会。

第四,简化沟通层级。沟通需要传递,在层层传递的过程中,沟通的信息很可能失真,根据"沟通漏掉"理论,把一个人想表达的信息记为100%的话,实际表达的可能只有80%,而信息的接收者听到的可能只有60%,真正理解的则只有40%,等到真正执行时,则可能只剩下20%了。因此,为提高执行效率,应尽量简化沟通层级,尽量减小漏斗效应。

第五,保证信息反馈,缺少信息反馈,就无法保证沟通效果和执行效率。沟通的反馈主要包括两方面:一是自己要确认信息,如询问对方,“是我理解的这样吗,是这个意思吗”;二是要求对方给予回应,如“那个报告完成得如何了”,请对方回应。

5.4 控制的策略

5.4.1 控制概述

1948年,诺伯特·维纳(Norbert Wiener)发表了著名的《控制论——关于在动物和机器中控制和通讯的科学》。此后,控制论的思想和方法几乎渗透到了所有的科学领域,这其中当然也包含了管理科学。事实上,管理系统本身就是一个典型的控制系统,管理系统中的控制过程就是一个典型代表,它是通过信息反馈发现结果与标准间的偏差,然后对偏差采取纠正措施,使系统稳定在预定的目标状态上。因此,就理论而言,控制论的理论方法也适用于分析管理控制问题。

具体而言,管理中的控制一般可以理解为,管理人员根据预先设定的目标和各种标准,衡量和测定计划执行中的偏差,分析偏差的原因,采取纠正措施,并在必要时修改计划标准,使计划目标更适合于实际情况,以确保组织目标的实现。简而言之,其主要内容包括确立控制标准、衡量绩效和采取措施纠正偏差。

5.4.2 控制类型

一、按控制的时机划分

根据控制的时机划分,控制可以分为事前控制、事中控制和事后控制。

1. 事前控制

事前控制也称为预先控制或前馈控制,其特点是“事前”,即在工作开始之前就对工作可能产生的偏差进行预估,并有针对性地采取相应的防范措施,从而将潜在的偏差消除在产生之前,以保证计划目标的实现。

事前控制的优点是可以未雨绸缪,防患于未然,从而可以克服事后控制的滞后性。同时,由于事前控制是在工作开始之前进行的,针对的是工作的某些条件,不针对具体的工作人员,因而不易造成管理者与执行人员的矛盾和冲突。当然,事前控制也有一些缺点,比如,它对信息和相关人员的要求比较高,信息要及时、准确,相关人员要充分了解事前控制系统的运行机理。

2. 事中控制

事中控制也叫实时控制、过程控制、现场控制,其特点是“事中”,即在工作过程中对正在进行的活动给予督导,以保证工作按规定的方法和程序进行,是一种同步、适时控制。事中控制对控制环境的要求较高,如对信息的要求较高,要求能够得到即时、现场、同步、准确的信息。现代科技发展为事中控制创造了条件,特别是信息技术的发展为很多管理活动的事中控制提供了便利,如航空公司和铁路局的订票系统等。

事中控制的优点是能及时发现和解决问题,同时有助于提高工作人员的工作能力和管控能力。它的缺点是:首先,受管理者有限的精力和业务水平的制约,管理者事中(实时)控制的应用范围相对有限,只能应用于关键性、可精确度量的工序上;其次,实时控制容易形成管理者和被管理者之间的对立情绪,伤害被管理者的工作积极性。

3. 事后控制

事后控制也叫反馈控制、成果控制,是指一个时期的工作初步完成之后,将工作成效与控制标准进行比较,找出存在的偏差并加以分析,拟定措施对今后的工作进行纠正,防止已经发生的偏差继续发展或在未来再度发生。传统的控制方法多是事后控制。例如,传统的质量控制,通常是对已生产出的成品进行检查,剔除其中的不合格品,以确保成品符合质量标准。

事后控制的优点是可以消除偏差对后续工作的影响,避免未来工作再次出现问题。同时,事后控制是对一段时间或者一定工序的总结,这个过程可以为员工的奖惩提供有效的依据。但是,由于在控制实施以前偏差及损失已经发生,故而反馈控制对已经完成的工作并无纠偏和减损作用。

二、按控制的内容划分

按控制的内容,或者控制的专业划分,控制可分为库存控制、进度控制、质量控制、预算控制和人事管理控制。

1. 库存控制

库存控制一般是指对生产中涉及的燃料、原材料、在产品、产成品等库存品种和数量方面的控制。在满足生产和销售所需的前提下,通过该控制,尽量减少资金占用,降低生产成本,提高经营效率。

2. 进度控制

进度控制一般是指根据产品生产或项目建设的进度规划,对规划中各活动的开始时间和结束时间进行的控制。进度控制有利于生产(项目建设)过程各阶段的前后衔接、互相协调,有利于生产资源的优化配置,保证生产的正常、有序进行。

3. 质量控制

质量控制是为使产品或服务达到质量要求而采取的技术和管理措施方面的活动。一般是指根据不同的产品(服务)特征,规定不同的技术参数指标(通常是量化的具体指标），从而形成相应的产品（服务）质量标准，它是检验产品（服务）是否合格、判断产品（服务）质量等级的重要依据。

4. 预算控制

预算控制是对组织活动所需的成本、费用、支出等进行预先安排，并以此为标准控制工作中的偏差。预算控制的优点是，它可以度量所有可量化的工作，确定各活动对标准的偏差程度，并采取相应的纠正措施。其缺点也很明显，对于那些不可量化的工作，则无法控制。

5. 人事管理控制

人事管理控制主要是针对组织内的人力资源。一般包含两大方面，一是对人员比率的控制，如管理人员与一线操作人员的比率、正式员工与临时工的比率等；二是对管理者和员工的工作表现做出客观公正的考核评定。

5.4.3 控制过程

控制是根据计划要求，事先设定衡量工作绩效的标准，然后把工作的实际成果与事先设定的标准进行比较，由此确定出具体的偏差，然后有针对性地纠正该偏差，从而实现组织目标。因此，控制过程通常包括3个环节：一是制定控制标准，二是衡量工作绩效，三是纠正偏差。

一、控制标准

控制标准是计量实际或预期工作成效的尺度，是作为一种模式或规范而建立起来的某种范围界限，是用来评价管理绩效、获得偏差信息的依据。制定标准是进行有效控制的前提，没有适当的标准，衡量绩效和纠正偏差就失去了客观依据，控制也就无从谈起。控制标准可以是价值标准，如收入标准、成本标准、利润标准等，也可以是实物标准，如以吨、件、平方米等计量的产量标准，还可以是时间标准，如工时、工日等用时标准等。

合理有效的控制标准应满足以下几个特征。一是适用性，即标准明确、不含糊，对标准的量值、单位及允许的偏差范围有精确说明，对标准的表述应通俗易懂，便于理解和接受；二是协调性，管理控制涵盖了组织中的各项活动，制定出来的各项标准应当协调一致，不可相互矛盾冲突；三是可行性，制定标准要量力而行，具体而言，就是要符合组织成员的实际素质，过高或过低的标准都不能发挥应有作用；四是稳定性，标准不宜频繁变化，否则会缺乏权威，也会影响控制的效率；五是前瞻性，标准既要符合当下要求，也应适度考虑未来的发展空间。

1. 确定控制对象

所有的标准都是针对相应的对象而言的。因此，在制定控制标准时，首先要确定控制的对象。组织活动的成果是需要控制的重点对象。要取得预期的成果,就必须在成果形成以前进行控制,纠正与预期成果存在偏差的活动。具体而言,就是要分析影响活动成果的各种关键因素,把这些关键因素列为控制对象。

一般而言,影响组织工作成果的因素主要有以下3个方面。

(1)环境因素。管理者在特定时期进行的组织管理活动是建立在决策者对环境的认识和预测的基础之上的。如果外部环境发生了变化,那么原来的计划可能就无法进行。因此,制定管理计划所依据的环境应作为控制对象,列出"正常环境"的具体状态。

(2)资源投入。组织活动成果是建立在一系列的资源投入的基础之上的。投入的资源会影响组织活动进行的速度和质量,从而影响组织活动的成果。因此,要控制资源投入,使其在数量、质量及成本方面符合预期成果的要求。

(3)组织活动。投入到生产经营中的资源不可能自动转化为产品。组织的经营成果是各项组织活动有序进行的结果,是员工利用各种技术对资源进行加工得到的。员工的工作是决定组织经营成果的重要因素,因此,必须对员工的工作严格管理,务必使他们的活动能够到达预期的结果。在实践中,就是要建立好明确的工作规范,对各部门和员工的工作给出明确的定性和定量标准,以便对他们进行管理和控制。

2. 选择控制重点

组织没有条件,也无需对所有员工的所有活动进行控制,而应选择对计划目标实现具有重大影响的关键点作为控制的重点。一般包含以下3点,一是能够影响整个工作运行过程的重要操作与事项,二是能在重大损失出现之前显示出迹象的事项,三是若干能够反映组织主要绩效水平的时间与空间分布均衡的控制点。具体而言,选择过程中,管理人员应当明确这些问题,能够最好地反映本部门目标的是什么?当目标未能实现时,什么能最好地展示出来?什么能最好地衡量那些关键环节的偏差?怎么样才能最经济地获得信息?以通用电器为例,在对影响和反映企业绩效的诸多因素进行分析之后,他们最终选择了决定企业成败的八个重要方面,以此建立相应控制标准。它们是:盈利能力,市场地位,生产效率,产品地位,人员发展,员工态度,公共责任,短期目标与长期目标的平衡。

3. 制定控制标准

控制的对象不同,为他们建立标准的方法也有所不同。常用的确定控制标准的方法有统计标准、经验标准和工程标准3个。

(1)统计标准。也称历史标准,是通过分析历史数据建立的标准。这里的历史数据可能是源自组织自身的历史,也可能源自其他组织。由此得到的统计标准可能是建立在历史数据之上的平均数,也可能是采用别的算法得到的其他数。采用组织自身的历史数据确定工作标准，简便易行。但是，这种只考虑自身纵向数据而忽略横向比较确定工作标准的做法，可能造成劳动生产率的相对低下，从而导致组织在行业竞争中处于弱势。为了克服这种局限性，在用历史数据制定未来工作标准时，应同时把行业整体数据纳入考量。

(2)经验标准。实际工作中，不是所有的组织活动都能够用明确的量化数据来衡量，也不是所有工作的历史数据都会保留下来的。对于那些无法量化或者没有保留数据的组织活动，或是没有那些历史数据的新型活动，就可以考虑根据管理人员的经验判断来建立活动标准。相对于历史统计标准而言，这种经验标准更为主观，因此在制定时应尽量参考多方意见，比如多请有丰富工作经验的老员工和技术人员提供意见，在此基础上制定出一个相对合理的标准。

(3)工程标准。也是采用统计方法计算出的标准，但它不是对组织的历史数据进行统计分析得出的，而是对实际工作进行统计分析得到的。例如，某种技术工人完成某道工序的时间标准，是根据一个工人按照标准操作方法完成该工序所需的平均时间制定出来的。

二、衡量绩效

在对各个对象制定出相应的评价标准之后，就可以依据这些标准对实际工作进行检查、衡量、比较、分析，从中及时、准确地发现偏差信息。管理者在衡量工作绩效时有三点需要注意之处。

1. 衡量绩效，检验标准的有效性

绩效的衡量是根据其预先设定的标准进行的，这个过程一方面可以度量组织工作的绩效，另一方面也可以从中判断预先设定的标准是否有效，即这个标准是否能够真正反映组织工作的绩效，其中是否存在要求过高、过低或者不符合实际的情况。控制标准如果存在上述情况，那么，用这种标准去衡量绩效，就可能达不到有效控制的目的。例如，衡量销售人员给顾客打电话的次数和时长并不足以判定销售人员的工作绩效，衡量员工的出勤率并不足以评价他们的工作积极性。绩效衡量过程中对控制标准的检验，就是要识别和剔除那些不能提供有效信息的不恰当标准，建立有助于实现有效控制的适当标准。例如，对于销售人员，要衡量其工作绩效，最重要的还是考核其销售额的增长，而对于员工的工作热情，可以考核他们提供有关经营或技术方面的建议次数。

2. 确定适宜的衡量频度

有效的控制建立在适宜的衡量频度之上。所谓的衡量频度，既指控制对象的数量，也指同一标准的衡量次数。对控制对象过于频繁的衡量，不仅会增加相应的控制成本，也容易引起相关人员的不满，从而影响组织目标的实现。相反，对控制对象的衡量若过于松散,则可能会遗漏掉一些工作中的重大偏差,从而不能及时采取纠正措施,也会影响到组织目标的实现。

适宜的衡量频度取决于被控制活动本身的性质。例如,产品生产中的质量控制通常是以小时或日为单位进行,而对新技术开发的控制则通常是以月或年为单位进行。因此,在选择合适的衡量频度时,要清楚了解控制对象发生潜在的重大变化所需的时长,它直接决定了衡量频度的有效性。

3. 建立信息反馈系统

衡量工作绩效的目的是为管理者提供有用的信息,为之后的偏差纠正提供依据。但是,衡量工作绩效未必是由主管部门直接进行的,在被控制对象和管理人员之间通常还存在着中间阶层。因此,应建立有效的信息反馈机制。一方面,衡量绩效获得的信息要能够及时有效地传递给相关的管理人员,使之能够与控制标准进行比较,从而发现其中存在的偏差;另一方面,这个偏差还应及时传递给那些进行被控制活动的工作人员,使他们及时发现自己工作中出现的问题,及时对相关问题进行修正。这种信息反馈系统的建立,不仅能够帮助实现组织活动的预期成果,还能够帮助基层人员了解衡量和控制的目的,避免他们误把衡量和控制视为监督和惩罚的手段。

三、纠正偏差

衡量完工作绩效之后,就可以把衡量的结果与控制标准进行比较,从中找出实际绩效与预设标准之间的偏差。偏差发现之后,要对其性质和程度进行分析,挖掘其产生的原因和机理,并采取有针对性的措施,对其进行修正。为确保纠偏措施得以有效实施,在纠偏措施的制定和实施中须注意以下 3 点。

1. 找到偏差产生的主要原因

有些偏差可能确实反映了管理中存在的严重问题,但也有些偏差可能只是源于一些偶然因素,不一定会对组织的经营成果产生明显的影响。因此,在实施纠偏措施以前,应先具体评估偏差的性质和程度。首先,判断偏差的性质,是偶然性的还是非偶然性的;其次,要判断偏差的程度,是否足以对组织活动成果产生影响。

纠偏措施的制定是以偏差的原因为依据的,同一偏差可能源于不同的因素,针对不同的因素要采取不同的措施。如销售数量的降低和生产成本的增加都可能导致销售利润下降,前者可能源于产品技术的相对落后或者宣传的相对不足,后者则可能源于原材料价格的提升等,两种不同的情况显然应该采取不同的改进措施。

2. 确定纠偏措施的实施对象

组织工作绩效偏离预定标准,可能源于工作出现问题从而导致偏差的产生,也可能是计划或标准本身存在问题。如大部分员工考评不合格,可能是员工工作水平问题,也可能是考核标准过高。预设计划或标准的调整通常源于两种情况:一是工作执行过程中发现原先制定的计划或标准不合理;二是外部环境发生变化后,原本合理的计划或标准变得不再合理。此时,需要重新调整计划或标准,以适应实际情况或者变化的新环境。

3. 选择适当的纠偏措施

针对不同原因产生的偏差,应当分别制定不同的纠偏措施。选择与实施纠偏措施时需要注意以下3点。

(1)纠偏方案要做到双重优化。第一重优化是指,只有纠偏成本低于偏差导致的损失时,才进行纠偏。否则,若是纠偏成本高于偏差带来的损失,那么纠偏就不应进行。第二重优化是指,纠偏方案可能有多种,应当选择当中成本最低、效果最佳的方案。

(2)在纠正偏差、实施新计划时,要考虑原计划实施的成本。在原计划实施过程中,管理者可能发现周围环境发生了重大变化,或者管理者对环境的认识发生了重大变化。此时,管理者发现原本的计划并不适用,需要重新调整,也即要纠正偏差才可能实现预期的经营成果。但是,原计划已经实施了一部分,也即部分成本、资源已经投入和消耗,此时进行纠偏,就需要慎重考虑调整计划(纠偏)可能带来的影响。

(3)尽量消除组织成员对纠偏措施及其可能后果的疑虑。原有的计划意味着一定的利益分配格局、一定的人员调配,实施纠偏就意味着原计划的取消和新计划的实施,也就意味着新的利益分配格局的形成和新的人事变动。因此,在原计划中获利的相关者(如原计划的制定者和执行者)可能会抵抗这种纠偏措施的实施。管理者应当充分考虑各方不同的态度,采用恰当的方式帮助大家消除疑虑和抵制,共同推动纠偏措施的实施。

5.4.4 控制方法

控制方法是指在控制的各个关键领域,为达到控制目标而采取的相应控制策略和途径,主要包括预算控制、财务控制及其他综合控制方法。

一、预算控制

预算控制是管理实践中最普遍的一种控制方法。预算控制是根据预算规定的收入和支出标准来检查和监督各个部门的生产经营活动,以保证各种活动或各个部门在充分达成既定目标、实现利润的过程中有效地利用各种资源,使各种费用支出得到严格有效的控制。预算控制的内容包括收入和支出预算、现金预算、资本支出预算、资产负债预算等。

收入预算和支出预算主要是从财务角度预测组织在未来某个时期内的经营活动成果，以及为获得该成果所付出的相应费用，收入和支出预算对于组织目标的实现具有重大影响。由于收入一般来源于产品或服务的销售，收入预算通常是建立在销售预算的基础之上。销售预算是对组织未来某个时期内的销售状况进行预测。为做好销售预算，应先对过去的销售情况进行总结，对目前的市场环境进行分析，还要对行业内竞争对手的情况进行具体分析，在此基础上确立未来的销售目标，并制定相应的销售计划。

组织的生产、销售等过程中伴随着现金流的流入和流出，对这些现金流流入和流出的预测即为现金预算。现金流管理关系到企业的生死存亡，很多资质很好的企业之所以出现危机甚至灭亡，都是因为没有管理好现金流。因此，现金预算对企业而言是至关重要的。

收入、支出和现金预算都只是针对某一个经营阶段的预算，属于短期预算，而资本支出预算一般是针对多个经营阶段的预算，属于长期预算。资本支出预算通常有以下四种形式：第一，投资于生产设施的支出，如厂房、设备等；第二，研究与开发支出，如开发新品种新工艺等的支出；第三，在人员培训、素质拓展方面的投资支出；第四，投资于新市场开发的支出，如广告宣传等。

与收入、支出、现金预算和资本支出预算等针对某个经营时期的预算不同，资产负债预算是对某个时点的预算，具体而言，它预测的是某个会计年度末期的财务状况。资产负债预算一般是组织内各部门和各项目的分预算的汇总，因此管理人员在编制资产负债预算时可能发现某些分预算存在的问题，从而及时采取措施调整。如通过分析流动资产和流动负债比率，发现组织的财务安全性不高，则可能需要组织对未来资金的筹集和使用计划进行相应的调整。

二、财务控制

财务控制主要是从会计技术和审计技术方面控制。会计方面的控制主要是比率控制，包括财务比率和经营比率。审计方面包括内部审计、外部审计和管理审计。

1. 财务比率

对组织经营成果的衡量可以通过计算多个财务指标进行，对这些指标的分析有助于管理者准确地了解组织的具体财务状况。

(1)流动比率。流动比率是流动资产与流动负债之比。一般而言，该比率越高，表示资产的变现能力越强，短期偿债能力也越强，反之偿债能力越弱。一般认为流动比率应在 2∶1 以上。

(2)速动比率。速动比率是指速动资产与流动负债之比。它衡量了流动资产中可以立即变现用于偿还流动负债的能力。速动比率和流动比率相似，二者都可以用于度量组织资产流动性。在存在大量存货(相对较难变现)、且这些存货周转率较低时,速动比率比流动比率更能精确地反映出组织的实际情况。

(3)负债比率。负债比率是总负债与总资产之比,它反映了债权人所提供的资本占全部资本的比例,也被称为举债经营比率,是衡量利用债权人资金进行经营活动能力的指标。该指标是评价负债水平的综合指标,同时也反映债权人发放贷款的安全程度。

(4)盈利比率。盈利比率是利润与销售额或全部资金等相关因素的比例关系。它主要反映了某种经营活动的盈利情况。常用的有销售净利率、资产净利率等、净资产收益率等。

2. 经营比率

经营比率又称活力比率,主要反映了企业经营效率的高低和对各种资源利用的充分程度。常用的经营比率有以下3个:

(1)库存周转率。库存周转率是销售总额与库存平均价值之比,可以用它来衡量与销售收入相比库存数量是否合理。提高库存周转率对于加快资金周转、提高资金利用率和变现能力具有积极的作用。

(2)固定资产周转率。固定资产周转率是销售收入与固定资产净值之比。它反映了一个会计年度内固定资产周转了多少次,也反映了每一元固定资产所支持的销售收入。

(3)销售收入与销售费用的比率。该比率表明付出一单位的销售费用能够获取多少单位的销售收入,它反映了组织营销活动的效率。

3. 外部审计

外部审计是由外部机构(如会计师事务所)选派审计人员对组织的财务状况进行独立的评估。外部审计实际上是对组织内部财务欺诈和舞弊行为的一个检查,一般可以起到有效的预防和监督作用。外部审计的优点是审计人员与管理当局不存在依附关系,有利于保证审计的独立性和公正性。但是,外部审计人员可能不了解内部的组织结构、生产流程和经营特点,对具体业务审计时可能存在困难。此外,被审计组织的内部成员可能对审计人员产生抵触情绪,不愿积极配合,这也可能增加审计的难度。

4. 内部审计

内部审计,是建立于组织内部的一种独立的检查、监督和评价活动,它既适用于对组织内部牵制制度的检查,也适用于对组织经营业绩、经营合规性的检查。

不同于外部审计,内部审计有其自身特点。首先,审计范围不同。内部审计既要审查会计账目、会计行为和财务收支活动,更要注重审查各项具体业务活动,不仅要事后审计,更要事前审计;其次,审计作用的侧重面不同。内部审计既要查错防弊,起防护性作用,更要为改善组织的经营管理和提高经济效益提供建议,起建设性作用;再次,审计深度不同,作为组织内常设的专职机构,内部审计机构更加熟悉组织内部的情况,可以有针对性地做更细致的审查。但是,由于内部审计属本组织管理当局领导,其独立性、公正性不如外部审计。

5. 管理审计

管理审计是以改善组织管理素质和提高管理水平为目的,审查被审计事项在计划、组织、控制、决策等管理方面的表现,推动被审计组织提高相应管理水平的一项管理活动。管理审计的方法是利用公开记录的信息,从反映组织管理绩效及其影响因素的若干方面,将组织与同行进行对比分析,以判断组织的经营与管理效率。

三、其他综合控制

1. 标杆控制

所谓标杆控制就是寻找合适的标杆(模范或基准),将本组织的状态与标杆进行对比分析,找出自身的不足,制定适当的策略,对这些不足进行弥补的一个过程。这里的标杆,通常是指行业内的领导企业,或者企业内的优秀部门,他们的某一种产品或者某一项服务所达到的一种标准。

目前已有不少企业采用标杆控制来改善经营效率、提高竞争力。以美的集团为例,在比较分析了多个企业的供应商库存管理模式之后,美的最终选取戴尔作为标杆,试图以戴尔为模板建立自己的“零库存管理模式”。戴尔的典型特点是,它自己不设立小部件仓库和产品仓库,它的小部件直接由供应商库存管理,它的产品则是采用订单式生产,即顾客下订单后再行生产并发货,而不是提前生产进行库存。因此,戴尔的供应链管理和物流管理是比较成功的。与此同时,与美的同行业的海尔也采取了供应商库存管理模式。因此,为了不至于在行业竞争中落后,美的也引进了供应商库存管理模式。

此外,越来越多的政府部门也开始将标杆管理应用到自身的绩效管理中。以山东烟台林业局为例,2009 年该局开始实施标杆管理法,在同类型地方政府部门中,它是较早实施标杆管理的机构之一。它以广东汕头林业局为标杆,围绕体现林业工作绩效的四大类 40 余项指标,构建部门工作绩效考核的具体体系,围绕各个细化指标对部门内成员进行月评、季评和年度考核,以此推动部门成员不断改进和完善各方面工作。经过多年的发展,烟台林业局在多个绩效领域都取得了较大进步,标杆管理的成效非常明显。

2. 平衡计分卡

传统的控制方法多数只关注财务指标,而忽视了可以衡量组织未来长远发展的其他方面。1992年卡普兰(Robert Kaplan)和诺顿(David Norton)提出一种新的绩效评价体系——平衡计分卡。平衡计分卡是一种综合评价方法,它包含财务、客户、内部流程、学习与成长4个维度。具体而言,平衡计分卡平衡了短期与长期业绩,外部与内部业绩,财务与非财务业绩,以及不同的利益相关者。

(1)财务维度。作为平衡计分卡四个维度中的一个,财务衡量不仅是其中的一个独立维度,而且是其他几个维度的出发点和落脚点。财务指标可以直观地度量企业战略执行的效果。衡量企业财务状况的指标有很多,常见的有盈利能力指标(最常用的)、偿债能力指标、营运能力指标、成长能力指标等,当然也可能是其他方面的指标,如现金流等。

(2)客户维度。在客户层面,管理者须明确其经营业务所面对的客户和市场,及其相应的衡量指标。在客户层面,常见的指标有客户满意度、客户保持率、客户获得率等。在市场层面,常见的指标有目标市场占有率等。客户维度的度量能够帮助管理者明确客户战略和市场战略,从而提高组织的财务绩效。

(3)内部流程维度。在这一层面上,管理者要注意改进和完善组织的关键内部流程,高效的流程将为组织提供价值,有助于拓展目标市场,增加相关客户,为股东提供丰厚的财务回报。

(4)学习与成长维度。学习和成长维度建立了组织获得长期、可持续增长的基础框架,确立了组织成功的关键因素。通过平衡计分卡的前3个维度,可以发现组织的实际能力与实现某种预期成果所应当具备的能力之间的差距,为弥补该差距,组织可以从各方面进行自我改进和提升,如增加员工培训计划,改进组织内部的工作程序等。

平衡计分卡已成功应用于许多组织。以我国的商业银行为例,很多银行在业绩评价时都只关注财务指标,而忽略了对客户、内部流程及员工学习与成长的管理与考核,这种考核体制显然不合理,引入平衡计分卡则可以解决该问题。如图5-6,可以从4个维度综合评价。首先是人员角度,即培养人才、提高员工满意度,激发员工潜力并维持良好的状态与态度,提高竞争优势;其次是内部流程维度,即通过各种手段改进组织的内部流程,如增加内部培训以提高各流程操作的规范性等;人才的培养、内部流程的改进、客户满意度的提高和市场份额的提高将带来财务业绩的上升,最终推动企业战略目标的实现。反之,财务的发展也将为其他维度提供保障。因此,平衡计分卡的4个维度是相互联系、互相推动的,其中的"平衡"至关重要,每个维度与其他3个维度之间都是相互影响的,只有综合处理好各个维度,才能够顺利实现组织的最终目标。

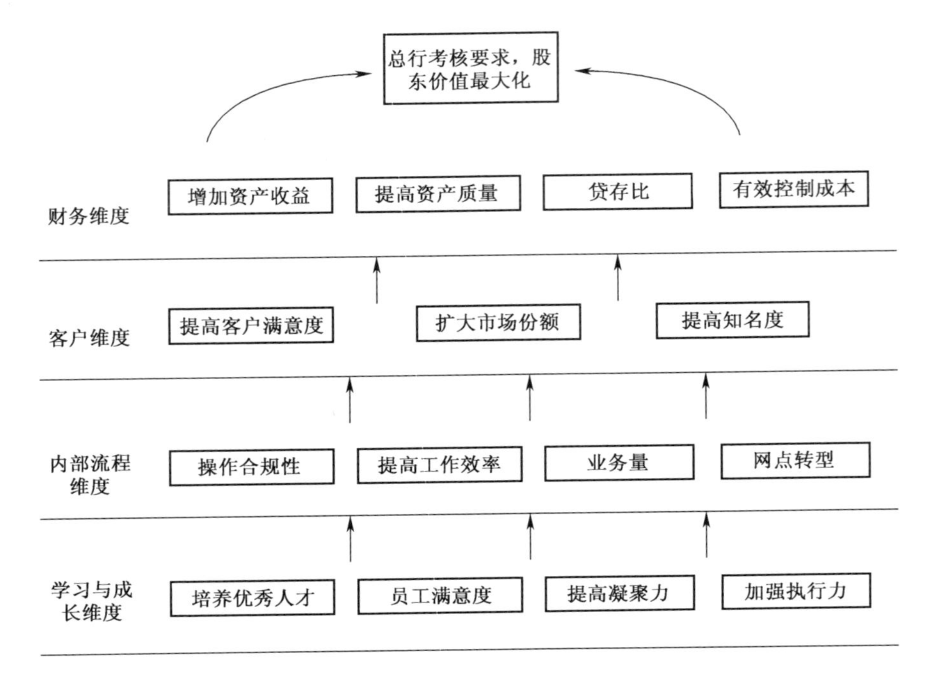

图 5-6 平衡计分卡

【案例分析】

2009 年，受金融危机影响，中国许多企业都备受考验。然而华为却在这一年逆势增长，其美国业务增长 60%，全年营业额超过 300 亿美元。作为中国最成功的民营企业，华为至此进入世界 500 强。

不仅业务发展让竞争对手惊叹，华为的企业文化也相当独特。"狼性文化"一度成为华为文化的代名词。外界很好奇华为员工身上怎么会有用不完的劲，像是一部永动机。制定有《华为基本法》的华为更是国内第一个通过立法规范企业发展的企业，成为一个行业典范。但是，与此同时，几例"过劳死"的案例又让所有人对华为的文化产生了质疑。意识到这一点后，华为的"狼性文化"开始逐渐淡出历史舞台，取而代之的是系统化的企业价值观。纵观华为的整个发展史，在每个发展阶段都会有具有阶段特色的企业文化相匹配。

(一) 华为企业文化的基本理念体系

愿景：丰富人们的沟通和生活

使命：聚焦客户关注的挑战与压力，提供有竞争力的通信解决方案，持续为客户创造最大价值

核心价值观:成为世界级领先企业;员工是华为的最大财富;学习失败的教训;发展领先的核心技术

(二)华为企业文化发展过程

创业初期,由于内外交困,华为将“活下去”定为企业发展的第一目标。作为企业的创始人,任正非的军旅生涯给企业文化的形成打上了深深的军事化烙印。

随着企业的发展壮大和外部经济条件的改善,华为制定了《华为基本法》。用企业法律的形式对华为发展历程进行总结,并对未来发展道路进行规范。

创业初到1997年间,“狼性文化”的提法在华为盛行,华为员工自比为狼。“狼性文化”是企业文化的核心。

1997年后,“狼性文化”的提法逐渐淡化,取而代之的是奉献精神和奋斗精神,并且逐渐形成了今天的企业文化价值观体系。

随着自身的不断发展和外部经济形势的不断变化,华为已经不再满足于“活下去”,而将成为世界第一视为自己的发展目标,致力于丰富人们的沟通和生活。

(三)华为企业文化的塑造途径

领导行为	内部建立以总经理为首的首长负责制,隶属于各个以民主集中制建立的专业协调委员会; 引入流程变革、员工股权计划、人力资源管理、财务管理和质量控制的各个流程,使华为管理和世界接轨; 任正非通过职工大会和在内刊发表文章的方式向员工宣传理念,推动文化运动; 重视文化建设和传承,借助外力完成《华为基本法》; 创办华为大学,建立健全培训系统;尊重人才但又不依赖人才; 注重科研和市场,重视对核心技术的掌握; 工作敬业,作风雷厉风行; 联名承诺反对关联交易和腐败,为华为持续发展奠定基础。
员工行为	在黑龙江与联通合作的项目中,时间极为紧迫,不分昼夜工作,按时完成任务; 任何时间,只要客户有问题,第一时间到现场解决问题,超需满足客户; 十分团结,各个团队互相帮助; 工作十分敬业,“床垫文化”“狼性文化”就是典型的代表。
楷模行为	提倡人人是楷模。华为不提倡树立楷模,认为每一个员工只要很好地完成自己的工作就是楷模,公司需要这样萤火虫式的楷模。 “坚决不让雷锋吃亏”,给优秀员工优越的待遇以鼓励更多的“雷锋”行为。

（续）

公关行为	对内公关：创办《华为人》、《管理优化》报、《华为技术》报，宣传企业理念，为员工提供交流的平台；“口号文化”，不同的时期用不同的口号表现不同的理念和追求。 政府关系：一方面，用好国家政策方针，紧跟国家政策的脚步，积极争取国家的支持，跟随国家领导人出访“跑马圈地”；另一方面，在进入西方市场的时候极力淡化与政府的关系，避免遭受壁垒。 客户关系：完全的客户导向，超乎客户需求完成任务。 竞争对手关系：一方面，大力向竞争对手学习；另一方面，不怕竞争，以群体的力量攻关。
流程优化	先后通过 IBM、韬睿资讯、合益资讯、普华永道以及弗劳恩霍夫协会，引入了流程变革、员工股权计划、人力资源管理、财务管理和质量控制的各个与国际先进水平一致的流程，使华为流程专业化，并与国际接轨； 建立起以客户为导向的内部流程，确立在第一时间快速、灵活地满足市场需求； 采用矩阵制的组织结构，分工、职责明确，员工直接对项目负责。
制度安排	每年的研发投入占收入的 10%，保障了研发投入的力度和持久的创新能力； 在用人和薪酬策略上采取能上能下的制度，杜绝官僚机构的弊病，激励和提拔有能力的人，减轻企业在困难时期的负担，例如市场部大辞职； 华为规定只有在全部岗位上都工作过的人才能被提拔，采用轮岗制； 通过对员工各个时期的培训建立一种强企业文化，同化、激励华为人不断奋进； 只有和企业具有相同价值观的人才能被提拔。

（案例来源：唐炎钊，袁睿晗．企业文化塑造的跨案例研究·管理案例研究与评论，2012，5(4)：292-305）

讨论题：

1. 华为文化在华为的发展过程中发挥着怎样的作用？
2. 分析华为文化的优缺点，从中可以得到什么样的启发？

【历史经验】

1. 汉武留意郡守

【原文】汉武帝天资高明，政自已出，故辅相之任，不甚择人，若但使之奉行文书而已。其于除用郡守，尤所留意。庄助为会稽太守，数年不闻问，赐书曰：“君厌承明之庐，怀故土，出为郡吏。间者，阔焉久不闻问。”吾丘寿王为东郡都尉，上以寿王为都尉，不复置太守，诏赐玺书曰：“子在朕前之时，知略辐凑，及至连十余城之守，任四千石之重，职事并废，盗贼从横，甚不称在前时，何也？”汲黯拜淮阳太守，不受印绶，上曰：“君薄淮阳邪？吾今召君矣，顾淮阳吏民不相得，吾徒得君重，卧而治之。”观此三者，则知郡国之事无细大，未尝不深知之，为长吏者常若亲临其上，又安有不尽力者乎？惜其为征伐、奢侈所移，使民间不见德泽，为可恨耳！

【译文】汉武帝天资聪明过人，他亲自处理国家政事，一切自己说了算，因而对辅政的宰相人选，不太重视，似乎只是让他们奉行成命而已。但是，对于任用郡守一级的高级地方官员，汉武帝却十分留心。辞赋家庄助任会稽（今浙江绍兴）太守后汉武帝数年没有得到他的问候，于是给庄助写了一封信说："你厌倦了京师豪华的住宅，怀恋故乡绍兴的山水，因而出任会稽郡守。转眼间，我已经很久没有得到你的问候了。"吾丘寿王任东郡（今河南濮阳西南）都尉，武帝鉴于有寿王任都尉，就未再设置郡太守，后来又写了一封盖御玺的书信说："你在我面前的时候，足智多谋，有很多建树，可是现在到地方上治理十几个城池，肩负着品级都是两千石的郡太守和郡都尉，两项重任，却荒废了所有的政事，使得盗贼横行，民不聊生，这样的表现与在我面前时很不相称，究竟是什么缘故？"汲黯被任命为淮阳太守，却不接受印绶，汉武帝说："莫非你看不起淮阳？我现在召命你，是因为看到淮阳的官民关系很不融洽，所以特意借重你的威名，卧而治之。"从这三件事可以看出，诸侯国和郡中之事，无论大小，汉武帝都十分熟悉，做地方官的常常感到皇帝好像就在自己的面前，又怎能不尽心尽力呢？可惜，这位具有雄才大略的帝王后来被对外征战和奢侈腐化迷住了心窍，使得老百姓看不到他的恩泽，实在是可恨之极！

参考文献：（宋）洪迈．容斋随笔[M]．王彝，主编.豪华大字珍藏本（全译本・上）．北京：北京燕山出版社，1997：535–536.

【点评】为了让地方官员忠于职守，唯中央指令是从，古代皇帝想尽各种办法来掌握其统治范围内的情况，以此巩固和加强中央集权，确保政令畅通、令行禁止。可见，决策的制定只是管理工作的一半，更重要的一半是决策的落实。

2. 张全义治洛

【原文】唐洛阳经黄巢之乱，城无居人，县邑荒圮，仅能筑三小城，又遭李罕之争夺，但遗余堵而已。张全义招怀理葺，复修为壮藩，《五代史》于《全义传》书之甚略，《资治通鉴》虽稍详，亦不能尽。辄采张文定公所著《搢绅旧闻记》，芟取其要而载于此。曰："今荆襄淮沔创痍之余，绵地数千里，长民之官，用守边保障之劳，超阶擢职，不知几何人？其真能仿佛全义所为者，吾未见其人也，岂局于文法讥议，有所制而不得骋乎？全义始至洛，于麾下百人中，选可使者十八人，命之曰屯将，人给一旗一榜。于旧十八县中，令招农户自耕种，流民渐归。又选可使者十八人，命之曰屯副，民之来者绥抚之，除杀人者死，余但加杖，无重刑，无租税，归者渐众。又选谙书计者十八人，命之曰屯判官，不一二年，每屯户至数千，于农隙时，选丁夫，教以弓矢枪剑，为坐作进退之法。行之一二年，得丁夫二万余人，有盗贼即时擒捕。关市之赋，迨于无籍，刑宽事简，远近趋之如市，五年之内，号为富庶，于是奏每县除令薄主之。喜民力耕织者，知某家蚕麦善，必至其家，悉召老幼亲慰劳之，赐以酒食茶果，遗之布衫裙裤，喜动颜色。见稼田中无草者，必下马观之，召田主赐衣服，若禾下有草，耕地不熟，则集众决责之，或诉以阙牛，则召责其邻伍曰："此少牛，如何不众助？"自是民以耕桑为务，家家有蓄积，水旱无饥人，在任四十余年，至今庙食。呜呼！今之君子，其亦肯以全义之心施诸人乎？

【译文】唐代洛阳经历黄巢之乱，城内无人居住，周围县城荒废坍塌，残破砖石只能筑起三座小城，又遭李罕之争夺，只剩下断垣残壁。张全义招抚流民整理修造，又成为强大的军镇。《五代史·张全义传》记载十分简略，《资治通鉴》虽稍微详细些，也不够详尽。我就选取张文定公所著《洛阳搢播绅旧闻记》，节选其中要点记录如下："如今江淮一带遭受战争创伤的土地，绵延数千里，地方官吏因为守边保障的功劳，越级提拔的，不知有多少人。至于真能像张全义所作所为的，我还没有见过。难道编修史书受行文法则局限，讥评议论受限制而不能任情吗？全义刚到洛阳，在部下一百人中，选出十八个有能力的人，称他们叫屯将，每人发给一面旗帜、一张文告。在原有十八县中，让他们招募农民像原先一样种田，流民逐渐回归。再挑选十八个有能力的人，称他们作屯副，安抚那些回归的百姓，除杀人者处死，其余只用杖刑，不用重刑，不交租税，回归的人慢慢多起来。再挑选十八个熟悉写字计算的人，称他们作屯判官。不到一、二年，每屯人口达到数千户。农闲时，选拔青壮年，教他们使用弓箭刀枪，为他们制定前进后退的规矩。实行一、二年，得到壮丁二万多人，有盗贼就及时捉拿。关卡集市的捐税，几乎等于没有征收，刑罚宽容，手续简便，远近百姓前来投奔如同赶集。五年之内，号称富裕，于是奏请每县任命县令，建立文书，进行管理。他喜爱努力耕织的百姓，了解到谁家蚕养得好，麦种得好，必定到这家来，召集全家老小亲自慰劳他们，奖给美酒、食物、茶叶、果品，送给布料、衣衫、裙子、裤子，人人喜笑颜开。见到农田中没有野草的，必定下马观看，召来田主赏给衣服；如果庄稼下面有草，地犁得不透，就当众指责他。有人诉说缺少耕牛，就召来当地邻长、伍长责备说："这一家缺少耕牛，为什么不发动众人来帮助？"从此百姓把务农植桑作为主要职业，家家粮食有储积，发生水旱天灾无人挨饿。在任四十多年，至今受到祭祀。啊，如今的正人君子们，难道也愿拿出全义那样的善心来施于众人吗？

参考文献：（宋）洪迈. 容斋随笔［M］. 王彝，主编. 豪华大字珍藏本（全译本·上）. 北京：北京燕山出版社，1997：284-286.

【点评】张全义治洛，给我们的启示，有效的管理，需要选拔使用合适的力量来开展工作。也就是政策方针确定之后，干部就是最重要的因素。同时还要加强指导，对做得好的给予鼓励，对做得不够的给予匡正，这样才能确保决策得以执行和落实。

3. 光武仁君

【原文】汉光武虽以征伐定天下,而其心未尝不以仁恩招怀为本。隗嚣受官爵而复叛,赐诏告之曰:“若束手自诣,保无他也。”公孙述据蜀,大军征之垂灭矣,犹下诏谕之曰:“勿以来歙、岑彭受害自疑,今以时自诣,则家族全,诏书手记不可数得,朕不食言。”遣冯异西征,戒以平定安集为急。怒吴汉杀降,责以失斩将吊民之义,可谓仁君矣。萧铣举荆楚降唐,而高祖怒其逐鹿之对,诛之于市,其隘如此,《新史》犹以高祖为圣,岂理也哉?

【译文】东汉光武帝虽然靠武力征伐平定天下,可是他的用心总是以仁慈、恩情、招降、安抚为根本。隗嚣接受官爵后再次反叛,光武帝下诏书告诉他:“如果你放弃抵抗主动投降,保证没有其他处分。”公孙述据守蜀地,光武帝派大军征伐他,即将平灭时还下诏告诉他:“不要因为你曾刺杀我的大将来歙、岑彭而心怀疑虑,现在及时归降,就能保全家族。皇帝亲笔诏书不可多得,我说话算数。”派遣冯异西征,告诫他平定地方、安抚百姓是当务之急。因为吴汉纵兵掳掠成都已归降的官吏人民而怒,责备他不合斩杀敌将、吊慰民众的道理,可以说是仁君了。萧铣割据长江中游,兵败降唐,可是唐高祖恼怒他曾跟自己争夺天下,把他杀死在长安的大街上,李渊心地狭隘到这种地步,《新唐书》还把他称为圣贤,难道是合理的吗?

参考文献:(宋)洪迈. 容斋随笔[M]. 王彝,主编. 豪华大字珍藏本(全译本·上). 北京:北京燕山出版社, 1997:296-297.

【点评】汉光武帝以仁义为本,争取大多数人的支持,不仅避免了滥杀无辜,而且也赢得了民心。这是管理的最高境界,也就是攻城为下,攻心为上。能够化敌为友,化干戈为玉帛,体现了高尚的人格魅力和高超的管理艺术。

4. 任安田仁

【原文】任安、田仁,皆汉武帝时能臣也,而《汉史》载其事甚略,褚先生曰:“两人俱为卫将军舍人,家监使养恶恶马。仁曰:‘不知人哉! 家监也!’安曰:‘将军尚不知人,何乃家监也!’后有诏募择卫将军舍人以为郎。会贤大夫赵禹来,悉召舍人百余人,以次问之,得田仁、任安,曰:‘独此两人可耳,余无可用者。’将军上籍以闻。诏召此二人,帝遂用之。仁刺举三河,时河南、河内太守皆杜周子弟,河东太守石丞相子副,仁已刺三河,皆下吏诛死。”观此事,可见武帝求才不遗微贱,得人之盛,诚非后世所及。然班史言:“霍去病既贵,卫青故人门下多去事之,唯任安不肯去。”又言:“卫将军进言仁为郎中。”与褚先生所书为不同。《杜周传》云:“两子夹河为郡守,治皆酷暴。”亦不书其所终,皆阙文也。

【译文】任安、田仁,都是汉武帝时的才能出众之臣,可是汉代《史记》记载他们的事情甚为简略,褚少孙先生补充说:“两人都作卫将军的舍人,卫家总管叫他们去喂养顽劣的咬人之马。田仁说:‘总管太没有知人之明了!’任安说:‘将军都不能知人善任,更何况总管呢!’后来有诏书要从卫将军的舍人中挑选合适的人作郎官。碰巧由贤明的士大夫赵禹来主持其事,把一百多名舍人全都召集起来,接着次序进行口头考试,得到了田仁、任安,说:‘只有这两个人可以,其余的没有可用之人。’卫将军就向朝廷上报了此事。武帝下诏召见这两个人,随即委以重任。田仁作了丞相长史。检举三河地区长官贪残不法。当时河南(今河南洛阳)、河内(今河南武陟)二郡的太守都是御史大夫杜周的子弟,河东(今山西夏县)太守是丞相石庆的子孙,田仁检举揭发之后,他们都被交法官刑讯、处死。”于此可见,汉武帝寻求贤才并不遗漏地位低贱之人,得到的人才非常之多,实在不是后世君主所可比拟的。可是班固的《汉书》称:“霍去病贵幸之后,卫青的老朋友和门下宾客很多离去,去为霍去病服务,只有任安不肯离去。”又说:“卫将军推荐田仁作了郎中。”这跟褚先生所写的内容不同。《杜周传》说:“杜周的两个儿子在黄河两岸的紧靠着的两个郡作太守,统治都非常严酷残暴。”也没有写他们最终的结果,这些,都是记述遗漏的文字。

参考文献:(宋)洪迈. 容斋随笔[M]. 王彝,主编. 豪华大字珍藏本(全译本·上). 北京:北京燕山出版社, 1997:298-299.

【点评】管理的根本,贵在得人。汉武帝不拘一格使用人才,成就了伟大事业。田仁、任安之所以被使用,也是因为有表现自我的时机,否则就会淹没在世间。

5. 治盗法不同

【原文】唐崔安潜为西川节度使,到官不诘盗。曰:“盗非所由通容,则不能为。”乃出库钱置三市,置榜其上,曰:“告捕一盗,赏钱五百缗。侣者告捕,释其罪,赏同平人。”未几,有捕盗而至者。盗不服,曰:“汝与我同为盗十七年,赃皆平分,汝安能捕我?”安潜曰:“汝既知吾有榜,何不捕彼以来?则彼应死,汝受赏矣。汝既为所先,死复何辞?”立命给捕者钱,使盗视之,然后杀盗于市。于是诸盗与其侣互相疑,无地容足,夜不及旦,散逃出境,境内遂无一人为盗。予每读此事,以为策之上者。及得李公择治齐州事,则又不然。齐素多盗,公择痛治之,殊不止。他日得黠盗,察其可用,刺为兵,使直事钤下。间问以盗发辄得而不衰止之故。曰:“此由富家为之囊。使盗自相推为甲乙,官吏巡捕及门,擒一人以首,则免矣。”公择曰:“吾得之矣。”乃令凡得藏盗之家,皆发屋破柱,盗贼遂清。予乃知治世间事,不可泥纸上陈迹。如安潜之法可谓善矣,而齐盗反恃此以为沈命之计,则变而通之,可不存乎其人哉!

【译文】唐朝的崔安潜被委任为西川节度使，到任后并不审判盗贼，他说："如果没有所经之处人们的通融，盗贼就无法达到目的。"于是，他从公家金库里拨出巨款放到三个市场上，并且张榜宣布："告发和捕捉到一名盗贼，赏钱五百缗（一千文一缗）。如果同伙告捕，则免其罪，赏钱与一般人相同。"不久，有人送来了一盗贼。盗贼很不服气地向捉他的人嚷道："你和我一同为盗十七年，赃物都平分，你怎么能捉我呢？"崔安潜说："你既然知道我已经出了榜文，为什么不将他捉来？如果你把他提了来，那么他应当被处死，而你则要受到奖赏。现在你既然已经被人家抢了先，引颈受死还有什么可说的？"随即下令付给捕盗者钱，让盗贼亲眼看见，然后将这个盗贼公开处死。于是，盗贼们与其同伙相互猜疑，无地容足，竟在一夜之间纷纷散逃出境，从此境内再无一人为盗。我每读此事，总认为崔安潜的做法的确是治盗的上策。后来，当我读了李公择治理齐州（今山东济南）的事迹，才知道还有更高明的办法。齐地一向多盗贼，李公择痛加治理，但根本无法禁止。有一次，一名狡猾的惯犯落网，李公择发现他可以利用，便在他脸上刺字编入军队，分在自己帐下听差。得便时，李公择询问齐州盗贼大量被捕却屡禁不止的原因，那名原先的盗贼回答说："这是由于富裕之家为他们作掩护的缘故。假如使盗贼自相推为甲乙，而官吏巡捕上门搜查，捉住一个窝藏犯予以重惩，借此杀一儆百，这样不久之后就可以没有盗贼之患了。"李公择说："我有办法了！"于是下令凡是窝藏盗贼的人家被发现后，一律拆房破柱。没过多久，盗贼就绝迹了。我自上述两件事认识到，对于世上的事情，不可拘泥于书本上的记载。像崔安潜的办法可谓高明了，但齐地的盗贼反而借此作为沈命之计，可见根据具体情况有所变通，能不引起为官之人的重视吗？

参考文献：（宋）洪迈．容斋随笔[M]．王彝，主编．豪华大字珍藏本（全译本·上）．北京：北京燕山出版社，1997：329-330.

【点评】在管理中要善于抓住主要矛盾和矛盾的主要方面，利用矛盾，采取针对性强的举措，就会取得比较好的效果。决策与计划的实施，碰到具体情况作具体分析，要因时因地因人制宜。

复习题

1. 简述组织设计的原则。
2. 简述组织设计中集权与分权相结合的原则，并列举现实应用的例子予以说明。
3. 简述组织文化的功能。
4. 简述事前控制、事中控制和事后控制。
5. 简述控制过程中的三个基本环节。
6. 简述增量预算和零基预算的区别。

7. 列举管理控制中常用的几种控制方法。

8. 简述管理者在衡量工作绩效时需要注意的地方。

参考文献

1. 莉莎·汉尼伯格. 执行在中层[M]. 石晓军,译. 北京:机械工业出版社,2006.

2. 黄昭君. AK 矿业公司事业部制改革研究[D]. 河北工程大学,2016.

3. 刘斌. 中国企业集团组织结构类型及其成长演变研究[J]. 生产力研究, 2012(8): 214-217.

4. N·维纳. 控制论(关于在动物和机器中控制和通信的科学)[M]. 郝季仁,译. 北京:科学出版社,2009.

5. 原微娜. 浅析标杆管理在美的集团成本控制中的应用[J]. 商,2015(9):15-17.

6. 陈敏. 基于标杆管理理论的广东省江门市林业局组织绩效改进策略研究[D]. 兰州大学,2016.

7. 兰帅. 基于平衡记分卡的中国银行山东省分行业绩评价研究[D]. 中国海洋大学,2013.

8. 唐炎钊,袁睿晗. 企业文化塑造的跨案例研究[J]. 管理案例研究与评论,2012,5(4):292-305.

9. 周三多,陈传明. 管理学[M]. 北京:高等教育出版社,2010.

10. 彭俊. 管理学概论[M]. 北京:北京大学出版社,2014.

11. 王晓欣,邵帅. 管理学原理与实践[M]. 北京:人民邮电出版社,2017.

12. 斯蒂芬·罗宾斯,玛丽·库尔特. 管理学(第十三版)[M]. 刘刚,程熙镕,梁晗,等,译. 北京:中国人民大学出版社,2017.

13. 彼得·德鲁克. 管理的实践[M]. 齐若兰,译. 北京:机械工业出版社,2017.

第6章　评估与检验

【本章提要】

管理学范畴中的“评估”和“检验”要求具有一定对称性，满足对称性的前提是组织树立明确的目标，同时对目标进行量化、分层。如果目标无法量化，也就无法有效地做出评估，更无法利用PDCA循环进行有效检验。

针对组织的方案评估，为了扩大多角度增益优势、规避选择误区，可以使用头脑风暴法，扩大方案范围，再从中选择相对最优方案进行完善，制定出补充、搭配计划。

评估活动围绕组织管理中的具体要素，包括人力资源、物力资源、技术资源等定量要素。检验围绕着组织管理标准、过程、制度等定性要素展开。

【学习目标】

了解管理学范畴下评估与检验的内涵、特征；

了解人力资源评估与检验的重要性；

掌握评估与管理的内在联系；

尝试实践评估与检验工具。

【关键词】

评估　检验组织决策　叙述法　简单排序法　交错排序法　成对比较法　关键事件法　行为锚定法　目标管理法　事前检验　过程检验　反馈检验

6.1　评估概述

组织层面的评估主要针对内部而言，其目的是通过对组织结构、要素、资源等各方面要素的综合评定，实现组织的高效率、高质量运转，广泛地适用于企事业单位、国家政府部门等组织。

理论上，一切涉及管理学范畴的要素均在“被评估”之列，如组织资源资产评估、组织整体绩效评估、项目执行评估、人力资源评估等。“知识经济”时代的到来,人才的重要性进一步提升,组织间竞争的本质已经转化"人力资本"的竞争。因此,对于人力资源评估应作为一个核心探讨对象,本章以此为基础展开系统分析。

人力资源管理系统的重点内容是对人员绩效的考核与评估。为保证人员能够具备较强的工作能力,需要在招聘人员期间,对于人员的各方面素质,例如技术能力、专业知识、个人潜力等素质进行全面的考核评价。针对员工的晋升标准,需要就员工的道德素质、专业技能以及年终绩效等诸多因素进行充分考虑。而组织针对内部员工进行培训时,需要就员工的工作能力、发展潜能、工作兴趣以及个人特长等因素进行评估。组织确定员工的报酬则是对员工的工作业绩、对于组织的贡献程度、个人工作能力等因素进行评估。因此,对于人员各方面的评估涉及人力资源管理的各个阶段。

6.1.1 评估的含义

评估是指基于特定的人员考核评估标准,依照固定的考核评价程序的步骤,组织的人力资源管理部门或者管理层利用科学、合理的考核评估方式,针对员工的各项素质进行全面详细的评价,例如员工道德素质、工作热情、工作能力、年度绩效、发展潜能等因素,定期对员工进行评估、考察。在实践中,管理者需要对员工的道德素质、个人能力、年度业绩、健康状况、工作态度等进行全面考核,根据考核的结果对员工的整体表现进行综合、详细的评估,为日后员工的升迁、发放报酬、工作调换、技能培训等提供参考依据。

6.1.2 评估的内容

通常来说,管理者会根据组织的运营情况以及员工的特点制定合适的评估内容。常见的评估内容主要包括员工的年度绩效评估、日常的工作能力评估、工作态度评估、员工的发展前景评估以及员工在组织中的适应能力评估。在实际的评估阶段,管理者会根据不同组织、不同部门员工的工作特点,对评估的内容进行适当的调整以满足组织的发展计划。例如,组织可能会针对员工的某一方面进行评估,而对于其他方面不作考虑。如果评估的目的是为了提高员工的工作热情,则管理者在进行员工评估时,则会侧重于员工年度业绩的考核;如果组织需要选择一些员工进行深层次的培养,则在评估时注重员工未来的发展前景以及综合实力的考核。

一、年度绩效评估

年度绩效评估是指针对员工在本年度职务工作的最终结果进行考核以及评价。年度绩效评估是衡量员工一年之中对于组织贡献程度的主要方式,评估的结果直接体现员工在组织内的价值。值得注意的是,对于员工年度绩效的评估,根据不同的评价标准可能会产生不同的评估结果。

在对员工进行年度绩效评估时,应当注意到员工与部门之间的差异,根据员工工作内容、工作环境以及部门的工作形式确定评估的内容。另外,员工评估不仅仅是上级主管对下属的考核评估,同时也是员工对上级部门或者上司进行的考核评估。评估的内容不单单是包括员工的工作任务以及任务完成质量,同时也应重视员工的工作态度问题。

二、工作能力评估

工作能力评估是指对员工在工作期间完成日常任务所展现的能力的评估。员工的工作能力可以体现在诸多方面,如员工拥有的社会常识、专业知识以及与工作内容相关的知识、专业的技能技巧、多年的工作经验以及个人的身体素质等。工作能力评估时,管理者可以根据员工的某一项工作任务的完成情况或者本年度员工工作整体的完成情况进行分析、研究,结合员工工作任务内容的特征以及所涉及的各种环境,对于员工在工作期间所展现的个人能力进行评估。值得注意的是,管理者针对员工工作能力的评估与工作能力测试是不同的。工作能力评估是与员工日后所要处理的工作内容相联系,而工作能力测试则是就组织内部的员工的工作能力分出级别,与员工的日常工作内容之间没有太大的联系。

三、工作态度评估

工作态度评估主要用来判断员工在工作时所体现的热情程度。例如,员工是否全身心地投入到工作当中,是否尽最大的努力完成工作,是否遵守上级部门的指令等。员工的工作态度是员工工作任务内容与年度绩效之间的桥梁,在一定程度上影响了员工综合素质以及工作能力向工作业绩方面的转化。在工作态度评估时,管理者不仅可以通过员工自身的工作效率对员工的工作态度进行评估,也可以针对员工所处部门的其他员工或者该员工的领导进行了解,从侧面掌握员工的实际工作态度。另外,评估人员应充分考虑工作任务的具体内容以及员工所处的外部环境,以免由于各项因素对员工的评估结果造成误差。

四、发展前景评估

员工的发展前景评估既是对员工在工作期间所展现能力的评估,同时也是对员工工作能力的预测。一般而言,大部分员工在工作期间并没有将自身的各项能力全部展现出来,因此管理者通过对员工发展前景的评估,可以全面了解、掌握员工的其他能力,开发员工的潜能,从而提高组织人力资源的使用效率,降低组织人力资源的投入,促进组织的稳定发展。

五、适应能力评估

适应能力评估是指组织对新入职的员工处理日常工作任务效率的评估。对于一些新入职的员工,由于之前并没有机会对组织的工作内容进行适当的了解,导致员工只能在工作当中不断地学习、不断地成长。但是对于部分员工来说,由于在进入组织时没有与上级领导沟通好,导致员工的综合能力无法满足实际的工作任务需求,即员工无法适应组织所分配的任务。此时,组织应当就员工的工作任务进行适当的调整。在对员工进行适应能力评估时,评估人员应对员工的各项能力进行全面的掌握,例如专业技能、社会常识、健康状况等,同时对员工工作任务完成结果进行评判,从而确定员工是否适应当前的工作。

6.1.3 评估的主要特征

为保证员工评估的全面性与时效性,需要充分了解和掌握评估的主要特征,即客观性、完整性、可行性、适当性、反馈性与民主性。基于以上评估的特征,管理者需要保证员工评估目标的客观性,员工或者部门评估内容的完整性,员工评估方式以及评估过程的可行性,同时确保评估时间的适当性,并对评估结果进行适当的反馈,保证整个评估过程的民主性。

一、客观性

组织在进行评估工作之前,需要为此次的评估工作制定科学、合理的评估目标,保证制定的目标能够满足组织的需要,同时确保评估目标能够客观反映当前组织的发展状态。在制定评估目标时,管理者可以根据不同的评估数据范围,设置不同的等级以便将员工的评估结果区分开来。如果管理者需要更加准确的评估结果,则需要对评估标准定量化,以帮助管理者根据员工评估的各项数据确定当前员工工作的真实状态。

二、完整性

由于组织内部是由各个部门组成,而各个部门又是由多个员工组成,不同部门所负责的业务的不同,导致组织内部员工的工作内容也不尽相同。因此,在评估时,为避免评估人员的主观臆断或者评估内容的片面性,需要保证评估内容的全面化与系统化,重视组织内部的任何一个岗位,确保评估内容涉及组织内部的各个方面,从而实现评估内容的完整性。值得注意的是,在评估时应当确定当前评估内容是否与员工工作任务内容或者与其职位相关,如果是个人的生活习惯或者性格爱好,则应当不作为评估的内容。

三、可行性

评估工作是需要通过具体的评估措施来进行的,因此在制定评估方式的过程中,在保证评估内容不变的情况下,需要明确评估方式的可行性。尤其是评估人员需要获得员工具体的评估数据时,如果评估方式过于模式化,则不利于他们在第一时间内获取到员工的评估结果,进而影响组织的评估计划。

四、适当性

评估并不意味着组织内部各个部门及员工需要停下手中的工作,全面配合评估工作。为提高组织内部各部门及员工的评估效率,评估人员在评估准备阶段,需要就各个部门在组织中所处的位置以及涉及业务的重要性,制定评估的具体时间。评估人员可以按照部门的重要程度确定评估的先后顺序,避免在评估的过程中影响组织的正常运行。

五、反馈性

组织进行内部员工的评估工作,旨在提高员工的工作效率,保证员工日常工作的质量以及各个部门之间的合作联系。因此,评估人员在对当前阶段员工的各方面进行评估之后,需要对员工的工作状态进行分析、研究,并且将评估的结果反馈至各部门主管和高层管理人员。通过这种方式,能够促使管理者发现组织当前运营过程中出现的问题,及时制定相应的解决措施。另外,将评估结果反馈至员工本人,也能够帮助他们找出自身的不足之处,进而加以改正,提高自身的综合素质。

六、民主性

为保证组织在整个评估阶段的公正性、公平性,需要保证评估的民主性。评估人员在实施评估时应认真听取员工的意见与建议,对于评估过程中处理不当的行为及时进行改正。同时,组织可以在不影响其他员工正常工作的前提下,依照评估的相关条例,选择员工代表参与组织评估工作的开展。评估人员应当就评估的标准以及需要注意的事项对员工代表进行讲解,避免员工代表在进行评估的过程中因不了解相关条例而出现评估结果无效的情况。值得注意的是,在进行员工评估时,如果出现被评估人员对于评估的结果有不同意见时,需要正确对待被评估者对于事件的解释内容以及对问题的申诉。

6.1.4 评估的目的及作用

一、评估的目的

评估是获取组织当前阶段人力资源以及管理运行状态结果的常用方式。通过评估能够加强对组织各个部门工作内容以及相关员工的了解与掌控,并根据评估的结果确定组织内各部门以及员工的工作状态。一般来说,评估的主要目的是为了向组织的人力资源管理提出一定的标准以及依据,而评估提供的依据包含以下几个方面:

第一,人员调用的依据。组织在任用员工的过程中,应当保证员工综合素质达标,并且具有较强的道德素质。如果组织缺乏对于员工评判的标准,则不能保证人力资源管理的正常运行。另外,组织内部人员工作职位进行变动时,需要有科学的依据来判断员工是否有资格上升职位或者能力不足降低职位。因此,员工职位的升降、薪资的增减都会受到评估的影响。

第二,人员培训的依据。组织在运营的过程中,需要不断加强内部员工的专业能力,以适应不断变化的外部环境,因此员工培训是组织人力资源管理的重点内容。在组织快速发展的同时,许多员工现有的知识与能力都可能无法满足组织发展的需要,因此组织需要改变传统的运营模式,增加员工的学习频率。为了提高员工培训的效率,管理者需要事先了解员工所擅长的方面,找出员工的短板所在,并就员工的劣势研究制定合理的培训内容。当员工培训完成之后,也需要对培训的员工进行最终的考核,掌握员工培训的最终效果。

第三,人员报酬的依据。在保证员工日常薪资不变的情况下,管理者可以通过设置其他方面的奖励以提高员工日常工作的热情,从而增加对员工的管理效率。为保证员工奖励的公正、公平,需要设置一套全面、详细的评估制度,并设置专门的部门对员工的工作内容进行考察评估,将评估的结果作为员工获取奖励的依据,并且在组织内部进行公开。一般来说,员工获取奖励的多少直接与员工自身的工作能力以及工作态度相联系。

二、评估的作用

通常情况下,评估的作用直接体现在两个方面:一是组织管理方面,二是员工发展方面。

1. 组织管理方面

员工工作的最终目的是获取相应的薪资以满足其在社会生活中的需要,而组织中由于员工的人数比较多,并且存在级别的差异,对于组织的贡献程度也不尽相同,导致员工所获得的薪资是不同的。为保证员工薪资发放的公正、公平,需要建立合理的绩效评估制度。通过对员工日常工作进行科学的评估,确定员工对于组织的贡献程度,并且根据组织内部的员工薪资发放标准,确定员工最终能够获得的薪资。值得注意的是,组织在发放员工薪资的时候,应当严格遵守按劳分配的原则。如果出现部分员工工作效率不高,但是获得与之不匹配的薪资,则会打击其他员工的工作热情,不利于组织长久的发展。

我国的科学技术水平在不断地提高,社会与经济环境也在不断地变化。如果一个组织在运营发展的过程中一直按照传统的模式经营而不做任何调整,会降低组织的竞争能力。为保证组织能够保持一定的活力,需要针对组织的运营模式做出一定的调整,以适应当前社会的发展。因此,管理者应根据评估的结果,结合自身的经营状况来确定转变的方向。

员工的工作绩效评估也有助于组织制定内部管理制度。员工工作绩效的评估,不仅仅是对员工工作的评估,也是对组织内部员工管理制度的评估。通过评估,能够确定组织内部的组织结构管理制度是否合理,是否满足当前时代的发展,是否能够及时有效地协调组织各部门之间的合作,是否能够促进组织的发展。所以,评估时需要不断地发现组织存在的各种问题,并且对组织内部管理制度进行不断的完善。

2. 员工发展方面

一般来说,员工自己为寻求更好地发展,需要对自身进行全面的了解,找出自身存在的不足,从而制定合适的学习方案。工作绩效评估可以有效地帮助员工简化以上步骤。组织针对员工的评估,能够帮助员工更加全面地认识自我,从客观的角度确定自身当前的状态。通过这种方式,也能够让员工从组织整体的角度更加真实地认知自身所处的位置,摆正自身的工作态度。

针对组织不同的职位,在对员工工作表现进行评估时应制定不同的评估标准。员工通过对自身工作表现的评估,可以制定符合自身发展的学习计划,以提高自身的综合素质,从而更好地在组织中贡献自身的力量。评估工作一方面是对当前员工日常工作成绩的肯定,另一方面,则是帮助员工发现自身不足的过程。就组织的工作岗位来说,由于每天都有不同的任务,导致无法确定员工能够很好地胜任当前的岗位工作,更不用说完全驾驭当前的工作岗位。员工需要通过绩效评估,不断地认清自身在当前岗位工作阶段存在的问题,从而找出解决问题提高自身能力的方向。

评估活动不仅能够帮助员工学习其他员工优秀的工作方式,改善自身工作当中存在的问题,也能够帮助员工为以后的工作树立合理的目标。每一次的评估活动都能为员工提供一个转折点,即对前一个时间段的工作进行总结、分析,然后发现自身的长处,找出自身的问题。并且将此过程作为一个新的起点,为自身制定学习的计划,争取在未来的工作当中做得更好。评估结果不仅可以帮助员工找出自身的问题,也能够向被评估的员工提供一定的鼓励,促使员工增加其工作热情,提高员工对组织的向心力,进而推动组织的快速发展。

6.2 评估的依据和原则

6.2.1 评估的依据

员工工作绩效的评估依据,可从员工自我评估、部门同事评估、上级主管评估、下级员工评估以及客户评估中得出。

一、员工自我评估

通常来说,被评估的员工对于自身的工作内容以及工作绩效有着较为全面的了解。通过对员工进行自我评估,能够让被评估的员工感受到组织对于员工自身的重视程度。员工的自我评估,能够更加详细地总结日常工作表现,自我判断日常工作的效率,分析自身在工作当中的优势所在以及不足之处。同时可以为日后工作的改善制定计划,争取在工作的阶段提高自身的素质。

二、部门同事评估

由于任何一个员工都不可能独立工作,或多或少的都会与同事之间进行工作的交流。因此,为避免被评估员工在自我评估过程中过于主观性的判断,可通过被评估员工的同事进行评估。相比于其他人员,同事之间存在着密切的联系,并且相互之间有着一定的了解。评估的过程可采用部门内部会议的形式,收集被评估人员的各种数据。值得注意的是,同事之间的友谊、利益的诸多因素会影响最终的评估结果。

三、上级主管评估

上级主管直接在工作方面协调员工工作,因此对于员工日常工作的情况、工作态度以及工作业绩有着较为全面的了解。另外,上级主管也比较了解员工工作业绩的评估标准。通常来说,具有较强责任心的上级主管都能够为员工提供公正、客观、系统的评价。当然,不能排除有些上级主管对于员工存在偏见或只顾及自身的利益,而对于员工的发展不加考虑。这就造成针对员工的评价附带着较为浓烈的个人感情色彩,得出的评估结果往往与实际情况存在较大的差异。

四、下级员工评估

下级员工在日常的工作分配以及提交过程中,与上级主管之间存在着较为紧密的联系。下级员工能够熟悉主管的性格特点、做事风格以及为人处世的作风。下级员工对上级主管进行评估,能够更加详细了解被评估人员的工作习惯、工作能力等。评估得出的结果也能更加客观化、公正化。毕竟,每一个主管下边都存在许多员工为其工作服务。

五、客户评估

客户是员工日常工作期间主要的服务对象。员工为了让客户体验更好的服务,通常使用各种方式让客户达到满意。而客户作为组织的外部人员,其对于组织的认知主要是通过员工的服务来获取。因此,客户可通过员工工作服务的态度以及办事的效率对员工进行评估,从另一方面收集员工的日常工作信息,争取最终能够获取到员工全面、详细的评估结果。

6.2.2　评估的原则

一、公正与公开原则

任何事情只有在公正、公开的前提下,才能保证事情所涉及各方利益的公平性。一个组织想要在社会市场经济当中占据一席之地,不仅需要过硬的产业技术支持,同时需要建立科学、合理的组织文化,而公开与公正是组织文化当中最为重要的组成部分。为加强对内部员工的管理力度,提高员工日常工作的效率,组织需要对员工进行绩效评估。为了保证员工对于此项评估工作全方位的支持,需要制定一套全面化、系统化的评估制度,并将评估制度在组织内部进行公开,让每一位员工进行了解。

评估人员在评估的过程中,需要保证对于员工评估结果的公正性、公开性,让组织各个级别的员工认同评估的结果,从而确定员工最后的评价。此外,为保证员工评估工作的正常展开,组织各个部门应当优先配合评估人员,各个部门的主管应当加强与评估人员的交流频率,直接面对面地讨论员工具体的评估过程,争取更加全面系统地对员工进行工作方面的评估工作。

另外,组织在保证公开性原则的基础上,需要保证员工评估过程的公正性。评估人员在对员工进行工作内容、工作态度、工作业绩等方面的评估过程中,应当严格遵守组织制定的评估标准,就事论事,不能在评估阶段夹杂着个人的情感,避免出现因为评估人员主观因素的影响而造成员工最终评估结果出现偏差的现象。

二、修改与反馈原则

评估人员在完成对员工的评估之后,需要对评估结果进行分析、整理,及时将结果反馈至每一位参与评估的员工。员工的优秀表现应在其日后的工作当中继续发挥,并向其他员工进行传授,提高员工之间的合作频率。而对于在工作当中表现不足的地方,员工应当根据评估的结果找出自身问题出现的原因,及时制定方案解决问题,并且在以后的工作当中加以重视,以免再次出现同样的错误。

组织在对内部员工进行评估时,如果最终的评估结果不反馈至相应的员工手中,则此项员工评估工作没有存在的意义。不仅不能够提高员工的综合素质,增强员工日常工作的能力,也不能将评估工作视为一个独立的系统从组织的人力资源管理系统当中分离开来。因此,为保证组织人力资源系统的正常运行,管理者需要不断对系统进行适当的调整与修改,保证评估结果最终可以反馈至每一位员工,从而增加员工日常工作的效率,促进组织的快速发展。

三、定期与制度原则

组织针对员工工作的评估考核制度并不是只执行一次就可以,由于外部环境在不断发生变化,组织也需要做出适当的内部调整,这对员工的综合能力提出了更高的要求。如果组织针对员工绩效表现的评估只在某一时段执行,而在以后的工作当中忽略此项工作,则不利于全面掌握员工的工作能力。因此,管理者需要定期对内部员工进行评估。当然,为保证员工评估工作的公正性以及公开性,组织需要制定科学、合理的考核标准。评估工作的主要内容则是针对员工日常工作的综合能力、工作态度以及工作绩效等方面。通过以上内容的评估,可以从侧面预测员工未来的发展潜能。所以,从长远的角度出发,组织需要为员工的评估工作建立完善的制度,从而保证评估人员能够更加全面地预测员工的发展潜能,实现组织的可持续发展。

四、正确与可靠原则

组织在进行员工评估的过程中,需要做到正确性与可靠性。其中,正确性在此处又可以用效度进行替代,反映的是在进行某项事物的测量阶段,测量的结果能够有效地反映出被测量内容的程度。员工评估工作的效度是对员工个人的综合能力以及工作绩效等内容进行评估的准确性程度。评估工作的效度更加注重员工评估涉及到的内容效度,需要保证员工工作评估的内容,例如员工的工作能力、工作态度以及工作绩效等能够真实地反映出员工工作的状况。

可靠性可以用信度进行转换,即需要保证某项事物在测量阶段数据的一致性以及稳定性。员工评估工作的信度是指通过制定合理的评估方式,确保员工评估收集到的员工信息,即员工的工作能力、工作态度以及工作绩效等信息的稳定性与一致性。信度主要侧重于组织中不同评估人员对于同一个员工或者部门的评价结果之间差异较小。基于明确的评估内容以及评估标准,组织的评估人员能够在相同条件下实现对员工工作的评估,从而提高员工评估工作的可靠性。

五、可行与实用原则

组织在进行员工评估工作的准备阶段,需要遵守可行性的原则,保证评估工作的可行性。即确保组织任何一次评估工作所消耗的时间、涉及的相关人员、硬件设置以及资金都能够在客观环境中得到允许。因此,管理者在制定评估相关制度与标准时,应当充分考虑需要评估的对象,并且根据对象在组织中所处的位置,制定与之相应的评估方案。组织应当提前对各个级别员工的评估方案进行可行性的分析,及时找出方案设计中的漏洞,并且进行改善,最终保证组织的评估工作能够正常地执行。

评估工作的实用性原则主要体现在两个方面。一方面,组织需要根据不同的评估目的选择合适的评估工具与评估方式,即组织设计的评估工具和方案能够满足实际评估对象的需求。另一方面,则是针对组织中不同的部门,不同的岗位以及不同的员工,管理者需要根据评估对象的特征设计适合的评估方案。

6.3　评估的程序和方法

6.3.1　评估的具体步骤

组织在开展员工评估时,需要根据评估工作的特点、被评估员工工作的内容,员工在组织中所处的位置等因素制定相应的评估方案。根据评估方案,管理者开展各方面的评估准备工作,对被评估人员相关资料进行收集与分析,并将评估的结果反馈到每一位员工手中,让员工根据评估结果做出适当的调整。总之,评估工作可分为六个阶段,即方案制定阶段、准备实施阶段、资料收集阶段、评价分析阶段、信息反馈阶段与运用成果阶段。

一、方案制定阶段

为保证评估工作能够正常地执行,需要预先设置需要评估的对象,明确此次评估工作的预期目标与各项要求,根据不同岗位的员工制定合理的评估方案。评估方案需要明确评估的具体员工对象、评估的内容、评估的具体时间、地点、与评估对象相适应的评估方式以及此次评估工作的负责人等。

任何一项活动能够正常的开展,都离不开活动方案的预先制定。组织想要一次性地、较为顺利地完成员工的评估工作,需要就员工的各个方面进行提前了解。组织在确定本次评估工作的目的之后,需要制定具体的评估方案。设计人员在制定评估方案时,不能应付了事,应当加强对细节的处理工作。另外,设计人员应当就方案在实施阶段容易遇到的问题进行预测,并就能够想到的问题进行预处理。从而保证组织的评估工作在执行阶段遇到问题时,能够有条不紊地继续执行下去,而不是毫无计划,降低评估工作的效率。

二、准备实施阶段

组织在执行评估工作之前,需要就评估工作的执行做好充足的准备。首先,评估人员需要明确此次评估工作的各项要求。例如,保证评估工作的有效性、实时性,或是在不影响员工正常工作的前提下开展评估工作等。由于员工为组织贡献的程度不同,导致其在组织中处于不同的级别。对于组织中的领导阶层,评估人员应尽量避免由于评估工作的开展而影响其正常的工作进度,而对于一般的员工,则需要按照正常的评估流程进行。关于员工的评估方式,针对组织不同岗位的员工所对应的工作内容是不同的,因此需要评估人员根据被评估员工工作内容的特点设计合理有效的评估考核方式。

评估工作的准备实施阶段,其主要目的是为评估工作后续的开展做好准备工作。例如,确定评估工作所需要的环境是否能够满足评估工作的需要;判断现有的评估人员是否能够在规定的时间内完成全部评估对象的评估工作;判断评估工作制定的方案能否在员工正常工作的过程中进行实施等。做好评估工作的准备阶段,对于保证员工评估工作的顺利执行具有重要意义。

三、资料收集阶段

为促使评估工作全面、有效地开展,需要加强对被评估员工各方面资料的收集工作。基于分析、研究被评估员工真实的资料信息,对被评估员工日常的工作能力、工作态度以及工作业绩等方面进行系统化的评估。常见的资料收集方法有以下 5 种:

第一,工作记录法。每一位员工在日常工作结束阶段,都会根据组织相关制度的要求,对当天的工作内容以及工作完成情况进行详细的记录,旨在工作出现问题时能够第一时间找出问题发生的原因。因此,评估人员可根据被评估员工的工作记录,对员工的真实工作情况进行全面的了解,获取第一手资料。

第二,定期抽查法。评估人员在进行员工资料收集的过程中,不能每天都在员工的身边进行资料的收集,这种工作方式的效率非常低下。而面对组织众多的员工数量,评估人员不可能对每一位员工进行相关工作状态信息的获取。因此,评估人员可以在每月的月初或月末,对员工的工作资料进行抽查收集,从而提高评估人员的工作效率。

第三,成果鉴定法。为避免在收集被评估员工工作资料的过程中影响被评估员工的正常工作进度,评估员工可在被评估员工工作阶段性完成之后进行,根据员工的工作成果确定工作的实际状况,从而完成对员工工作资料的收集。

第四,项目评定法。一般来说,员工在工作过程中一定会参与到组织的相关项目当中。评估人员可根据项目最终完成的结果确定被评估员工的工作能力。或者通过向其他工作人员进行咨询,了解被评估员工在日常工作中的态度问题,从而完成被评估员工的资料收集工作。

第五,效率测评法。评估人员判断被评估人员的工作能力以及工作态度问题,最有效的方法是根据员工的工作效率进行判断。因此,评估人员可为被评估人员制定一个工作时间段,根据在此时间段中完成工作的情况确定员工日常的工作效率。

在员工评估过程中,评估人员对被评估人员进行各种资料的收集,从而能够更加全面地了解被评估员工日常工作时的状态。员工资料收集阶段的存在是具有一定必要性的。如果评估人员在评价员工时,不能根据员工实际的工作资料信息对员工的各项标准进行分析,则不能较为真实地得出员工的实际工作能力、工作状态等。这种评估只是评估人员主观性的结果。因此,为保证被评估员工的评估结果能够全面、细致,需要保证被评估员工资料收集工作的正常执行。

四、评价分析阶段

评估人员在被评估人员资料收集工作完成之后,需要根据被评估员工各方面资料自身的特征,采用科学、系统的方法对被评估员工的工作能力、工作状态和工作业绩进行分析、研究,即根据收集到的员工工作记录,分析员工日常工作的特点,从而分析员工在处理问题时常用的解决方式。评估人员可以根据员工工作成果的好坏,确定员工就当前岗位工作内容的处理能力。另外,评估人员可以根据员工在项目工作中的资料信息,分析、判断被评估员工与其他员工的关系,是否拥有员工之间的合作意识,也可以根据员工的工作效率资料确定员工对于组织的向心力以及未来员工的发展潜能。

评价分析阶段是整个员工评估的核心阶段。此阶段是基于被评估员工各方面资料的全面收集工作的完成,通过对被评估员工资料科学的分析、研究,确定员工日常工作的主要特点,对被评估员工做出真实评价。同时通过与其他员工之间的对比,判别出员工在某一方面的不足之处以及该员工在某一方面的工作优势。

五、信息反馈阶段

评估人员在完成对被评估员工各方面的分析、评估之后，并不意味着工作的完成，而是需要将评估结果反馈至每一位被评估的员工，从而保证员工能够第一时间掌握自身的评估结果。通过这种方式，能够让员工全面了解自身的情况，明确在同一级别当中自身所处的位置。基于评估结果，能够发现员工在工作过程中不易发现的问题，同时也能够确定员工的工作长处，并且鼓励员工继承发扬。

评估过程中的信息反馈阶段是整个过程中不可缺少的阶段，也是直接影响员工自身发展的阶段。被评估员工可以根据自身的评估结果，发现自身的长处或者不足，并且在此基础上为员工树立工作的信心以及制定改变当前工作状态的计划。为了适应外部环境的不断变化，员工应根据组织未来发展的需要，结合自身的评估结果，确定自己未来的发展方向，全面提升自身的综合素质。

六、运用成果阶段

关于员工评估结果的运用，可以分为两个方面。一方面，员工评估结果能够为员工从不同的角度展现员工在组织中的工作状态，帮助员工发现自身在某一方面的不足，同时也促进员工发挥自身的特长；另一方面，员工的评估结果能够为组织完善现有的组织管理制度。基于员工的评估，能够从整体的角度发现员工在日常工作阶段存在的共同性问题，及时地制定解决问题的相关措施。不断完善组织文化，增加员工对于组织的归属感，提高员工对于组织的向心力，进而保证组织能够高效、稳定地运营。

6.3.2 评估的具体方法

针对员工不同部门以及不同岗位的特点，评估人员可以根据实际的评估内容选择合适的评估方法，以保证管理层能够得到真实、有效的评估结果。评估方法可以分为主观性评估法以及客观性评估法。其中，主观性评估法包括叙述法、简单排序法、交错排序法以及对比法。客观性评估法主要包括关键事件法、行为锚定法、等级鉴定法以及成绩记录法。另外，为促使评估人员在评估阶段更加注重组织此次的评估目的，可以采用目标管理法进行评估。总之，员工评估过程中，评估人员不能一直按照传统的单一化的评估方式实现员工的评估工作，为提高评估人员的效率，避免评估人员融入自身的情感，组织可以选择科学的评估方式，以获取更加有效的评估结果。

一、主观性评估法

主观性评估法，指的是评估人员对被评估人员的工作表现进行主观性的评价。在主观性评价的过程中,不可避免的会融入评估人员的情感。通常来说,主观性评估方法由于没有建立系统的评估考核制度,会造成被评估人员的评估结果没有固定的标准,并且会随着评估人员评估的态度造成不同被评估人员的评估结果出现较大的起伏。但是,相比较客观性评估方法,主观性评估方法也存在较大的优势。例如,主观性评估方法能够为组织降低评估阶段所消耗的资金。同时,由于评估人员在评估时更具主动性,因此更有可能保证评估结果的真实性。

1. 叙述法

叙述法,一般是指评估人员通过对被评估员工的观察以及分析,将被评估员工的工作能力、工作状态等信息采用记叙的方式呈现在一篇文章当中。评估人员在记录被评估人员内容时,应当将文章的语句做到简洁有效,不能因为受到字数的限制而故意出现语句啰嗦的现象。

由于被评估员工的数量比较多,并且根据不同岗位所对应的工作内容不同,每个人需要记录的内容涉及的范围比较广。为避免评估人员对于被评估员工的工作记录内容过于详细化,需要评估人员挑选被评估员工工作中较为突出的地方,而不是将工作内容进行全面记录。

叙述法也可以理解为是被评估人员通过书面的形式对自我工作状态以及工作能力的总结、分析。因为被评估员工的数量较多,如果在组织规定时间内,现有的评估人员无法全面完成被评估员工的考核工作,则需要部分被评估的员工进行自我评估、总结。通常来说,对于一般员工,因为员工的工作内容以及工作时间是相对固定的,因此有足够的空闲时间能够接受评估人员的评估。而对于组织的高层主管,由于其工作内容较为复杂,工作强度较大,并没有相对空闲的时间接受评估人员的考评。为避免出现员工失去被评估的机会,高层主管可以通过书面记叙的方式进行自我评估。

2. 简单排序法

简单排序法,是指基于简单的排序方法,根据被评估员工的评估结果,按照优秀、良好、一般、较差的顺序从高到低进行依次排序。当然,为了方便管理者能够更加直观地了解被评估员工的工作能力、工作状态、工作业绩等内容,评估人员可在对被评估员工评估结果排序过程中就工作能力、工作状态以及工作业绩等内容进行单独列出排序。通常情况下,简单排序法因其评估时间比较短,并且评估的过程较为简单,所以组织评估需要花费的成本则比较少。如果被评估的员工数量比较少,并且员工被评估所涉及的方面较少,可以利用简单排序法进行员工的评估工作。

3. 交错排序法

交错排序法是在简单排序法的基础上,对简单排序法的内容以及评估方式进行深层次的扩展,从而能够让排序法适用于不同程度的评估工作。交错排序法的运用阶段,需要评估人员根据被评估员工的考评结果,从中选取最为优秀的员工以及评估结果最差的员工,同时让最为优秀的员工设置为排序表中的第一名,而最差的员工设置为排序表中的最后一名。当此项工作完成之后,评估人员可在余下的被评估员工中选取最为优秀的员工作为排序表中的第二名,评估结果最差的员工作为排序表中的倒数第二名。评估人员可以依照此种排序方式,将被评估员工全部在排序表中找到相应的位置,最终就可以获得一个完全的被评估员工的排序表。

由于简单排序法的局限性,导致评估人员通过简单排序法获取的被评估员工评估结果的排序较为粗糙,不能得到一个十分科学、合理的评估结果。相关资料表明,人们在众多元素当中更加容易找出相对极端的因素,但对于中间的元素没有较强的敏感性。因此,评估人员在面对较多的被评估员工时,可利用交错排序法代替传统的简单排序法,通过寻找最高以及最低评估结果的方式,就员工的评估结果进行排序,从而提高员工的评估效率。

4. 成对比较法

成对比较法需要评估人员根据员工评估考核制度事先确定一个评估的标准,并将每一位被评估员工与组织的其他被评估员工进行一一对比,挑选在每次对比过程中胜出的员工。最后,评估人员可根据每一位被评估员工对比获胜次数的多少确定其排序位置的高低。被评估员工评估结果成对比较法见表 6-1。其中数值 0 和 1 代表员工成对比较的结果。0 代表评估结果低于对方,1 代表评估结果高于对方。

通过表 6-1 我们可以清楚地看到员工 1 至员工 5 依次比较的情景。通过彼此的比较,可以看到员工 1 至员工 5 的对比结果依次为 2、0、3、1、4。这就意味着员工 5 在比较的过程中优胜的次数最多,而员工 2 优胜的次数最少。所以,通过此次成对比较法的运用,可以得出员工评估结果由高到低的排序依次为员工 5、员工 3、员工 1、员工 4、员工 2。

表 6-1 成对比较法

对比人员	员工 1	员工 2	员工 3	员工 4	员工 5
员工 1		0	1	0	1
员工 2	1		1	1	1
员工 3	0	0		0	1
员工 4	1	0	1		1
员工 5	0	0	0	0	
对比结果	2	0	3	1	4

二、客观性评估法

相对于主观性评估方法,客观性评估法能够更加全面地控制员工评估阶段所受到的外部环境的影响。管理者可在员工评估工作准备阶段,为员工提供一个评判的标准,评估人员则可以用这个标准对被评估员工进行整体的评估,从而提高员工评估工作的可靠性。客观性的评估方法需要建立一个系统全面的评估体系,需要被评估人员参加所有的评估项目,进而找到被评估人员工作过程中容易出现的问题以及自身的优势。

1. 关键事件法

关键事件法作为客观性评估方法体系中的代表方法,因其自身简易化的特征而受到了众多评估人员的青睐。关键事件法要求评估人员在评估过程中着重记录员工在日常工作最有利以及最不利的工作行为,并且分析员工的工作行为对组织经营造成的影响。评估人员在记录员工这种类型的工作行为时,应当注意不论员工的行为对组织产生任何影响,都应当详细地记录下来,其中最有利的行为或者最不利的行为都成为关键性事件。当评估人员的评估工作接近尾声的时候,需要根据记录的关键性事件以及员工各个方面的资料对其最终的考评结果进行确定。值得注意的是,关键事件法并不是评估某一阶段执行,而是贯穿于员工的整个评估阶段。下面以具体的例子进行说明:

某烟草公司生产的香烟产品出现了质量方面的问题,为了降低产品问题对公司造成的不良影响,公司对发送出去的香烟产品进行了回收处理,而回收产品到达公司的时间正好为公司员工下班的时间。公司负责生产的黄经理看到不合格的产品后并没有及时地查看问题产品,而是离开公司。而负责技术的刘经理在发现问题产品之后,立即将问题产品打开进行研究,找出了问题的原因。并且在第二天第一时间找到了香烟产品的生产部门,就问题的原因以及处理办法进行了讲解,挽回了公司的声誉。

针对香烟的问题,公司的黄经理与刘经理做法不同,我们可以以观察者(公司董事)的角度设计关键事件记录表对此次事件进行记录,以便在日后的评估工作当中提供资料证明。香烟公司关键事件记录表见表 6-2。

表 6-2　关键事件记录表

<table>
<tr><td>行为者:黄经理</td><td>行为发生时间:2017 年 4 月 1 日</td></tr>
<tr><td>行为发生地点:香烟公司</td><td>观察者:公司董事</td></tr>
<tr><td colspan="2">事件发生过程:2017 年 3 月 5 日,公司生产的香烟出现问题召回,生产部门的黄经理在发现召回香烟后没有第一时间对香烟问题进行解决,而是离开公司。
行为结果:没有及时地处理问题事件。
事件分析:黄经理可能是急着下班,以待第二天上班解决问题。但这种行为会造成公司的经济损失,影响公司的声誉。</td></tr>
<tr><td>记录者:公司董事</td><td>记录时间:2017 年 4 月 1 日</td></tr>
</table>

2. 行为锚定法

行为锚定法是指评估人员在评价项目的过程中，需要借助于关键事件法实现对员工不同的工作水平以及工作要求等内容的描述。因此，评估人员在使用行为锚定法进行员工的评估工作，需要全面了解关键事件法的操作步骤，明确员工的工作程序并做好记录。相比较其他员工评估方法，行为锚定法能够为评估人员较为客观、详细地制定员工评价标准。当然，伴随着高效的员工评估工作的展开，需要组织投入更多的资金以寻求有关专家设计科学的评估方式与评估标准。如果发现评估设计内容与实际的评估工作之间存在较大的差异，需要设计人员结合实际的评估过程对现有的评估方案进行更改与测试。

在运用行为锚定法对员工进行评估过程中，需要评估设计人员完成以下步骤：首先，管理者需要就此次评估项目的类型进行确定，制定不同部门以及不同岗位的评估指标，以供评估人员在评估过程中参考；其次，管理者根据不同的评估标准，为各个标准编写一组具有代表性的关键性事件，同时规定事件记录的格式；再者，在员工被评估的过程中，应当选择与被评估员工联系不紧密的人选取每一位被评估员工的关键性事件，同时明确不同员工评估结果的等级，确定与之相对应的关键事件；最后，当评估工作接近尾声时，评估人员需要根据员工评估过程中记录的关键性事件的好坏程度以及对组织运营的影响程度进行由高到低的排序，进而形成行为锚定评估体系。

3. 等级鉴定法

等级鉴定法在员工评估的历史上已经出现了较长的时间，也是大部分组织在员工评估阶段常用的评估方式。组织运用等级鉴定法评估员工时，需要高层管理者根据员工实际的工作内容确定与之对应的评估考核标准。针对员工评估的内容，例如员工的工作能力、工作素质、健康状况、工作业绩等，高层管理者应当给予不同的评价标准。

等级鉴定法需要组织投入的成本比较少，并且使用起来方便、高效。高层管理者在评定等级时，可将工作努力、工作热情、超额完成上级部门安排的工作内容设置为 5 分；工作努力，能够按时完成上级安排工作内容设置为 4 分。工作相对积极，能够完胜日常的工作任务设置为 3 分；工作态度一般，能够在上级领导督促的情况下在规定时间内完成工作设置为 2 分；工作态度消极，不能按时完成上级安排的工作设置为 1 分。在对员工的各个评判标准进行确定之后，评估人员可在被评估员工之间进行相互比较。值得注意的是，相比较关键事件法来说，等级鉴定法在涉及评估内容时，并没有大于关键事件法所涉及的深度。其在组织中得到广泛使用的主要原因是此方式具有较强的适用能力，并且易于评估人员的操作与管理，组织也不必投入较高的评估成本。

4. 成绩记录法

成绩记录法，主要是利用对被评估员工的日常工作记录作为基础的评估方式。基于员工的工作记录，按照每周或者每月等时间段将员工的工作记录内容划分开来。明确当前时间段中员工参与的项目内容，了解员工自身需要完成的工作任务目标以及员工在规定时间内工作的完成情况。评估人员可收集去年同一时间段中员工工作的情况，并且与现在展开对比，从而判断员工在这一年中是否得到了成长或者保持不变。明确当前月份员工需要完成的工作目标，同时观察员工在日常工作当中出现的问题，为员工提供解决问题的方案。成绩记录法见表6-3。

表6-3　成绩记录法

单位	姓名	职位	记录时间
项目名称：			
工作目标：		完成情况：	
去年同期相比			
本月工作内容			
存在的问题			

三、目标管理法

目标管理法针对所有员工，包括高层管理者以及一般员工。是指根据管理部门设置的评估目标，实现对高层管理者以及一般员工工作绩效的评估工作。组织为保证目标管理评估方式能够正常地执行，需要依照以下基本步骤：

第一，高层管理者在制定员工评估期间需要完成的工作内容时，需要在工作内容完成的同时保证员工的工作效率。因此，管理者在确定最终的结果时，需要加强与一般员工之间的联系，结合员工实际的工作能力，最终确定适用于员工的工作内容。

第二，管理者在制定具体的工作目标之后，并不是完成了阶段性的工作。而是需要根据员工实际的工作状态以及工作效率，判断当前的工作目标是否能够按照预期的时间完成。如果组织的工作目标在执行过程中遇到问题，影响工作执行的进度，管理者需要及时地更改员工的工作目标内容或者降低工作完成的标准。

第三，在确定工作目标之后，管理者与员工应当就工作目标的完成情况进行讨论，即是否达到了预期完成的标准；是否在规定的时间内完成了目标；完成目标过程中出现了哪些问题影响了最终的目标完成情况。管理者与员工应当深入探讨相关问题的解决方案。

第四，如果当前组织的工作目标得到圆满完成，高层管理者与一般员工可以为下一次评估工作期间需要完成的工作目标进行分析、研究。

目标管理法能够将评估人员的考核角色转换为督促员工日常工作以及帮助员工解决日常问题的角色，员工也从传统的被动参与转换为现在的主动参与，因此能够增加员工对于组织的向心力以及工作的积极性，提高员工日常工作的效率。

6.4 检验的类型与过程

本质上，“检验”和“评估”是管理学范畴中对待同一个问题所呈现的两个方面。评估更注重于管理过程，检验则对应于管理目标。管理是一种过程行为，一个管理项目中包括了管理行为、管理流程、管理对象等要素，其目的是基于全部要素的作用来达到管理“目标要求”，即“标准”。狭义上，基于“PDCA 循环”在管理学中的通用性，我们可以从质量控制归纳一下内容，包括绩效评价、控制评价、诊断纠正、目标与计划修正等；广义上，基于“管理学”及管理应用的范畴，“检验”则是对整个计划执行效果的验证，并及时发现改进存在的问题，促使进一步提升和下一轮循环形成。

6.4.1 检验的类型

一、事前检验

事前检验与事前控制相对应，虽然两者都具有“预防、防范”的特征，但本质上是不同的概念。“事前检验”是对“事前控制”全部要素的梳理。理论上，事前控制所列举的一系列措施并不具备“完全可行性”，那么在正式管理进程开始前，应该存在两个“事前机制”：一是提出事前控制措施，二是对事前控制措施进行检验，检验的目的是提高可靠性、可行性和可操作性。

事前检验可围绕着人力、物力和财力 3 个方面展开，将 3 个方面的信息进行转化、收集和归纳，作为检验的第一手资料。

第一，人力检验。人力检验的主要对象是人力资源制度、资质认证（执证上岗）、岗前教育培训规章等，围绕着管理计划执行的相关要求及目标设置，对一个项目管理中所涉及的人员要素（知识、技术、经验、职务、数量等）进行检验，检验结果直接反应到控制措施中“人力资源”的配置、成本等方面，它也决定了一个项目管理的成败。

第二，物力检验。制约一个项目的三要素分别是成本、安全和质量。其中，物力要素又渗透到 3 个方面，如成本方面，原材料价格、设备价格等直接决定了成本水平；安全保障方面，物资供应直接决定了安全生产的保障性；而原材料、半成品、工艺等质量，则决定了产品质量。所以，针对物力要素进行检验是必然的，它也是实现整个管理活动有效性的物质基础。

第三,财力检验。泛指对投资资金、投资决策、投资效益等预期判断的检验,主要由财务部门通过财务管理手段实现。

二、过程检验

泛指在管理活动进行中的各类检验活动,其实现机制是根据现场控制同步进行。很显然,缺乏过程检验,也就谈不上“事中控制”,管理活动就会沦为“头疼治头、脚疼治脚”的救火行为。当管理者发现计划执行误差,一方面要进行及时处理,并提出有效的修改措施,另一方面要对已经存在的检验标准进行分析,采取新的检验方法,以避免存在的遗漏。

具体的策略执行包括亲自参与和场外指导两类,前一类适用于基层管理者,也是最基础、最准确的检验方法,后一类适合高层管理者,主要针对管理中的重大问题、要点难点展开。值得一提的是,我们应该意识到过程检验与执行监督是同时展开的,对于一个项目管理而言,也是允许多进程关注机制存在。但应该避免不同关注机制的矛盾、冲突,例如领导与一线管理者之间,应该采取协商讨论的态度。

三、反馈检验

反馈检验建立在事后机制基础上,主要发生在项目管理结束或进入尾声阶段,当然,这与“反馈控制”仍然有区别。反馈控制是一种行为,它将全部注意力集中在现状与所确定标准的统一性行为上,如以建筑工程项目管理为例,在施工完成之后发现大面积的墙体倾斜、混凝土裂缝等,这种直观的现象就会形成较大的反馈,从而采取相应的控制措施以避免继续扩大不良后果。而反馈检验是针对标准差异性的分析展开的,如财务报告、质量分析报告、员工业绩总结等,相继形成文件形式之后,在此基础上进行检验,及时发现问题,并在以后的管理活动中加以规避。

很显然,反馈检验对于当前管理活动来说,是一种“亡羊不补牢”的机制,即发现存在的问题,但对现有的管理活动已经无法再形成良性效果。从管理学范畴来说,反馈检验是推动整个管理效果提升最重要的一个环节。在具体实施过程中,一方面要尽可能全面地吸收反馈信息,另一方面则要缩小管理缺陷出现的时间间隔。

6.4.2 检验模型

结合 PDCA 循环的特征,组织内部检验标准要符合 3 个方面要求:①依据管理措施计划执行;②符合实事求是的基本原则;③检验标准不存在完成时态。整

体上说,检验就是一个遵守管理的过程形态展开的“控制过程”,在管理学广义范畴中,可以基于以下模型架构实现:

一、确定标准

所谓“确定标准”也可以视为“拟定标准”,它是一个自发性行为,严格地说在管理学中也不存在完全统一、刚性的标准要求,同时这一过程仍然是阶段性的。从管理学逻辑层面上判断,控制的每一个步骤都是根据前一个控制行为的结论,达到下一个控制目标的标准,同时产生对下一个控制行为的内容。当然,针对不同的项目管理而言,其复杂程度、精细程度是不同的,我们不可能依赖一个或若干主管人员实现,通常越向管理层的上层移动,管理的内容越抽象化,这需要一系列的具体标准作为衡量检验对象的尺度。理论上,只要检验结果达到了尺度要求,就可以认定控制有效,主管人员不再需要重新过问每一个管理计划的实施细节,也不需要过问该尺度数据来源于哪一个具体的经理或技术人员,而直接将其作为整个管理内容的效果、进展信号。值得一提的是,“尺度”不是“刻度”,不是一个刚性数值化标准,存在一定的容错范围,即本质上确定标准是指“确定标准范围”。例如,我们要求行人在交通出行范畴中“走人行道”,而人行道究竟要走中间还是两边,并没有严格的要求。标准包括以下 3 种类型:

第一,数据标准。“数据标准”是最显而易见的确定标准类型,也是指导管理过程中检验实践的基础,因此必须要做到明确化、固定化、科学化,尽量减少“酌情”“几乎”“大约”等模糊描述,如“工程施工进度控制在每天 10 米”,就必须严格执行“10 米”,而不能“大约 10 米”。根据这一要求,标准数据化的覆盖范围还包括质量标准、收益标准、成本标准、投入标准等,特别是数据之间的联系性完全依赖于精确度做指导。

第二,物质标准。如果将“数据标准”视为“定量属性”,则“物质标准”则可视为“定性属性”,在生产管理中同样具有很大的适用空间,如一些无法用数据衡量的产品包括农作物(小麦、玉米),加工类食品(酒品、茶叶)等,以及数据检验表达难度较大的加工管理,如服装、焊接等,此类管理中采取物质标准更为直观,通常会选取某一样品作为参考,从而确定“一级”“二级”等分类。

第三,精神标准。从组织结构中“文化渗透”的角度考虑,“精神标准”的制定也是必要的。尤其当前,我国面临着经济体制转型和传统产业结构升级改造,“组织文化”是促进管理水平提升的重要因素。然而,“文化”本身就是一个复杂且抽象的名词,浓缩到组织中,包括员工积极性、创造性,领导的领导力、支持度,以及更为广泛的人际关系等。简单地说,组织文化是一个组织中全体人员共同认同的价值观,而这种“价值观”是很难用数据指标来衡量的。因此,“精神标准”的确定要以人为本,通过不断地观察和实践做出判断。这也从侧面表明,“精神标准”具有针对性,需要依附于具体的管理对象而决定。

二、衡量业绩

管理中的直接检验对象通常包括两种,一种是产品,一种是人员。很显然,针对产品的检验存在较大的障碍,大规模生产中的产品质量控制通常是随机抽检或按批量检验,但对于人员进行业绩检验,则相对来说更为简单有效,如某人在某一时期内的生产质量效果,可通过不合格产品的数量及所占个人生产总量的百分比来判断(表6-4);同时,衡量业绩的标准也相对较多,可选范围较大,如历史标准(本组织在过去生产运营中建立的自我标准)、比较标准(同行业中较为典型组织所制定的标准)、时间成本(生产运营的平均时间消耗)、利润标准(组织通过经营活动的收益预期高度)等。

表6-4 生产人员衡量绩效标准表

序号	产品名	不合格数量	不合格百分比(%)
1			
2			
3			

按照“以人为本”的要求出发,对业绩标准的衡量也应该通过员工绩效考核来实现。由于我国经历过一段较长的计划经济时期,因此在衡量业绩标准上有两个维度,其一是“态度”,其二是“绩效”。从20世纪80年代以来,国外现代管理理念不断渗透到国内各类组织,单纯地把“态度”作为衡量业绩标准的现象已经很少,主要以“绩效”展开,其中会夹杂一部分“态度”因素。这也是一种“中国特色”现象,其要点在于更好地激发员工积极性,但也容易出现“人治”取代“制度”的现象,无法在检验中做到一视同仁。

基于此,其标准包括以下几个方面要求:①客观性,即标准是可以通过客体反映的,如其他员工的评价;②灵活性,即管理计划发生变化,检验标准也随之发生变化,不存在其他制约条件;③经济性,即检验标准所需要的费用支出在合理的范围;④可纠性,即标准存在辅助的纠正措施;⑤可持续性,即作用于整体利益,能够对局部利益实现管理协调。

三、纠正偏差

检验的目的是发现管理过程中的偏差,当发现偏离所确定的标准的时候,就应该做出相应的分析、提出有效的解决方案,这又涉及一个动态性的标准问题。

相对应的,在纠正偏差标准中,有一些变量是维持稳定的,如项目定位、实现目标、检验对象等,而时间、地点、内容等应该是动态的,这一过程中提出的标准往往以阶段性目标为参考。

【案例分析】

以生产流量仪表为主的企业的老总张某,其本身是技术人员出身,平日很少在办公室,凡事喜欢亲力亲为,经常在车间充当"技术指导",甚至连购买电脑、员工食堂的问题也要亲自过问。他从企业底层做起的经历,形成了"坚决服从"的管理哲学,从而也制定了相应的管理制度,例如:员工必须随叫随到、上班时间员工在办公区内不能说话、电话必须关机、仅提供一台可以上网的电脑用来查资料等。在薪资待遇方面,技术人员待遇非常高,远超过销售人员、生产人员,并且对一般工作人员要求十分严格,不得迟到、早退,经常加班、开会,而技术人员每周只上3天班即可。

该公司员工流动性很大,很少能够在企业超过一年,对此,张某认为这是"新鲜血液流动",企业员工流动性大带来的是支出成本较低;张某认为只要控制住技术人员稳定,企业就可以有效地运转。

讨论题:

根据以上案例,请通过本章"评估的作用"的相关知识点判断,张某的管理方法是否科学,存在哪些问题?

【历史经验】

1. 虢州两刺史

【原文】唐韩休为虢州刺史,虢于东、西京为近州,乘舆所至,常税厩刍。休请均赋它郡,中书令张说曰:"免虢而与它州,此守臣为私惠耳!"休复执论,吏白恐忤宰相意,休曰:"刺史幸知民之弊而不救,岂为政哉?虽得罪所甘心焉。"讫如休请。卢杞为虢州刺史,奏言虢有官豕三千,为民患。德宗曰:"徙之沙苑。"杞曰:"同州亦陛下百姓,臣谓食之便。"帝曰:"守虢而忧它州,宰相材也。"诏以豕赐贫民,遂有意柄任矣。俄召入,逾年拜相。案两人皆以虢州守臣言公家事,而休见疑于名相,杞受知于猜主,遇合有命,信哉!

【译文】唐玄宗时,韩休为虢州(今河南灵宝一带)刺史,虢州正处于东、西两京(今河南洛阳、陕西西安)之间,距两京都很近,每当皇帝的车马至此,常常向当地百姓征用马厩、草料,给百姓造成很重的负担,韩休奏请朝廷让邻州均摊,中书令张说知道后说:"减免虢州而把负担均给邻州,这是虢州刺史为自己的利益着想!"因此就不予批准。韩休再次上书争论,属吏告诉他这样做恐怕会违忤宰相,韩休说:"我身为刺史知道百姓的困苦而不及时补救,还怎么管理百姓？我这样做虽然得罪宰相，也心甘情愿。”最后，朝廷终于答应了韩休的奏请。唐德宗时，卢杞任虢州刺史，上奏皇帝说：虢州有官猪三千头，经常糟蹋庄稼，已成为百姓的一块心病。德宗批复说：“那就把它们迁到沙苑吧！”卢杞又上奏说：“同州（今陕西大荔）百姓也是陛下的臣民，臣认为还是把它们杀吃掉为好！”德宗看完奏章情不自禁地说：“身为虢州刺史却能为它州百姓担忧，真是宰相之材！”于是就下诏将官猪赐予当地的贫苦百姓，并有意让卢杞执掌朝政。不久，卢杞被德宗召入朝廷，第二年就被拜授宰相职务。韩休、卢杞都以虢州刺史的身份谈论国家公事，而韩休却被名相张说怀疑为怀有私心，而卢杞被多疑的德宗发现且委以重任，看来人的机遇都是命中注定的，这还是很可信的！

参考文献：（宋）洪迈．容斋随笔[M]．王彝，主编．豪华大字珍藏本（全译本·下）．北京：北京燕山出版社，1997：1328-1329.

【点评】这两个刺史敢于就管理中存在的问题进谏，纠正偏差，既是体现了胆识，也是管理本身的需要。因此，在管理中要建立推动决策落实情况的检查评估机制，以便更好地完善决策，推动工作的提升。

2. 台谏分职

【原文】台、谏不相见，已书于《续笔》中，其分职不同，各自有故实。元丰中，赵彦若为谏议大夫，论大臣不以道德承圣化，而专任小数，与群有司较计短长，失具瞻体。因言门下侍郎章子厚、左丞王安礼，不宜处位。神宗以彦若侵御史论事，左转秘书监。盖许其论议，而责其弹击为非也。元祐初，孙觉为谏议大夫，是时谏官、御史论事有分限，毋得越职。觉请申《唐六典》及天禧诏书，凡发令造事之未便，皆得奏陈。然国史所载，御史掌纠察官邪，肃正纲纪；谏官掌规谏讽谕，凡朝政阙失，大臣至百官，任非其人，三省至百司，事有失当，皆得谏正。则盖许之矣。唐人朝制，大率重谏官而薄御史。中丞温造道遇左补阙李虞，恚不避，捕从者笞辱。左拾遗舒元褒等建言：“故事，供奉官惟宰相外无屈避，造弃蔑典礼，辱天子侍臣。遗、补虽卑，侍臣也；中丞虽高，法吏也。侍臣见陵，法吏自恣，请得论罪。”乃诏台官、供奉官共道路，听先后行，相值则揖。然则居此二雄职者，在唐日了不相谋云。

【译文】御史台和谏院的官员不能互相干涉，我已写在《容斋续笔》中了，因为他们的分职不同，这是有历史根据的。宋神宗元丰年间，赵彦若任谏议大夫，议论大臣不用道德来承受天子的教化，而专用计谋，与有关部门计较长短，失去了让人们瞻仰学习的体统。又说门下侍郎章子厚、左丞王安礼，不应该呆在目前的位置上。神宗因为彦若侵犯了御史论事的权限，贬其官为秘书监。这样做是允许他议论朝政，但超越职权议论事是不许可的。哲宗元祐初年，孙觉任谏议大夫,当时谏官、御史议论事情各有界限,不得越职言事。孙觉请求重申《唐六典》和真宗天禧年间的诏书,凡是天子发布的诏令和正在执行中的事,如有不妥当的,都允许上奏。但是本朝历史记载,御史的职责是掌管纠察官吏的邪恶行为,肃正朝廷纪律;谏官的职掌是规劝、谏止和婉言劝说,凡是朝政有不妥当之处,从大臣到文武百官,如果不适合相当其职务者,还有从门下省、中书省、尚书省三省到各有关部门,事情办得不恰当,都有权利谏止,朝廷已采纳孙觉的建议了。按唐朝人的规矩大多是重视谏官而鄙薄御史。中丞温造在道路上遇见左补阙李虞,气忿而不知躲避,他的随从人员被提去打了板子。左拾遗舒元褒等人建议:"按照旧例,在天子跟前担任侍从的官员,除了宰相外,见了其他官员一律不回避。温造蔑视这一规定,侮辱天子的侍臣。遗、补之类的官员虽然官职低,但是天子的侍臣;中丞的他位虽高,不过是执法的官员而已。侍臣受到凌辱,执法官员为所欲为,请追究执法官吏的罪过。"哲宗于是下诏,御史台官员与天子侍从如在一条道上走,允许他们先后行走;如果遇见,互相作揖问候。但是担任这两项职务的人,在唐代是不会走在一起的。

参考文献:(宋)洪迈. 容斋随笔[M]. 王彝,主编. 豪华大字珍藏本(全译本·下). 北京:北京燕山出版社, 1997:1328-1329.

【点评】封建王朝设立御史台和谏官的目的在于对管理中的人与事进行规劝、纠正、监督,这是管理中重要的一个环节,有利于决策的完善。

复习题

1. 管理评估的主体对象包括哪些?
2. 管理评估的价值包括两个方面,分别是什么?
3. 管理学范畴下评估与检验的实践依据是什么?

参考文献

1. 苗莉. 管理学百年回顾与展望——第4届"管理学在中国"学术研讨会述评[J]. 管理学报,2012,9(02):184-194.

2. 武常岐. 中国战略管理学研究的发展述评[J]. 南开管理评论,2010,13(06):25-40.

3. 理查德·达夫特,多萝西·马西克. 管理学原理[M]. 北京:机械工业出版社,2012:45-67.

4. 高良谋,高静美. 管理学的价值性困境:回顾、争鸣与评论[J]. 管理世界,2011,(01):145-167.

5. 斯蒂芬·P·罗宾斯. 管理学[M]. 北京:中国人民大学出版社,2017:36-49.

6. 周三多,陈传明. 管理学:原理与方法[M]. 上海:复旦大学出版社,2014:87-99.

第7章 调整与激励

【本章提要】

调整是指在PDCA循环的最后一个阶段，管理者根据评估与检查的结果，及时对组织中的要素进行改进和革新的过程。调整与改进的目的在于增强组织的环境适应性、提高管理者的环境适应性、提升员工的环境适应性。调整的内容包括组织结构调整、技术与任务调整和人员调整。渐进式调整和激进式调整是调整与改进的两种典型模式，组织在实践中应当加以综合利用。调整与改进的七步法是指将组织进行改善的PDCA过程，细分成七个关键的步骤，即分析现状、设定目标、发现原因、研究对策、实施计划、确认效果和巩固效果。调整与改进的具体方法包括：组织调整，理念先行；克服调整的阻力；为中层管理者提供必要支持；为组织注入新鲜血液。

激励理论包括内容型激励理论、行为改造型激励理论、过程型激励理论和综合激励理论。其中，内容型激励理论包括需要层次理论、ERG理论、成就需要理论、双因素理论。行为改造型激励理论包括归因理论、强化理论。过程型激励理论包括期望理论、目标设置理论、公平理论。综合激励模型包括波特和劳勒的综合激励模型、罗宾斯的综合激励模型。根据激励理论，组织可以从待遇、事业和情感三个方面对员工进行激励，实现留人的目的。

【学习目标】

了解调整的内容和模式；

掌握调整的步骤与方法；

理解激励的理论；

掌握员工激励机制与激励方法。

【关键词】

调整　渐近式调整　激进式调整　激励　内容型激励理论　ERG理论　成就需要理论　行为改造型激励理论　归因理论　强化理论　挫折理论　过程型激励理论　目标设置理论　公平理论　综合激励模型　待遇留人　事业留人　情感留人

7.1 调整概述

评估与检验的任务之一在于对任务完成的情况进行考查,判断组织各项工作是否达到预期的目标,以及预期目标的实现程度。因此,评估是调整的前提与依据,而调整与改进是评估的目的与意义所在。当组织的某项工作任务或是某个管理措施无法达到预期目标时,管理者就需要检讨出现问题的原因,制定相应的对策,实施必要的调整与改进。

7.1.1 调整的含义

调整是PDCA循环的最后一个阶段,调整意味着改进或者改善,它是组织经营管理的一种手段和思想,指的是管理者根据评估与检查的结果,及时对组织中的要素进行改进和革新的过程。当组织在管理理念、组织结构、工作流程、人员配备和组织文化等方面出现问题,无法适应外部经营环境的变化时,管理者就需要实施变革,对组织内部的不良问题进行必要的调整与改进,以提高组织的运营效率,实现组织的顺利转型。

管理的手段有两种,一是维持现状,二是调整与改进。当管理者对计划的执行情况进行评估与检查时未发现问题,可以选择维持现状,按照现有的制度和标准执行;反之则需要及时进行调整。例如,当管理者发现生产线上的产品不良率超标时,需要统计分析超标原因,并从原材料检验、生产过程控制、人员素质提升等方面制订调整措施,降低致损成本。这种调整的动力也可能来自组织外部,当外部环境急剧变化时,管理者需要从组织战略、经营方向到业务流程、人员管理的各个方面积极采取有效的调整措施,以保持组织对外部环境的高度适应性。

不同类别的员工工作重点是不一样的,级别越高的员工需要完成的调整工作越多。普通员工的主要任务是维持现状,少部分的时间花在调整工作上;基层管理者需要花费在维持工作与调整工作上的时间通常是差不多的,维持现状的任务会更多一点;中层管理者从事调整工作的时间较多,高层管理者则需要把自己的大部分工作时间用在调整工作上(图7-1)。因此,职位等级越高的员工,越需要创新精神。缺乏创新精神的管理者是不可能领导组织进步的,特别是在竞争激烈的市场环境下,组织间竞争异常残酷,如果组织不能及时进行调整与改进,往往就无法生存。

调整与改进的核心手段是组织变革,而组织变革的成功来自于变革管理。组织变革往往伴随着失败,员工抵制或抗拒变革、能力水平不足或是组织内资源缺乏都可能使变革的结果事与愿违。然而,市场竞争的压力,科学技术的不断更新和组织自身成长的需要,又迫使组织不得不关注和实行变革。对于管理者而

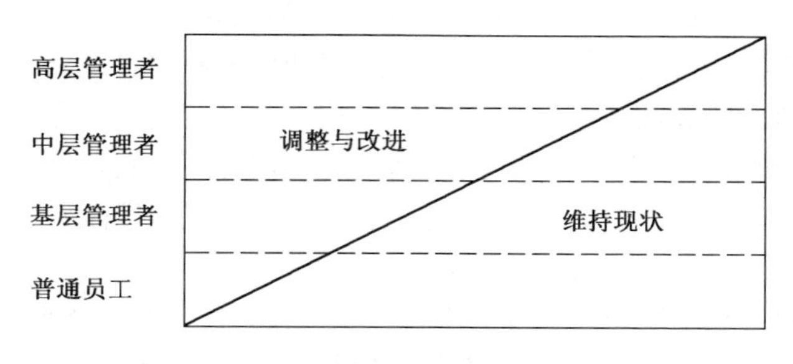

图 7-1 不同层级员工的工作职能

言,不仅需要知道为什么变革和变革什么,更需要知道如何进行变革。

7.1.2 调整的目的

调整的目的在于及时对组织中的各类经营要素进行适当的调整与改进,以适应组织内外部环境的变化,促进组织的不断发展。具体而言,组织调整的目的主要包括以下三个方面。

(1)增强组织的环境适应性:外部环境对组织而言是不可控的。管理者需要根据内外部环境的变化,对自身的经营目标、组织架构、业务流程和人员配备等进行经常性的调整,才能及时把握各种机会,同时识别和应对各种外部威胁,使组织更具环境适应性,在剧烈变化的外部环境中获得生存与发展。

(2)提高管理者的环境适应性:管理者负责制定组织的经营策略,他们拥有着组织内各类资源的分配权,对组织的生存与发展具有决定性的作用。因此,管理者必须具备足够的领导才能以应对来自组织内外的挑战。一方面,管理者需要对自身的领导风格与决策模式进行调整,确保组织更具柔性和灵活性;另一方面,管理者应有能力在复杂多变的环境中不断调整组织的层次关系,协调组织的各种内外部关系,以保证组织在实施调整时更具有针对性和可操作性。

(3)提升员工的环境适应性:在组织进行调整时,员工最能直接感受到这种变化。只有当员工充分意识到调整的必要性,并能主动改变对这种调整所持有的观念、态度和行为方式,组织的各项调整措施才有可能得到员工的认同、支持,并确保调整措施得以贯彻执行。因此,管理者需要在推动调整与改进活动的同时,顺势改变员工固有的观念、态度和行为。改变员工并非易事,管理者需要根据环境的变化和调整的需要重塑组织文化,不断对员工进行再教育和再培训,鼓励员工参与管理,同时给予员工更多的授权,才能帮助员工更好地适应环境。

7.1.3 调整的内容

(1)组织结构调整:组织结构的调整涉及部门设置、工作与职务设计、组织规章制度、组织内权力关系及协调机制等方面的改进。管理者的任务就是要对如何选择组织设计模式、如何制定工作计划、如何安排人力物力、如何授予权力等一系列行动作出决策。

(2)技术与任务调整:技术上的变革涉及新产品的开发、现有产品的改良,以及在组织中应用更先进的经营管理方法。技术变革是提高劳动生产率的一个重要来源,可使组织以较少的生产投入获得较高的产出量。在大多数国家,经济的增长都是源于技术变革。由于科技的不断创新和产业竞争的加剧,组织应注重在流程再造中利用先进的科学技术进行改造。与此同时,管理者需要对组织中各个部门的工作任务进行重新组合,如工作范围扩大、工作内容丰富、自治工作群体、工作轮换等。

(3)人员调整:人员的调整是指员工在态度、能力和工作行为等方面的改变。为了更好地吸引人才并且留住人才,使员工受到不断的激励,管理者应尽可能为他们提供更完善的服务,并尽可能满足他们的不同需求。员工的价值观、行为方式等都是在不断尝试的社会实践活动中逐渐形成的,并不是一次的调整就能彻底改变,所以在调整中应该注意采取各种手段对员工的心理状态进行持续强化,在较大范围内听取员工的意见和建议,让组织中尽可能多的员工都参与到变革中来。

7.1.4 调整的模式

(1)渐进式调整:渐进式调整是指组织只进行局部的调整和改变,调整过程相对平稳,没有引起较大的震荡。美国一家飞机制造公司对其生产模式的调整很好地采用了渐进式的调整模式。该公司现有的产品包括四种类型的直升机,其中各种直升机的用途存在差异。这种生产模式的差异化程度高,生产过程的标准化程度低,难以形成规模效应。为了降低生产成本,获得竞争优势,公司决定对生产部门进行重新调整组合。首先,公司组织技术人员共同设计一种基础机型,并使这一机型能与各种零配件灵活组合,同时安排公司中具有批量生产经验的员工共同生产该基础机型;其次,对于那些原先从事各类机型特殊零配件生产的员工,公司仍安排他们进行各类零配件的生产。经过这样的调整,公司产品既可以实现大批量生产,同时也能满足客户的多样化需求。渐进式调整对组织的整体运营影响较小,并且可以进行多次的、局部性的调整,直至达到管理层的调整目标。渐进式调整的弊端在于容易产生路径依赖,使组织长期无法摆脱原有机制的束缚。

(2)激进式调整:当组织的发展长期陷入停滞或是试图突破现有的组织经营模式时,管理者往往需要实施激进式调整。由于激进式调整对组织所采取的改进措施是全方位、大幅度的,且调整的过程也较为迅速,因此这种调整方式可以帮助管理者较快实现调整目标。然而,值得警惕的是,激进式调整可能破坏组织的稳定性,甚至可能令组织走向崩溃,有些组织在实施激进式调整后反而加速了灭亡的进程。

两种调整模式各有利弊,在实践中都有成功的案例,组织应根据自身的实际情况和承受能力来选择适合的调整模式。当组织内外部环境发生急剧变化或组织面临重大经营危机时,需要实施激进式调整以应对环境变化,帮助组织渡过难关。但组织不宜过于频繁实施激进式调整,在两次激进式调整之间,或是在更长的时间里,组织更适合采取渐进式的调整方式。

7.2 调整的步骤和策略

7.2.1 调整的步骤

七步法是指将组织的调整过程分成7个具体的实施步骤,以指导组织开展调整与改进工作。当组织出现问题或是需要变革时,自然需要进行调整与改进。然而,很多时候调整并未真正奏效,这一方面是由于员工缺乏调整与改进的意识,另一方面则是组织缺少调整与改进的方法。七步法是关于组织调整的思路与策略,它为管理者提供了一种有效的调整方法。尤其是在组织面临不确定的经营环境或是实施重大调整时,往往没有成功的经验可以借鉴,七步法可以为管理者提供一系列行之有效的解决方案。另一方面,七步法也可以帮助管理者在实施调整与改进的同时,培养员工的变革意识,提升员工分析与解决问题的能力。调整与改进并非一劳永逸,只有员工主动参与变革,同时掌握调整与改进的方法与策略,才能确保组织调整活动的持续进行。

以下是关于七步法的简单介绍。

步骤一:分析现状

组织在实施调整与改进之前,首先需要确定调整的目标与方向,这是组织实施有效调整的前提与关键。管理者不能脱离现状,不切实际地界定和阐述问题,否则将把调整与变革引向歧路。因此,从一开始,管理者就需要对组织的现状进行盘点与分析,以确定是否有必要进行调整与改进,以及怎样调整与改进。这一步骤的关键之处在于确定调整的基准并将组织的现状与所选择的基准进行比较。管理者可以选择的基准包括:组织的经营目标、职能部门的基本职责、组织的绩效标准、行业的标杆、绩优组织的经营水平或客户的反馈意见等。如果组织的经营状况在基准之下,则必然存在某些方面的问题,发现问题并加以调整与改进,才能不断完善组织的经营状况。

管理者经常无法很好地分析现状并发现问题,部分原因在于组织自身所设置的基准偏低。如果大家都安于现状,无法及时把握内外部环境的变化,管理者往往就不能客观把握现状、发现问题。因此,树立危机意识,保持清醒的头脑,同时不断地学习进步,是保证组织能够及时进行调整与改进的关键所在。

步骤二:设定目标

这一阶段的任务在于确定组织完成调整任务的时间,明确对调整效果进行评估的具体项目,以及调整所要达到的水平。设定调整目标可以激发员工参与调整的动力。如果无法在调整开始之前就明确调整活动的完成时间,员工就可能缺乏紧迫感,甚至可能在那些无关紧要的问题上花费大量的时间。而如果无法确定评价的要素,管理者往往无法把握调整的方向,员工也会无所适从。最后,如果无法明确调整所要达到的水准,管理者就无法了解自己是否已经完成调整任务,是否已经把足够的精力放在真正重要的问题之上。

因此,管理者必须在调整开始的时候就设定科学、合理的目标,这个目标既具有挑战性,也是员工们经过努力可以实现的。当然,在一些卓越的组织中,即便没有明确的组织目标,员工也会在调整的过程中自觉地为自己设定富有挑战性的目标。这些高挑战性、高要求的目标集合,是组织最终能成功实现调整和改进的关键原因。

步骤三:发现原因

当问题出现时,需要不断地加以剖析和分解,才能更好地找到问题的症结所在。因此,管理者要在分析现状的前提下对当前问题中最典型和最关键的部分进行层层剖析。如果调整的原因很明确的话,管理者就会清楚该采取何种对策,调整与改进的初步思路也就比较明朗了。

为了帮助管理者更好地厘清思路,发现原因和分析原因,一些直观的方法可资借鉴,比如使用各种图示。就如你想找到一条通往城市体育中心的最便捷的道路,最好手头能有一张这个城市的地图。当然,每次调整都会面临不同的问题,需要运用不同的策略进行分析和处理,针对不同的情况,也可能需要使用到不同的分析方法。

步骤四:研究对策

在这一阶段,管理者需要根据对现状的掌握和对原因的剖析,将调整与改进的措施具体化,同时评估其实施的可行性。对策不能仅仅是管理者臆想的结果,而必须在实施效果、实施成果及实施的难易程度等方面得到现实的认可。

当对策确定下来以后,管理者还需要制定进一步的行动方案。行动方案是实施调整活动的具体指南。管理者务必需要清楚,组织所面临的内外部环境总是复杂多变的,因此行动方案并非一成不变。管理者还需要提前准备一些备选的方案,同时对实施过程中可能出现的困难进行预判,准备一些应对的方案,这些备选方案和预案都是非常必要和有用的。

步骤五:实施计划

组织需要切实实施具体的调整对策与行动计划,否则将是纸上谈兵。同样,在实施过程中,管理者需要把握若干要点,比如事先获得各方面的支持,争取员工们的共同参与。此外,管理者还必须制定出具体的实施进度,确定哪些是需要重点实施的项目,什么时间完成调整,以及如何进行分工合作。

计划实施过程中需要注意以下两个问题:一是实施项目的目的是否明确。参与调整的员工有时可能无法真正了解自己为什么要这么做。调整目的如果不明确的话,他们对调整活动的支持力度必然会有所降低。管理者不能指望召开一次会议布置下任务,就可以解决这个问题。一种更简单有效的方法是为参与调整的员工提供一份任务安排表,并在上面列明目的;二是评价标准是否明确。管理者在评价调整活动是否完成,以及是否调整到位时往往只停留在时间和数量上。但实际上,完成的程度如何,即是否确保按要求的质量完成调整任务同样重要。管理者在进行评价时除了考虑完成时间和完成数量外,还需要加上可以量化的质量水平。

步骤六:确认效果

这一阶段的任务是对调整活动的实施成效进行评价。评价的思路是将实施的情况与预先设定的目标进行比较,评价的方法应尽可能量化。而实际上,有些调整活动的实施效果是难以量化的,管理者可以将效果分成有形效果和无形效果,在评估时予以区别对待。在实际的调整过程中,调整措施有时可能无法达到预期的效果,存在这样或那样的缺陷。当管理者发现调整措施未能达到预期效果时,需要分析问题究竟出在哪里,是对策或行动方案有问题,还是实施过程中某个环节出了状况。一旦原因已经查明,管理者可以通过 PDCA 小循环,对实施中存在的局部问题进行调整。

步骤七:巩固效果

调整获得预期效果并不代表着调整已经结束。一旦调整的效果无法持久,组织需要实施新的调整方案。一种有效的管理方法是,管理者通过采取一系列有效的措施,对调整效果加以巩固,并把这些措施贯彻到组织常规的管理活动当中,从而使一次性的调整措施变成持续性的管理措施。常见的效果巩固措施包括标准化、规格化和制度化等。

在巩固调整效果的过程中,管理者还应当避免人为因素所造成的不必要干扰。其中,尤其需要注意的是,如果员工的意识落后,能力水平无法适应组织调整的要求时,调整活动往往寸步难行。因此,管理者在实施调整时要加强对员工的培训,帮助他们接受并适应新的工作要求,掌握新的工作技能,同时养成不断进行调整与改进的工作习惯。

七步法的 7 个调整步骤并非一成不变。具体将调整的过程分为几个步骤并不重要,管理者可以采用简单的四步法,也可以将调整过程分为10个步骤。七步法的关键在于为管理者提供调整与改进的有效思路,帮助管理者更有效地实施调整活动。

7.2.2 调整的策略

(1)组织调整,理念先行。在这个发展的时代,组织的外部环境复杂多变,组织要想生存下去,就必须持续地创新和不断地调整与改进,以更好地适应环境的变化,否则就会很快被市场所抛弃。而树立鼓励创新、勇于变革的理念是组织进行调整的前提,也是调整成功的关键原因。管理者必须具备这个理念,并把这种创新和调整的理念融入组织的文化,让所有成员接受这个文化。只有组织的所有成员,意识到创新和调整的重要性,有了创新和调整的理念,调整活动才能顺利实施。因此,管理者要倡导变革理念,塑造变革文化,让变革因子扎根组织。

(2)克服调整的阻力。组织的调整与改进是一个破旧立新的过程,必然面临来自各方面的阻力,同时也会获得一定的支持与认可,两种力量往往是交织在一起的。管理者的任务之一就是要采取必要的措施改变这两种力量的对比,推动调整与改进活动更顺利进行。有实践表明,如果只是单纯地赢得支持,而不致力于消除阻力,可能更容易导致组织出现紧张状态,从而增加组织调整与改进的阻力。在提高组织调整与改进的支持力度的同时,采取措施消除阻力,会更有利于加快调整的进程。管理者可以采取以下方法来克服调整的阻力:①鼓励员工参与调整。当员工参与调整的程度越大时,他们就会越支持组织实施的调整与改进,愿意在调整活动中承担更多的责任。②加强员工的培训。对员工实施培训,不但可以提高他们应对调整的能力,与员工一起分享实施调整与改进所需要运用的各类资源,也可以使员工们意识自身的重要性,以及他们在调整活动中所起到的作用。③给员工必要的适应时间。员工对新的管理制度需要有一个适应的过程,管理者要给他们必要的时间。如果管理者缺乏耐心,强力推进调整的话,很容易使员工产生抵触的情绪。

(3)为中层管理者提供必要支持。组织调整与改进的成功很大程度上依赖于中层管理者。在调整过程中,他们需要向员工传达调整与改进的意义,做好员工的沟通工作,对那些有抵触情绪的员工进行安抚与辅导,还要教育员工适应和参与调整工作。因此,组织需要向他们提供充足的资源和必要的支持,使他们有足够的意愿和能力实施调整与改进,确实担当起自己的责任,并对他们实施调整与改进的成效进行持续的追踪、反馈与激励。此外,组织还需要为中层管理者提供必要的培训,向他们介绍调整与改进的流程、方法与技巧等,让他们了解自己在调整活动中应扮演的角色,以及自己应该如何扮演好这些角色。

(4)为组织注入新鲜血液。调整与改进意味着改变与重建,意味着打破传统,而这也意味着组织的调整与改进具有不同程度的风险性。正是由于调整与改进所具有的破坏性和风险性,才使得组织的变革会招致来自组织内外各个方面的阻力。在这些障碍中,员工能力不足是最值得关注的问题之一,管理者需要有更积极的办法来应对这一问题。

首先,组织可通过裁减冗余人员、重新招募工作能力强的员工为组织注入新鲜的血液与活力。为了有效推进调整的进程,组织需要那些具有创新精神、敢于接受挑战、且有能力担当变革重任的员工。因此,组织在招聘员工的过程中,需要采用更科学的甄选方法,找到这些可以帮助组织实现调整目标的员工;其次,激励和留住组织中那些乐于变革,具有较强的适应能力,且可以胜任调整后工作的员工也非常必要,这不仅是提升员工能力最快,也是最有效的途径,同时也可以告诉其他员工,组织需要什么样的人才。

7.3　激励的理论和机制

调整与改进并不总是必要的。当员工的某项工作任务已经达到预期的目标时,对员工进行有效的激励显得更为重要。适当的激励既是对员工工作表现的认可与肯定,也可以促使这种行为再次出现。

7.3.1　激励理论

激励是指持续激发员工工作动机的心理过程。应用于管理,激励就是我们通常所说的调动员工的工作积极性。动机是引发员工行为的直接原因和内在动力,它决定着员工行动的方向与强度。员工的工作行为是由其动机所支配的,是动机的外在表现。激励就是通过激发员工的内在动机,来提高他们的积极性,引导他们在工作中表现出正面的行为,以利于组织目标的实现。合理的激励措施可以充分调动员工的工作积极性,激发员工的潜力,从而有效提高员工的工作效率。

国外关于激励的理论众多,研究领域涉及激励的内容与过程。根据研究对象的不同,可以将相关的研究成果分为内容型激励理论、行为改造型激励理论、过程型激励理论和综合激励理论等不同流派。

一、内容型激励理论

内容型激励理论研究的重点在于产生激励的原因以及在组织中真正发挥激励作用的因素。该理论主要探讨满足员工需要的内容,即管理者在实施激励时着眼于了解员工需要什么,如何去满足这些需要,从而激发员工的工作动机。除了第二章提到的需求层次理论和双因素理论,内容型激励理论还包括奥尔德弗的 ERG 理论、麦克利兰的成就需要理论等。

1. ERG 理论

ERG 理论是由耶鲁大学教授克雷顿·奥尔德弗(Clayton Alderfer)提出的。奥尔德弗在大量调查的基础上指出个体普遍存在 3 种核心的需要,即生存(Existence)需要、相互关系(Relatedness)需要和成长发展(Growth)需要,因而这一理论被称为 ERG 理论。该理论所包含的 3 种核心需要具有如下特征:

(1)生存需要。这是人类最基本的需要,包括吃、穿、住等,它与人们基本的物质生存需要紧密相关。员工在工作中所获得的报酬、各种福利待遇及其对工作环境的基本要求也属于生存需要。生存需要相当于马斯洛需求层次中第一级和第二级的需要。

(2)相互关系需要。这是指个体在工作中与他人保持基本的人际关系的需要。员工在工作中有相关联系的需要,希望与他人(如上司、同级和下属等)和睦相处,建立友谊,并获得归属感。相互关系需要相当于马斯洛需求层次中第三级的需要。

(3)成长需要。这是指个体希望在事业、能力等方面有所成就与发展的需要。大部分员工都希望能获得自我发展和自我完善的机会,在工作中可以充分发挥个人潜能、获得新能力,同时谋求不断发展、有所作为和获得成就。成长需要相当于马斯洛需求层次中第四级和第五级的需要。

马斯洛需求层次理论所提供的分析方法是完成-前进式的,即当个体的低层次需要得到满足后,他们才会产生高层次的需要。ERG 理论所提供的分析方法恰好相反,认为如果个体在追求较高层次的需要时受阻,无法得到满足时,他会转而重新追求较低层次需要的满足,即挫败-后退式的分析方法。例如,当个体在试图获得自我发展与有所作为的需要中受挫,他就会表现出对友谊和归属的强烈需要。此外,ERG 理论还认为,个体不会一直处于需求的平衡状态,而往往是在高需求与低需求之间反复波动。

2. 成就需要理论

成就需要理论是由心理学家戴维·麦克利兰(David McClelland)提出的。该理论通过大量研究发现,个体在生理和安全需要基本得到满足的前提下,主要表现为以下 3 种平行的需要:

(1)成就需要。指的是在具有挑战或竞争的环境下,个体指向改进绩效和获得成就的动机倾向。这种需要构成了个体不断追求卓越、努力获得成功的一种内驱力。具有高成就需要的员工希望能胜任工作,强烈地渴求成功,同时也害怕失败。他们热衷于接受挑战,往往会为自己设立一个高难度的奋斗目标。这种人善于分析和评估问题,他们会以现实的态度对待风险,对未来不抱以迷信和侥幸的心理。他们具有很强的事业心,喜欢在那种能够充分发挥个人才能的环境中工作。对于具有高成就需要的员工,管理者只需要提供合适的工作环境,他们就可以充分发挥自己的才能。

(2)权力需要。指的是以某种方式行为而不以其他方式行为影响或控制他人的需要。高权力需求的员工对发挥影响力和控制力都特别重视,他们渴望获得领导的职位,喜欢对别人“发号施令”。同时他们又具有较高的责任感,在工作中愿意承担必要的风险,不畏惧竞争。与高成就需求的员工不同的是,他们所有的努力并不是为了获得个人的成就感,而是希望得到应有的地位和权力,因此他们乐于从事那些能够取得较高社会地位的工作。

(3)亲和需要。这是指个体希望与他人建立友好的人际关系,能被他人接纳和喜爱的愿望。高亲和需要的员工通常从受到他人喜爱和尊重中获得乐趣,如果被其他人漠视或排斥,会令他们无比痛苦。他们喜欢保持一种融洽的社会关系,希望从人际交往中得到欢乐和满足。因此他们对环境中的人际关系较为敏感,喜欢合作而不是竞争的工作环境,渴望友爱、情谊和尊重,享受亲密无间和相互谅解的乐趣,希望彼此之间能沟通与理解。

管理者在对员工实施激励时需要充分考虑上述3种需要的强烈程度,以便为员工提供能够满足这些需要的激励措施。例如,对于成就动机强烈的员工,他们往往更希望工作能够展现个人的责任感、承担适度的风险,管理者可以考虑为他们提供具有这种特征的工作。

二、行为改造型激励理论

行为改造型激励理论认为激励的目的是为了改变员工的行为方式,而通过改变组织的环境因素,可以影响员工的工作行为。该理论不仅着眼于引发和保持员工的积极行为,也充分考虑改造和转化员工的消极行为。以人本主义为基础的归因理论和以行为主义为基础的强化理论是主要的行为改造型激励理论。

1. 归因理论

美国心理学家弗里茨·海德(Fritz Heider)在他的著作《人际关系心理学》中最早提出归因理论。归因是指个体对于自己或他人行为原因的推论过程。归因理论认为个体完成一定的行为后,都会倾向于对行为发生的原因进行解释,而归因的结果将对其未来的行为产生影响。因此,归因理论阐述了个体的某一行为与其动机、目的和价值取向等属性之间的逻辑关系。

归因可根据其性质的不同分为:内因和外因、稳定因素和不稳定因素、可控因素和不可控因素。归因理论认为,员工对某项工作行为的归因包括个人的努力程度、个人能力水平的高低、工作任务的难易程度以及机会或运气之类的因素。其中,个人的努力程度属于相对不稳定的内因,个人能力水平的高低属于相对稳定的内因,当行为结果对其有利时,员工倾向于内归因。工作任务的难易程度属于相对稳定的外因,机会和运气等外部因素属于相对不稳定的外因,当行为结果对其不利时,员工倾向于外归因。该理论认为,把个人在工作中失败的原因归咎于内、外因中相对稳定的因素还是相对不稳定的因素,对其今后的工作有着显著的影响。如果员工把失败的原因归咎于外因时,可能导致他们意志消沉、不思进取,甚至出现抱怨、抵触等情绪;而如果员工能深刻反省自己,把失败的原因归于个人努力程度不够或能力水平不足时,则有可能会激发起自己奋进的斗志。因此,根据归因理论,管理者需要加强与员工的沟通,纠正他们在归因时的非理性认知,从而达到改变其工作行为的目的。

2. 强化理论

强化理论由美国学者弗雷德里克・斯金纳(Frederic Skinner)等人提出。该理论以学习的强化原则为基础,探讨如何理解和修正个体的行为。强化是指通过某一外在事物的刺激,以增强或减弱个体某种行为的过程。人们的行为总是向受鼓励、受激励的方向发展。强化理论正是揭示个体行为与激励之间的关系,如果管理者对那些遵守组织行为准则并对组织作出贡献的人给予相应的奖励,就必然会鼓励他们在今后的工作中继续遵守组织的行为准则,努力为组织作出更大的贡献。

强化的基本类别包括正强化、负强化和自然消退 3 种。正强化指的是如果员工在实施某种行为后,可以获得他人的赞赏或其他令其愉快的结果,这种结果进而会推动他不断重复该行为。管理者可以运用的正强化措施包括:口头表扬、发放奖金、安排更具挑战性的工作、提供升迁机会等。在实践中,管理者可以运用这些强化措施对员工优秀的工作表现予以奖励,从而增加这类行为出现的频率。如果员工的行为对组织不利时,管理者可以通过实施惩罚措施尽可能减少这类行为的再次发生,这就是负强化。具体的惩罚措施包括通报批评、处分、降级等。有时不给予员工奖励或少给奖励也是一种负强化。自然消退是指对员工不符合要求的行为进行"冷处理",当员工意识到该行为无法得到强化时,他将逐步降低该行为出现的频率直至消退。管理者在运用强化理论对员工进行激励时,应以正强化的方式为主,尽可能通过正向的强化措施来影响员工的行为。

三、过程型激励理论

激励理论中的过程学派认为,对员工实施激励是一个动态的过程,管理者可以通过制定一系列科学的目标来达到激发员工行为的目的。过程型激励理论包括洛克的目标设置理论、亚当斯的公平理论、弗鲁姆的期望理论等。

1. 目标设置理论

目标设置理论是由美国心理学家爱德温・洛克(Edwin Locke)提出的。该理论认为,明确而具体的目标可以把员工的需要转化为动机,使他们朝着一定的方向努力,因此目标本身就具有激励作用。员工通过设置目标,并将自己的行为结果与所设定的目标进行对比,对未能达到预期目标的行动策略及时进行调整和修正,本身就可以有效激发员工的工作动机,并实现由动机支配行动的目的。

管理者在设置目标时,应充分考虑以下3个方面的因素:一是目标的难度。目标应该具有一定的难度,如果目标缺乏挑战性,员工轻而易举就能实现,就不能有效调动员工的积极性,激励的作用就非常有限。另一方面,如果目标高不可攀,员工即便付出很大的努力都无法实现,结果只会让员工望而生畏,无法起到激励的作用。因此,管理者在设定目标时既要体现一定的难度,又要使目标不至于远远超出员工的承受能力。二是目标的明确性。目标的设置应做到具体、明确,例如目标中提到"力争达到""最大限度"这样的措辞,笼统空泛且非常抽象,这样的目标对员工的激励作用并不大。只有那些可观察和测量的具体目标,才能够使员工明确自己的努力方向,并了解自己目前的差距,这样目标设置才能够产生较好的激励作用。三是目标的可接受性。接受是付出努力的前提,只有当员工接受组织的目标,并将组织的目标转化为个人的目标时,才能真正发挥目标应有的激励功能。因此,管理者应当让员工参与组织目标的制定,而不是将目标强加于员工。

2. 公平理论

公平理论是由美国心理学家斯塔西・亚当斯(Stacy Adams)提出的。该理论从奖励与报酬这一环节入手,研究员工的激励过程。公平理论认为,奖励与报酬作为员工激励的重要手段,能否真正发挥作用,不仅取决于奖励与报酬本身,还取决于员工对奖励与报酬的公平感。公平感的获得来自于员工两个方面的比较,即横向比较与纵向比较。所谓横向比较,是指员工将"自己"与"别人"相比较来判断自己所获报酬的公平性,并据此作出反应。纵向比较则是指将自己"目前"的报酬-投入比与"过去"相比较。在上述的比较中,如果员工认为付出与回报的比值相等,他们就会觉得公平,从而获得有效的激励,并且更愿意投入工作。否则,他们就会产生不公平感。特别是在横向比较中,如果自身付出与回报的比值低于他人,员工就会感受到强烈的不公平感,他们往往情绪低落,并且出现各种消极行为。因此,亚当斯强调,管理者在激励过程中一定要注意奖励与报酬的公平性与合理性,这样才能取得良好的激励效果。

3. 期望理论

期望理论是由著名心理学家和行为科学家维克托・弗鲁姆(Victor Vroom)提出的。该理论认为人总是渴求满足一定的需要并设法达到一定的目标。这个目标在尚未实现时,表现为一种期望,这时目标反过来对个人的动机又是一种激发的力量,而这个激发力量的大小,取决于目标价值(效价)和期望概率(期望值)的乘积。期望理论可以用公式表示为:动机=效价×期望值×工具性。其中,工具性是指能帮助个人实现的非个人因素,如环境、快捷方式、任务工具等。期望理论反映了需要与目标之间的关系,它给管理者的启示是:要想激励员工,就必须让员工知道,工作能提供给他们真正需要的东西;他们想要的东西与绩效联系在一起;只要努力工作就能提高他们的绩效。

四、综合激励模型

上述各种激励理论从不同的视角对激励的发生机制和作用机理进行了分析,试图对员工的行为做出合理的解释。然而,由于研究的视角所限,这些激励理论并不能完全解释员工在工作中所表现出来的复杂行为。有些学者尝试对各种激励理论进行整合,构建出一个综合的激励模型,从而对员工的工作行为作出更全面、合理的解释。波特和劳勒的综合激励模型、罗宾斯的综合激励模型是其中较具代表性的两个综合激励模型。

1. 波特和劳勒的综合激励模型

波特和劳勒的综合激励模型是美国行为科学家爱德华·劳勒(Edward Lawler)和莱曼·波特(Lyman Porter)提出的一种激励理论,该模型是在期望理论和公平理论的基础上发展起来的(图 7-2)。

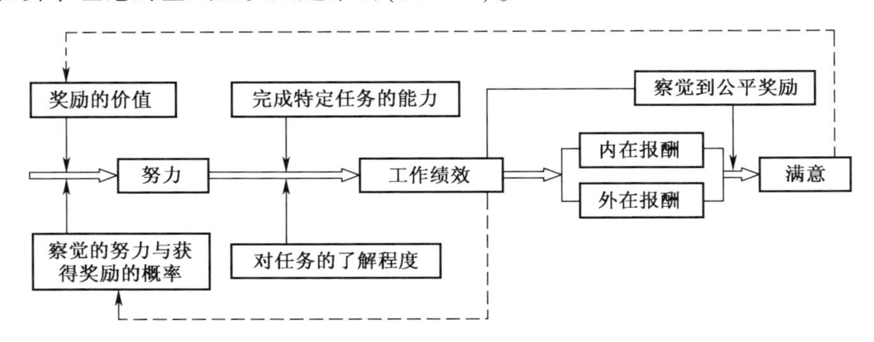

图 7-2 波特和劳勒的综合激励模型

该模型认为,员工的激励与个人的努力、工作绩效及满意程度等变量有关。员工相信他们现在的行动与未来可能获得的回报之间存在着某种关联,只要他们现在付出努力,就有很大的概率获得应有的奖励,如奖金、升迁等。从图 7-2 可以看出,员工愿意付出的努力程度取决于组织提供的奖励价值的高低,以及他所察觉到的个人努力与获得奖励的概率。员工的工作绩效除了与个人的努力程度有关,还受到其工作能力及其对任务了解程度的影响。当员工绩效表现优异时,组织会为他提供各种报酬与奖励,如奖金、加薪等外在报酬和赞赏、认可等内在报酬。如果员工认为这些报酬是公平、合理的,他们就会产生强烈的满足感。这种满意程度会影响他以后对组织奖励的价值判断,进而影响其在工作中所付出的努力程度。

2. 罗宾斯的综合激励模型

罗宾斯综合激励模型是由美国组织行为学权威斯蒂芬·罗宾斯(Stephen Robbins)提出的。该模型将上述几类激励理论加以综合,并充分考虑了各种内外激励因素,从而系统地描述员工激励的全过程。斯蒂芬·罗宾斯激励模型克服了单个激励理论在解释激励因素时容易出现的片面性,能对员工的行为作出更为全面的解释(图 7-3)。

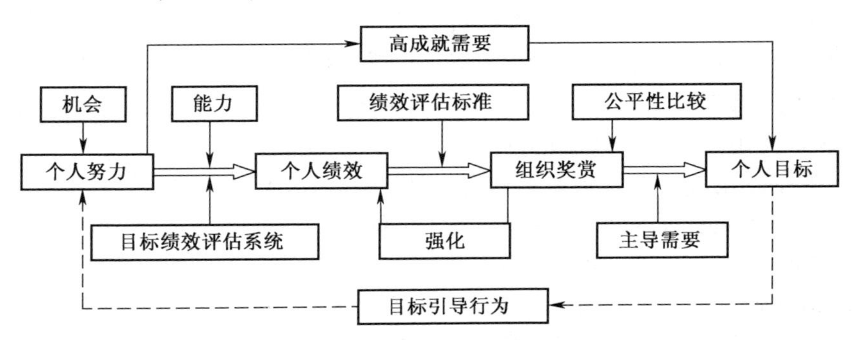

图 7-3　斯蒂芬·罗宾斯激励模型

该模型的基本框架来自期望理论,且与目标设置理论的观点相一致。模型的基本假设是,如果员工意识到个人的努力与绩效之间、绩效与奖励之间、奖励与个人目标的满足之间存在着密切联系,那么他必然会努力地工作。从图 7-3 可以看出,上述各种变量之间的关系同时都受到多个因素的影响。员工的绩效水平不仅取决于个人的努力程度,也与他的能力水平、组织的目标绩效评估系统和绩效评估标准有关,组织奖赏、个人的认知评价结果也会起到积极的强化作用。此外,我们也可以发现,高成就需要的员工不会因为组织对他的绩效评估或组织提供的奖励而受到激励。对他们来说,努力与个人目标之间存在着最直接的关系,只要他们从事的工作能够提供个人责任感、信息反馈和一定程度的冒险性,他们就会产生完成工作的内在驱动力。罗宾斯的综合激励模型比波特和劳勒的综合激励模型更为全面,包括了更多的激励理论,同时也更为复杂。

7.3.2　激励机制

一、待遇留人

1. 建立科学合理的收入分配制度

收入分配制度是员工激励最有效的手段之一,也是留住人才的关键因素。在收入分配制度设计方面,组织可以实施基本工资制,按时发放奖金,保证员工的努力与付出能够得到公平、合理的回报,并与员工共享利润。

(1)实施基本工资制。公平、合理是员工在收入分配方面最基本的要求。根据公平理论,收入分配的公平性意味着员工在与组织内其他员工或是与其他组织相近岗位的员工相比较时,他们的收入与付出之比,不能低于其他员工。公平不同于平均主义,员工所获得的收入与回报必须与他们对组织所作出的贡献保持一个适当的比例,当员工为组织付出越多时,他们越应该得到丰厚的回报。

为了实现收入分配的公平性,管理者需要在制定基本工资时,充分考虑员工的岗位工作特点,建立全面的岗位评价体系。岗位评价是指对组织内各类岗位的相对价值进行评估的过程,评估的依据包括岗位工作复杂程度、所承担责任的大小、任职资格条件的高低、工作环境的恶劣程度等。通过对上述要素的比较与分析,可以将组织内各类岗位进行排序与分级,并为每个等级的员工提供一个相对固定的基本工资。这种基本工资的设计思路充分体现了激励的差别性原则,对组织作出不同贡献的员工,理应得到不同级别、不同数目的薪酬和激励。

(2)科学发放奖金。奖金本质上是对员工工作表现的一种认可。对那些有良好绩效表现的员工发放适当的奖金,不仅可以激励他们继续表现出高绩效的工作行为,也是组织留人的重要举措。其中,年终奖金是最常见的一种奖励方式,组织根据员工一年以来的工作表现及其所取得的业绩成果,为其提供一次性的物质奖励,可以使员工获得相对稳定的激励预期。然而,科学发放奖金并非易事,组织在给员工发放奖金前,需要对他们的工作表现进行全面、合理的评估。评估的标准不同,员工拿到的奖金数目可能就会有较大的差异。有些组织倾向于以“成败论英雄”,一切让业绩说话,那么发放奖金的依据必然是员工的工作成果。有些组织更关注员工的工作过程表现,那么他们给员工发放的奖金当中,必然就要体现出对员工日常工作表现的认可。

加薪可以被视为另外一种激励方式。但实际上问题并没有那么简单。如果说年终奖金是对员工过去工作表现的一种认可,加薪则更多地体现为对员工未来优秀表现的一种预期。当员工的工作能力获得提升,或是承担了更重要的职责时,加薪比发放奖金更有意义。值得注意的是,组织往往是定期给员工加薪的,这可能导致员工对于少量的加薪习以为常。不加薪肯定会令人沮丧,但小幅度的加薪也不会对员工的积极性产生强烈的促进作用。

(3)与员工共享利润。对员工进行物质激励主要有两种途径:一是为员工提供劳动报酬,如上述的基本工资、奖金及各类福利保险等;二是与员工共享组织创造的收益与利润,包括为员工提供股票期权、员工持股计划、股息与红利等。前者用于直接兑现员工的劳动成果,后者则是为了激发员工承担更多的责任,追求组织更长远的利益。

在实践中,与员工共享利润的方式主要包括面向高层管理者的股票期权制度和面向普通员工的员工持股计划。股票期权制度的设计思路是将可转让的股票期权合约提供给组织内某一特定的群体,使之成为一种不可转让的股票期权。股票期权使高层管理者获得一种选择权,使他们拥有在规定时间内以事先约定的价格向组织买卖一定数量股票的权利,因此是对高层管理者进行长期激励的一种有效形式。员工持股计划则使普通员工有机会成为公司股票的持有者,员工可以通过购买的公司股票从中受益。该计划使员工在"打工者"身份的基础上增加了"所有者"的身份,这种制度安排使员工与组织更紧密地联系在一起,从而大大提高了普通员工的责任感、归属感和凝聚力。

2. 设计福利制度

福利是指组织在为员工发放工资、奖金之外,为其提供实物或服务等福利项目,以满足其基本生活的需要。全面、周到的福利政策可以使员工安心留在组织,全心全意为组织服务,也可以帮助组织吸引到更多的优秀人才,因此设计福利制度对组织的发展意义重大。常见的福利政策主要包括以下几种类型:

(1)法定福利。法定福利既包括员工可以享受到的养老保险、失业保险、生育保险、医疗保险和工伤保险等各类法定险种,也包括员工可以享受到的各种国家公众假期,如法定节假日、公休假日和带薪年休假等。法定福利由国家法律法规明确规定,因此具有强制性,各类组织都必须依法执行。

(2)组织自定福利。组织自定福利是由组织自主选择提供给员工的,它既包括住房补贴、交通补贴、餐费补贴和各类补充商业保险等,也包括组织为员工提供的内部医疗保障、劳动保护、子女看护及旅游度假等。弹性福利制是一项新颖的制度设计,它提供给员工一个自由挑选福利项目的机会,可以更充分地满足员工个性化的需要,因此也备受员工们的欢迎。

二、事业留人

1. 完善员工晋升制度

一直以来,获得晋升机会都是员工在职场中最为看重的因素之一。从这个意义上讲,组织拥有科学合理的晋升制度是留住人才的重要方法之一。组织在考虑员工晋升时必须注重德才兼备、机会均等,并做到"阶梯晋升"和"破格提拔"相结合。完整的晋升计划包括:

(1)挑选晋升对象。组织需要建立系统的内部人才选拔体系,包括规范的人才选拔流程和科学的人才甄选方法,以保证组织可以挑选到极具发展潜力的员工,作为未来晋升的候选人员。

(2)制定发展计划。管理者需要与员工一起制定个人发展计划。为此,管理者必须清楚地了解员工的兴趣、价值观与能力倾向,与员工一起探讨他们的不足之处在哪里,还有哪些潜力可以挖掘,哪种发展计划适合他们,以及哪些措施对他们最为有效。同时,管理者还需要帮助员工制定出具体的行动方案,跟踪并监督方案实施的每个步骤。

(3)提供辅导与支持。员工获得晋升的前提是自身工作能力的提升。因此,管理者需要综合考虑晋升过程中的各种影响因素,跟员工一起制定有针对性的辅导计划,以便帮助员工顺利完成晋升。

2. 为员工制定职业生涯规划

职业生涯管理是指员工在组织的支持与帮助下,对其职业生涯历程进行科学规划,并采取必要措施促进其职业发展。完整的职业生涯管理活动包含职业生涯决策、设计和开发等。具体而言,它需要完成以下这些任务:

(1)设计员工的职业生涯。组织与员工一起,根据组织战略与经营活动的需要,以及员工的特长与兴趣,为员工制定职业生涯计划,规划员工的职业发展方向、目标,并制定相应的计划,以避免员工职业发展的盲目性,为个人的职业成功提供最有效率的途径。

(2)为员工提供培训。为使员工在以后的工作中承担更多的责任,培训不再仅仅是为了提高员工的技能、改进员工当前的绩效,还需要从组织的目标出发,帮助员工提高其向未来职位进行流动的能力,它是一种基于未来的培训,侧重于帮助员工更好地适应由于组织调整与改进带来的新变化。

(3)评估员工的工作绩效。评估活动是个系统的过程,它是管理者与员工就如何设定工作目标,以及如何实现目标达成共识的过程。在这个过程中,组织不仅关注于绩效结果,更强调目标、辅导、评价与反馈。管理者不再是仲裁者,而是要与员工不断进行沟通,共同探讨影响绩效的障碍并提前排除或寻求排除的办法。

(4)审视职业生涯计划。绩效评估的结果被用来对员工的职业生涯目标与计划进行审视与修正,根据目标达成的情况,员工可能重新选择自己的职业目标,或变更自己的实施措施与计划,而组织可以为其提供相应的辅导和资源的支持。

三、情感留人

1. 尊重和关爱员工

尊重员工,真心地关爱员工才能留住员工。如果管理者对员工颐指气使,即便组织提供的待遇再丰厚,员工未必会对组织尽心尽力,而一旦有机会,员工便会产生离职的念头。管理者要想真正做到尊重和关爱员工,必须注意以下几点:

(1)提高领导艺术。如何提高各级管理者的领导艺术,是组织不得不面对的一个问题。当前,越来越多的员工接受过良好的教育,具有较高的专业素质。在需求层次上,他们更倾向于被尊重、个人的价值得到承认。因此,管理者除了处事公平公正、待人信守承诺、工作中以身作则、主动承担责任之外，还应该树立“以人为本”的理念，尊重下属，适当满足下属的需求，给予下属恰当的赞美。

(2)平等对待下属。作为管理者，想获得员工的认可与尊重，让下属愿意发自内心追随他，就应该做到平等对待下属。在处理与下属之间关系的时候，管理者要一视同仁，在分配任务和利益时不分远近和亲疏，也不要对个别下属另眼相待。对表现出色的员工要及时给予表扬，但不能因为业绩突出，就不分场合地优待他，给他提供一切可能得到的特权。同时，对表现不佳的员工也不能恣意打压，在工作中对他处处设限。管理者要学会包容、宽恕员工的缺点，尊重别人，平等对待下属，以获得员工的尊重。

(3)给予员工自主权。大部分员工都有强烈的内在动力，希望能把自己的本职工作做好。对于这些员工，管理者要充分相信他们，给他们足够的工作自主权。在实践中，管理者一方面需要在分配工作时告诉员工应该做些什么，然后让他们自己决定如何完成工作任务，另一方面也应在员工需要得到帮助的时候，给予他们专业的指导和必要的支持，帮助他们克服困难。

(4)与员工共担责任。管理者要懂得赞赏下属，倾听下属的想法和主张，鼓励他们主动完成任务，解决工作中的难题，并承诺与下属共担责任。当下属犯错时，管理者要保持冷静的心态，与员工共同检讨发生问题的原因。如果事情是由于下属的工作疏忽引起的，管理者可与下属一起，认真地分析问题的症结所在，告诉他错误的地方在哪里，理想的解决方案是什么，并鼓励员工全力以赴把工作做好。如果错误与自己有关，也决不推诿、逃避，要与员工一起勇敢地面对问题，承担自己应有的责任，与下属一道解决问题。只有与员工共担责任，才能赢得下属的尊重。

2. 建立员工支持系统

员工往往要在工作中承担巨大的压力，有些压力很难在短时间内得到彻底的根除。在这种情况下，组织通过建立强有力的支持系统，使员工感受到来自组织、上司与同事对他的支持，可以帮助他们有效缓解各种工作压力。管理者可以使用多种支持策略，其中包括以下几项：

(1)改善工作环境。许多组织正在积极地改善他们的办公环境，使之成为更舒适、更容易激发员工工作热情和潜能的工作场所。在所有改善措施中，工作场所的环境设计经常为组织所运用。它包括改变办公室物理条件的各种努力，如布置园林式的办公环境、在工作场所灵活运用各种色彩、为员工提供轻松的背景音乐和各种饮料等。此外，管理者还可以运用各种人性化的制度安排来改善工作环境，如在连续工作若干时间后允许员工休息片刻，组织则为员工提供休息和放松的场所。

(2)构建和谐的人际关系。和谐的人际关系除了需要员工自身的努力外，也需要组织提供帮助。组织内的人际危机往往是由于员工间性格不相融和利益纠葛引起的。因此,管理者在配置人员时不仅要注意到员工能力的互补,还要考虑到气质、性格上的互补。在组织的薪酬、绩效考核和晋升等制度安排上,应该保证公平、公正和透明,避免暗箱操作和人情因素的影响。为了构建和谐的人际关系,管理者还应该正确对待组织中的非正式组织,培育合作的非正式组织,对非正式组织中出现的利益小团体、宗派等则应严格加以限制,使内部各方的利益及时得到协调,不至于造成组织内耗。

(3)建立工作互助联盟。工作互助联盟是组织有意识建立起来的员工联盟,它把具有相同专业背景、从事相似工作的员工结合在一起。成员之间互相协助,一旦发生难以应付的事件,当事人可以从其他成员那里得到专业建议、信息支援和其他一些工具性支持。

3. 培养员工的归属感

培养员工对组织的归属感是组织留住人才的一个重要举措,一旦员工在心理上和感情上产生了对组织的认同感、安全感和工作使命,就会充分激发他们内在的驱动力和强烈的责任感,让他们愿意留在组织,并与组织共同发展。以下措施可以帮助管理者有效地培养员工的归属感:

(1)增强员工的参与感。管理者可以在一定程度上参与组织的决策、日常的管理活动,与员工们一起讨论组织的重大问题。让员工参与管理可以使他们意识到自己获得组织的信任与重视,从而获得一种强烈的成就感。然而,参与管理的实施并非易事。如果员工仅仅拥有参与决策的权力,但是无法获得必要的信息,也没有足够的能力帮助他们做出合适的决策,或是参与管理本身不能给他们带来额外的报酬,员工们必然也会失去参与管理的热情。因此,管理者需要在实施参与管理时统筹考虑授权、信息交流、能力培养和报酬等方面的因素。

(2)培养员工的成就感。给予员工充分授权,让员工获得工作自主权,增强员工的参与感在一定程度上可以提高员工的工作成就感。其他的措施包括:对员工的工作成果及时给予认可与肯定、适时给予员工表扬与赞美、公正对待员工、为员工提供富有挑战性的工作、在工作中学会欣赏员工、与员工保持平等交流、对员工保持宽容等。需要注意的是,每位员工都有各自的特点与需要,管理者应做到因人而异,为员工提供个性化的措施。此外,即使成就感可以给员工带来有效的精神激励,同时管理者也不应忽略为他们提供必要的物质激励。

(3)为员工提供安全感。每个人都有“安全的需求”,即使自己免除各种可能的危险与威胁。然而,在实际的工作中,往往存在各种主观或客观的因素,使员工很难有充足的安全感。应对的措施有很多种,如制定公平公正的收入分配办法、为员工提供必要的培训、帮助员工制定职业生涯计划,乃至信任员工、鼓励员工参与等。员工帮助计划是一项可以缓解员工压力、为员工提供安全感的系统服务项目。通过员工帮助计划,管理者可以在职业辅导、工作效能提升、情绪和压力管理等方面为员工提供帮助,也可以在沟通技巧、休闲、进修时间安排以及娱乐与体育活动等方面提供适当的建议。有效的员工帮助计划可以帮助员工克服不良嗜好、增强心理健康、改善工作情绪、提高工作积极性,同时可以帮助员工有效处理同事、客户关系,适应新的环境,从而提高他们的工作安全感。

【案例分析】

华兴公司是国内一家大型集团公司,总部设在厦门,下属有45个分公司,经营着9000多种产品,其中许多产品都是名牌产品。公司每年的销售额达30多亿元。多年来,华兴公司都采用收购其他公司来发展自己的积极进取战略,因而取得了迅速的发展。公司的传统做法是:每当收购一家公司或厂家以后,一般都保持其原来的产品,使其成为集团公司一个新产品的市场;另一方面是对下属各分公司都采用分权的形式。允许新收购的分公司或工厂保持其原来的生产管理结构,这些都不受集团公司的限制和约束。由于实行了这种战略,公司变成由许多没有统一目标,彼此又没有什么联系的分公司组成的集团公司。

2015年,老的董事长退休以后,陈华军就是在这种情况下被任命为新的董事长。新董事长的意图是要使公司朝着他新制定的方向发展。根据新制定的战略,陈华军卖掉了下属14个分公司,但同时又买下了西南饮料工业公司。根据陈华军的说法,公司除了面临发展方向方面的问题外,还面临着另外两个主要问题:一个是下属各分公司都面临着向社会介绍并推销新产品的问题。为了刺激各分公司的工作,陈华军决定采用奖金制,对下属干得出色的分公司经理每年奖励5万元。但是,对于这些收入远远超过5万元的分公司经理人员来说,5万元奖金恐怕起不了多大的刺激作用。另一个面临的更严重的问题是,在维持原来的分权制度下,应如何提高下属部门对增派参谋人员必要性的认识,发挥下属部门与参谋人员的作用问题。陈华军决定要给下属每个部门增派参谋人员,以更好地帮助各个小组开展工作。但是,有些管理者则认为只增派参谋人员是不够的,还有的人则认为,没有必要增派参谋人员,可以采用单一联络人联系几个单位的方法,即集权管理的方法。

公司专门设有一个财务部门,但是这个财务部门根本就无法控制这么多分公司的财务活动,造成公司总部甚至无法了解并掌握下属部门支付支票的情况。

(本案例来源于互联网整理)

讨论题:

1. 华兴公司可以在企业调整方面做得更好吗?
2. 你对新董事长的激励方法有何看法?

【历史经验】

1. 沈季长进言

【原文】沈季长元丰中为崇政殿说书，考开封进士，既罢，入见，神宗曰："《论不以智治国》谁为此者？"对曰："李定所为。"上曰："闻定意讥朕。"季长曰："定事陛下有年，顷者御史言定乃人伦所弃，陛下力排群议，而定始得为人如初，继又擢用不次，定虽怀利，尚当知恩，臣以此敢谓无讥陛下意。《诗序》曰：'言之者无罪，闻之者足以戒。'《书》曰：'小人怨汝詈汝，则皇自敬德。'陛下自视岂任智者，不知何自嫌疑，乃信此为讥也？"上曰："卿言甚善，朕今已释然矣，卿长者，乃喜为人辩谤。"对曰："臣非为人辩谤，乃为陛下辩谮耳。"他日，上语及前代君臣，因曰："汉武帝学神仙不死之术，卿晓其意否？此乃贪生以固位耳。故其晚年举措谬戾，祸贻骨肉，几覆宗社。且人主固位，其祸犹尔，则为人臣而固位者，其患亦何所不至，故朕每患天下之士能轻爵禄者少。"季长曰："士而轻爵禄，为士言之，则可，为国言之，则非福也。人主有尊德乐道之志，士皆以不得爵禄为耻，宁有轻爵禄者哉？至于言违谏佛，士有去志，故以爵禄为轻。"上曰："诚如卿言。"按季长虽尝至修起居注，其后但终于庶僚，史不立传。王和甫铭其墓，载此两论，予在史院时未之见也。其子铢、为侍从，恨不获附见之，故表出于是。

【译文】我朝神宗元丰年间，沈季长任崇政殿说书，给皇上讲解经史，充当皇帝的顾问。有一次，朝廷选派沈季长为主考官。在京城开封考试进士。考试结束后，沈季长向神宗报告考试情况。神宗问："《论不以智治国》的文章是谁写的？"他回答说："是李定写的。"神宗又问："听说李定写这篇文章的用意是为了讽刺朕。"沈季长不慌不忙地说："李定这个人服侍陛下已好几年了，不久前御史上书揭发他不讲人伦道德，不为父母守丧。陛下知道后，力排众议，才使他能一如既往去做人，接着陛下又破格提拔了他。他虽然怀有争利之心，可也知道陛下对他的大恩大德。臣据此敢断定他没有讽刺陛下的意思。《诗序》中说：'敢于提意见的人是无罪的，听到意见的人要引以为戒。'《尚书》中说：'小人怨你骂你，你要更加努力恭敬修德。'请求陛下看一下谁是用智治国之人。不知为什么产生这种怀疑，以为李定的这篇文章是讽刺自己的呢？"神宗听了非常高兴，说："卿所说的很好，我已完全明白了。爱卿不愧为一位长者，喜欢替别人辩诬解谤。"沈季长马上说："臣并不是喜欢替别人辩诬解谤，而是为了替陛下辨清那些无中生有的谗言。"

一天，神宗与群臣谈论前代的君臣，对沈季长说："汉武帝晚年热心学习神仙长生不老之术，爱卿可知晓他的用意吗？他所以这样做，只不过是他贪生怕死想永远保住自己皇位罢了。所以在他的晚年，有许多举动和措施都是很荒谬的，以致祸及他的骨肉，几乎使国家覆亡。人主想永远保持皇位，祸害就如此之大，何况为人臣的想保持官位，他所遭遇的祸害更是比比皆是。所以朕每天总是为天下读书人能够轻视爵位俸禄的人太少而担心啊！”沈季长回答说：“读书人轻视官爵俸禄，对于其本人来说，是可以的。然而，对于国家来说，可不是什么好事。如果皇上真有尊德乐道的志向，读书人都以得不到官爵俸禄而感到羞耻，哪还有轻视官爵俸禄的人呢！至于说有的人上书言事，违背了皇上的旨意，规劝皇上的建议不被采纳，这样，读书人才会产生消极辞官的想法，才会出现轻视官爵俸禄的情况。”神宗听了这番话后，满意地说：“事情正如爱卿所说的那样。”

据查沈季长虽然曾经参与起居注的纂修，但是，后来一直为普通幕僚、史书中不为他立传。王和甫在为他撰写的墓志铭中，载有他的上述两段论述。我在史馆供职时未曾见到。他的儿子沈铢为侍从，也为他未能见到父亲的这两段论述而感遗憾，特在此表出。

参考文献：(宋)洪迈．容斋随笔[M]．王彝，主编．豪华大字珍藏本(全译本·下)．北京：北京燕山出版社，1997:1129-1130.

【点评】沈季长进言，得到了宋神宗的肯定。知屋漏者在宇下，知政失者在朝野。作为管理者，只有尊德乐道，广开言路，才能听到不同意见，从而有利于决策的制定与执行。

2. 曹马能收人心

【原文】曹操自击乌桓，诸将皆谏，既破敌而还，科问前谏者，众莫知其故，人人皆惧。操皆厚赏之，曰：“孤前行，乘危以侥幸，虽得之，天所佐也，顾不可以为常。诸君之谏，万安之计，是以相赏，后勿难言之。”魏伐吴，三征各献计，诏问尚书傅嘏，嘏曰：“希赏徼功，先战而后求胜，非全军之长策也。”司马师不从，三道击吴，军大败。朝议欲贬出诸将，师曰：“我不听公休，以至于此，此我过也，诸将何罪？”悉宥之。弟昭时为监军，惟削昭爵。雍州刺史陈泰求敕并州，并力讨胡，师从之。未集，而二郡胡以远役遂惊反，师又谢朝士曰：“此我过也，非陈雍州之责。”是以人皆愧悦。讨诸葛诞于寿春，王基始至，围城未合，司马昭敕基敛军坚壁。基累求进讨，诏引诸军转据北山。基守便宜，上疏言：“若迁移依险，人心摇荡，于势大损。”书奏报听。及寿春平，昭遗基书曰：“初，议者云云，求移者甚众，时未临履，亦谓宜然。将军深算利害，独秉固心，上违诏命，下拒众议，终于制敌禽贼，虽古人所述，不过是也。”然东关之败，昭问于众曰：“谁任其咎？”司马王仪曰：“责在元帅。”昭怒曰：“司马欲委罪于孤耶？”引出斩之。此为谬矣！操及师、昭之奸逆，固不待言。然用兵之际，以善推人，以恶自与，并谋兼智，其谁不欢然尽心悉力以为之用？袁绍不用田丰之计,败于官渡,宜罪己,谢之不暇、乃曰:“吾不用丰言,卒为所笑。”竟杀之。其失国丧师,非不幸也。

【译文】曹操自己率兵去攻打乌桓,部下将领都劝他不要去,不久,曹操打败乌桓,凯旋归来,一一询问以前劝止他的人,众人不知他出于什么意图,人人都很恐惧。曹操厚赏以前劝止过他的人,说:“孤王我前往攻打乌桓,是冒着很大危险才侥幸成功,虽然获得了胜利,但不能常常做这样的事。诸位劝止我,是为了孤王能立于不败之地,因此才重赏你们,以后你们要勇于提建议。”魏国攻打东吴,三次征伐,大将们都纷纷献计,天子下诏问尚书傅嘏,傅嘏说:“事先没有周密的部署,将士希望赏赐,求功心切,先去作战,而后才想法取得胜利,这不是保全军队的长久计策。”司马师不听,分三路进攻吴国,结果打了败仗。朝廷上下议论打算把出主意的那些大将贬出朝中,司马师说:“我没有听从傅嘏的话,才打了败仗,这是我的过失,诸位将领有什么罪?”都宽恕了他们。司马师的弟弟司马昭、当时任监军,被削去了爵位。雍州刺史陈泰要求司马师给并州下命令,把力量合并在一起讨伐胡人,司马师采纳了这个建议。队伍还没有集合起来,有两个郡的胡人因为要到远方打仗,惊慌之余,都起来造反了。司马师给朝中的士大夫道歉说:“这是我的过失,不是陈泰的责任。”人人都佩服他的雍容大度。司马昭攻打寿春(今安徽寿县)的诸葛诞,王基领兵刚到,还未把城包围起来,司马昭命令王基收兵坚避。王基多次请求攻城,司马昭让他率领诸军转移到北山。王基根据情况提出建议,他上疏说:“如果把军队迁移到平安保险的地方去,不能打仗,人心动摇,就会损伤士气。”这个意见得到了司马昭的赞同。寿春平定后,司马昭给王基的书信说:“起初,议论攻城的人七嘴八舌,要求军队迁移到保险地方的人很多,我没有亲自前往,也认为应该这样。将军你计算了利害得失,坚持己见,上边违背天子命令,下边拒绝众人建议,终于制服了敌人,捉住了贼寇首领,即使古代谋略出众的人,也不过如此吧。”但是司马昭在东关打了败仗,他问众人:“谁应承担打败仗的责任?”司马王仪说:“责任在元帅。”司马昭大怒说:“司马想把罪责推在我身上吗?”拉到帐外把王仪杀了。这就太荒谬了。曹操和司马师、司马昭的奸诈,就不必说了。但在用兵的时候,把美名推给人,把恶名担起来,善于吸收别人的计谋和智慧,还有谁不尽心竭力,为自己所用呢?袁绍不听田丰的建议,在官渡败给了曹操,应该责问自己,向田丰致谢,他却说;“我没有采用田丰的意见,打了败仗,受到他的耻笑。”竟然把田丰杀了。袁绍失去了国家,葬送了军队,是咎由自取啊!

参考文献:(宋)洪迈. 容斋随笔[M]. 王彝,主编. 豪华大字珍藏本(全译本·下). 北京:北京燕山出版社, 1997:1322-1323.

3. 片言解祸

【原文】自古将相大臣,遭罹谮毁,触君之怒,坠身于危棘将死之域,而以一人片言,转祸为福,盖投机中的,使闻之者晓然易寤,然非遭值明主,不能也。萧何为民请上林苑中空地,高祖大怒,以为多受贾人财物,下何廷尉,械系之。王卫尉曰:“陛下距楚数岁,陈稀、黥布反,时相国守关中,不以此时为利,乃利贾人之金乎?”上不怿,即日赦出何。绛侯周勃免相就国,人上书告勃欲反,廷尉逮捕勃治之。薄太后谓文帝曰:“绛侯绾皇帝玺,将兵于北军,不以此时反,今居一小县,顾欲反邪?”帝即赦勃。此二者,可谓至危不容救,而于立谈间见效如此。萧望之受遗辅政,为许、史、恭、显所嫉,奏望之与周堪、刘更生朋党,请“召致廷尉”,元帝不省为下狱也,可其奏。已而悟其非,令出视事。史高言:“上新即位,未以德化闻于天下,而先验师傅,既下九卿大夫狱,宜因决免。”于是免为庶人。高祖、文帝之明而受言,元帝之昏而遂非,于是可见。

【译文】自古以来将相大臣,遭遇灾难或诬陷,触怒君主皇上,陷身于危机丛生即将死难的境地,而某个人用只言片语,就会使他转祸为福。这些话往往是投机中的,十分得当,使听到的人恍然大悟。但是若遇不到圣君明主,也是不可能的。萧何因为替老百姓请求上林苑中的空地,使汉高祖刘邦大怒,认为他是受了商人们的大量贿赂,因而把萧何抓进监狱,绳捆锁绑。王卫尉对高祖说:“当年陛下抵抗楚军几年,陈稀、黥布反,那时萧相国正把守关中,但他不在当时谋取个人利益,现在还哪里会接受商贾的金银呢?”高祖听了不大高兴,但还是即日就赦免了萧何。汉文帝时绛侯周勃被免于了丞相之职;有人上书皇上诬告周勃有谋反之意,廷尉逮捕了周勃要治罪。薄太后对文帝说:“绛侯当年手持皇帝赠的玉玺,领兵在北方边境打仗,那时候他都没有谋反,如今居住在一个小小的县城,难道还会谋反吗?”文帝听后就赦免了周勃。这两件事,都可以说是极其危险不容赦免的,但在短短的谈话中就取得如此的效果。汉元帝时,萧望之受先帝命辅佐朝政,被许、史、恭、显四大家族所嫉妒,他们上奏皇上说萧望之和周堪、刘更生是朋党,请求把他抓起来,元帝没弄明白是要把萧望之抓进狱牢,就答应他们的启奏。事后又知道是错了,下令让萧望之出来做事。史高说:“皇上新即位,还没来得及以德化闻名于天下,而先照顾自己的师傅,既然已经把九卿大夫萧望之抓进了大狱,就不该再让他出来任职,而以免为平民为合适。”于是元帝就把萧望之免为平民。汉高祖、文帝因英明而采纳谏言,汉元帝昏庸而不辨是非,从这里可以看出来。

参考文献:(宋)洪迈. 容斋随笔[M]. 王彝,主编. 豪华大字珍藏本(全译本·上). 北京:北京燕山出版社, 1997:911-912。

【点评】作为管理者,要有宽阔的胸怀,善于听取不同的意见。唯有如此,各种意见争锋之后才能使决策日趋完善,可谓相反相成。

4. 王居正封驳

【原文】绍兴五、六年间，王居正为给事中，时王继先方以医进，中旨以其婿添监浙江税务，录黄过门下，居正封还，高宗批三省将上，及二相进呈，圣训云："卿等亦尝用医者否?"对曰："皆用之。"曰："所酬如何?"曰："或与酒，或与钱，或与缣帛，随大小效验以答其劳。"上曰："支然则朕宫中用医，反不得酬谢邪？文字未欲再付出，可以喻居正使之书读。"丞相退，即语居正曰："圣意如此，是事亦甚小，给事不必固执。"居正唯唯，遂请对，上语如前，而玉色颇厉。居正对曰："臣庶之家，待此辈与朝廷有异，量功随力，各致陈谢之礼。若朝廷则不然，继先之徒，以技术庸流，享官荣，受俸禄，果为何事哉？一或失职，重则有刑，轻则斥逐。使其应奉有效，仅能塞责而已，想金帛之赐，因自不少。至于无故增创员阙，诚为未善，臣不愿陛下辄起此门。"上悟曰："卿言是也。"即日下其奏，前降指挥更不施行。居正之直谅有守，高宗之听言纳谏，史录中恐不备载，故敬书之。迈顷闻之于张九成。

【译文】宋高宗绍兴五、六年间，王居正任给事中，当时王继先正以医术受重用，宫中传旨让他的女婿增添为监察浙江税务。当中书省据天子旨意起草诏令，以黄纸录送门下省，经过给事中衙门时，居正把圣旨退了回去。高宗批给三省重新呈报，到两位宰相上报时，高宗说："你们曾经请过医生吗?"两位宰相回答说："都请过医生。"高宗说："你们给医生什么报酬?"二人回答说："或者给酒，或者给钱，或者给布疋，这要根据看病的效果好坏而定。"高宗说："难道朕在宫中用医生，反而得不到报酬吗？录黄文字不必再拿出去了，可晓谕居正签押。"丞相退朝后，就对居正说："万岁的意见这样，这本是一件小事，给事中不要再固执己见了。"居正点头称是，便请求天子接见。高宗把以前说的话又重复了一遍，而颜色非常严厉。居正回答说："一般老百姓的家庭，对待医生这样的人，和朝廷不同，根据他的功劳和本人的力量，各自拿出酬谢的礼物。而朝廷就不一样了，像王继先这些人，以平庸的医术，享荣华，拿俸禄，究竟是为了什么呢？如果万一失职，重则受到刑罚，轻则受到呵斥贬谪，让他在宫中奔走效劳，仅能做到完成本职工作而已，臣料想金银布疋一类的赏赐，肯定不少了。如果无缘无故增加官员的名额，确实不是好办法，为臣不愿陛下生出这个主意。"高宗省悟说："你说的对。"当天便准许了他的奏章，以前说要给王继先之婿增官的圣旨不再施行。王居正正直有操守，高宗能够采纳臣下的谏诤，历史书中恐怕不会有记载，因此恭敬地把这件事记下来。我不久以前从张九成那里听到这件事的。

参考文献：(宋)洪迈．容斋随笔[M]．王彝，主编．豪华大字珍藏本(全译本·下)．北京：北京燕山出版社，1997：1270-1271.

5. 王卫尉

【原文】汉高祖怒萧何,谓王卫尉曰:“李斯相秦皇帝,有善归主,有恶自予,今相国请吾苑以自媚于民,故系治之。”卫尉曰:“秦以不闻其过亡天下,李斯之分过,又何足法哉!”唐太宗疑三品以上轻魏王,责之曰:“我见隋家诸王,一品以下皆不免其踬顿,我自不许儿子纵横耳。”魏郑公曰:“隋高祖不知礼义,宠纵诸子,使行非礼,寻皆罪黜,不可以为法,亦何足道!”观高祖、太宗一时失言,二臣能用其所言随即规正,语意既直,于激切中有婉顺体,可谓得谏争之大义。虽微二帝,其孰不降心以听乎!

【译文】汉高祖刘邦对相国萧何感到很恼火,于是对王卫尉说:“李斯辅佐秦朝皇帝,有了好事归国君,有了坏事自己承担,现在相国萧何竟然请求开垦我的上林苑荒地以便自己讨好老百姓,所以我将他收审治罪。”王卫尉说:“秦朝皇帝因为听不到自己的过失而丢了天下,李斯分担失误责任又有什么用处呢?这种作法难道值得后人学习吗?”唐太宗李世民怀疑三品以上官员轻视自己的儿子魏王李泰,便责备他们说:“在隋朝,我看见一品以下官员见到诸王时无不毕恭毕敬地行礼,我当然是不会允许皇子们随心所欲,胡作非为的。”魏征闻听,说道:“隋高祖(文帝)不知礼义,过分地宠爱、放纵自己的儿子,使他们多行非礼,不久诸王就都因罪被罢免,这种作法是不值得学习的,也不值一提!”汉高祖和唐太宗一时失言,王、郑二臣能在听到后随即规正,直截了当,但是在激切中又不失婉转、恭敬,可谓深得谏争之大义。即使不是汉高祖和唐太宗这两位具有雄才大略的明君,其他人谁能不虚心听取、诚恳接受呢?

参考文献:(宋)洪迈. 容斋随笔[M]. 王彝,主编. 豪华大字珍藏本(全译本·上). 北京:北京燕山出版社, 1997:327-328.

【点评】作为被管理者,敢于对管理中的事项提出不同意见,不仅体现了操守和实事求是的精神,更是表达了对事业发展的负责任态度。在这个意义上来讲,管理是管理者与被管理者之间的博弈。

6. 毕仲游二书

【原文】元祐初,司马温公当国,尽改王荆公所行政事。士大夫言利害者以千百数,闻朝廷更化,莫不欢然相贺,唯毕仲游一书,究尽本末。其略云:“昔安石以兴作之说动先帝,而患财之不足也,故凡政之可以得民财者无不用。盖散青苗、置市易、敛役钱、变盐法者,事也。而欲兴作患不足者,情也。苟未能杜其兴作之情,而徒欲禁其散敛变置之事,是以百说而百不行。今遂欲废青苗、罢市易、蠲役钱、去盐法,凡号为财利而伤民者,一扫而更之,则向来用事于新法者,必不喜矣。不喜之人,必不但日青苗不可废,市易不可罢,役钱不可蠲,盐法不可去,必探不足之情,言不足之事,以动上意,虽致石人而使听之,犹将动也。如是则废者可复散,罢者可复置,蠲者可复敛,去者可复存矣。则不足之情可不预治哉!为今之策,当大举天下之计,深明出入之数,以诸路所积之钱粟,一归地官,使经费可支二十年之用。数年之间,又将十倍于今日。使天子晓然知天下之余于财也,则不足之论不得陈于前,然后所谓新法者,始可永罢而不复行矣。昔安石之居位也,中外莫非其人,故其法能行。今欲救前日之敝,而左右侍从职司使者,十有七八皆安石之徒,虽起二三旧臣,周六七君子,然累百之中存其十数,乌在其势之可为也!势未可为而欲为之,则青苗虽废将复散,况未废乎!市易虽罢且复置,况未罢乎!役钱,盐法亦莫不然。以此救前日之敝,如人久病而少间,其父兄子弟喜见颜色,而未敢贺者,意其病之在也。"

先是东坡公在馆阁,颇因言语文章规切时政,仲游忧其及祸,贻书戒之曰:"孟轲不得已而后辩,孔子欲无言。古人所以精谋极虑,固功业而养寿命者,未尝不出乎此。君自立朝以来,祸福利害系身者未尝言,顾直惜其言尔。夫言语之累,不特出口者为言,其形于诗歌、赞于赋颂、托于碑铭、著于序记者,亦言也。今知畏于口而未畏于文,是其所是,则见是者喜。非其所非,则蒙非者怨。喜者未能济君之谋,而怨者或已败君之事矣!天下论君之文,如孙膑之用兵、扁鹊之医疾,固所指名者矣,虽无是非之言。,犹有是非之疑。又况其有耶?官非谏臣,职非御史,而非人所未非,是人所未是。危身触讳以游其间,殆由抱石而救溺也。"

二公得书耸然,竟如其虑。予顷修史时,因得其集,读二书思欲为之表见,故官虽不显,亦为之立传云。

【译文】宋哲宗元祐初年,司马光执政,尽废王安石所行新法。士大夫们讨论新法利害关系者以千百计,当听说朝廷更改法度时,没有不欢然相贺的,唯有毕仲游在其上书中,对新法的前后利弊作了详尽地分析。他上言中大致这样说道:"过去王安石以振兴改作的语言打动了神宗皇帝,由于担心国家财政不足,所以,凡可以获得民财的政策法令无不采用。散发青苗钱、建立市易法、收敛役钱、变更盐法,就是为了这个目的。而要振兴改作,担心财政之不足,是出于他个人的忧国之情。如果不能消除他振兴改作的私情,而一味地要禁止他推行青苗、市易、役钱、盐法等方面的变法,这是百说而百不行的事。今时要废除青苗、罢去市易、蠲免役钱、消除盐法,把过去聚敛财利而有害于民的新法,一概废除,那么向来倾心于推行新法的人一定心怀不满。这些反对者,不仅要说青苗不可废,市易不可罢,役钱不可蠲,盐法不可变,而且还要探讨财政不足之情,申辩财政不足之事,以此来打动皇上的心,即使石头人倾听了这些论说之词，也会为之感动。如果真是这样的话，废去的也可以再实行，罢除的可以再设置，蠲免的可以再收敛，消去者可以再保持。这样看来，怎么能够不考虑预先消除他们的财政不足之私情呢？当今之大策，应当统一整顿天下之财计，深入详细地了解财政收入和支出情况，清理各路所剩余积压的钱粮之账，所有财物归由负责土地和人民的官司掌管，以保证国家经费可以支付二十年之用。这样几年之间，财政增长又将十倍于今日。假使天子能确切知道天下财物有大量剩余，那么，财政不足的议论就不会纷纷上奏朝廷，这样过去所行新法可永久废除而不再反复。王安石执政时，朝野上下没有不是他的支持者，所以他所制定的新法能够推行。现在要惩改前日的弊端，而皇帝左右的侍从、职司使之类的官，十有七八是王安石的党徒，即使起用二三个旧臣僚，录用六七个德高的人，在数百官僚之中也不过占十几人，在这种形势下怎么可以废除新法呢！在形势不允许的情况下执意要这样做，那么青苗法虽废去也可再实行，何况现在还没有废除呢！市易法虽罢去也将再设立，何况还没有罢去呢！役钱、盐法也都是这种情况。以这种方式去革除前日新政之弊，就像人患了长时间的病而稍稍好了一些时，他的父兄子弟虽可以喜形于色，但并不敢为此祝贺，因为觉得他的病仍然在身。”

在这之前，苏东坡在馆阁任职时，经常利用言语文章规诫、切论时政得失，毕仲游担心他会因此惹祸上身，就致书告诫他说：“孟轲在不得已的情况下申辩，孔子想说而没有说。古人之所以精心谋划、细致考虑，以保固功业成就，延长寿命，未尝不是采取这种明哲保身的做法。君自入朝做官以来，关系到你自己的祸福利害未曾说过，不过一直是吝惜你的语言而已。大凡由于语言而受牵累的，不只是出于口的语言，其他表现于诗歌、赋颂、碑铭、序记的也是语言。现在你只知道担心出自于口的语言，而不担心形诸于文的语言。文章言论中你认为对的就是对的，表现出高兴。认为错的就是错的，表现出怨愤。你感到高兴的事无补于你的想法，而你感到怨愤的事或许已经败坏了你的事情。天下人议论你的文章，就像议论孙膑用兵、扁鹊行医一样。其中指名道姓者，尽管没有评议是非的言论，也有述说是非的嫌疑。又何况有的直接评论是非呢！你官非谏臣，职非御史，而非议别人未曾非议的东西，赞同别人未曾赞同的东西。你使自己处于危险境地，去触犯忌讳的问题，这样生活下去，大概就像抱着石头去营救溺水的人一样。

司马光、苏东坡分别得到以上两篇文书之后，不禁有惊恐之感。其结果也最终应验了毕仲游的预见。我不久前编修国史时，看到了毕仲游的文集，阅读这两篇文章时，想着要把它在国史中表现出来。因此，毕仲游官位虽不显贵，也为他单独立了传记。

参考文献：(宋)洪迈．容斋随笔[M]．王彝，主编．豪华大字珍藏本(全译本·下)．北京：北京燕山出版社，1997：1002-1004.

【点评】修正决策，不能够从一个极端到另一个极端，既要考虑原先的合理成分，也要对原来的不合理给予纠正。只有采取扬弃的办法，才有利于决策的进一步提升完善。

复习题

1. 什么是调整？调整的内容有哪些？
2. 请结合实践说明调整的七步法在组织中是如何运用的？
3. 组织调整的方法有哪些？组织在进行调整时应注意哪些问题？
4. 什么是激励？主要的激励理论有哪些？
5. 请结合实践说明激励理论在管理中是如何具体运用的？
6. 组织的激励机制有哪些？请结合自身情况进行阐述。

参考文献

1. 伊恩·帕尔默，理查德·邓福德，吉布·埃金．组织变革管理(第2版)[M]．金永红，奚玉芹，译．北京：中国人民大学出版社，2009.

2. 马作宽．组织变革[M]．北京：中国经济出版社，2009.

3. 周三多，陈传明，贾良定．管理学：原理与方法(第六版)[M]．上海：复旦大学出版社，2017.

4. 高天鹏．企业组织变革的系统科学思考[J]．统计与决策，2010(24)：180-183.

5. 吴照云，等．管理学(第五版)[M]．北京：中国社会科学出版社，2006.

6. 彼得·德鲁克．卓有成效的变革管理[M]．齐思贤译．北京：东方出版社，2012.

7. 斯蒂芬·罗宾斯，等．组织行为学精要(原书第13版)[M]．郑晓明译．北京：机械工业出版社，2016.

8. 斯蒂芬·罗宾斯，玛丽·库尔特．管理学(第13版)[M]．刘刚，等，译．北京：中国人民大学出版社，2017.

9. 哈罗德·孔茨，海因茨·韦里克．管理学：国际化与领导力的视角(精要版第9版)[M]．马春光，译．北京：中国人民大学出版社，2014.

10. 郭咸纲．西方管理思想史(第4版)[M]．北京：北京联合出版公司，2014.

11. 丹尼尔·雷恩．管理思想的演变[M]．李柱流，等，译．北京：中国社会科学出版社，2004.

第8章　创新与发展

【本章提要】

本章主要阐述了新时代在全球化背景、市场化条件以及信息化驱动下的管理创新与发展。分别分析了新的全球化、市场化以及信息化给管理带来的机遇和挑战,并提出了相对应的管理理念创新和方法创新。

在全球化背景下,各类组织要树立组织开放观念、"标准权力"观念和公司透明度观念,选择适当的国际化进入模式和跨文化管理策略。

在市场化条件下,各类组织要拥抱共享经济时代和构建商业生态系统思维,在管理方法创新方面可以打造无边界组织和采取竞合战略。

在信息化驱动下,各类组织要形成"互联网+"理念,适应大数据时代和云计算环境,采取互联网众包策略和云创新模式。

【学习目标】

理解全球化带来的机遇和挑战;

树立组织开放、"标准权力"和公司透明度等管理理念;

掌握国际化进入模式和跨文化管理策略;

理解市场化带来的机遇和挑战;

建立共享经济和商业生态系统等管理思维;

掌握构建无边界组织和竞合战略方法;

理解信息化带来的机遇和挑战;

了解大数据时代和云计算环境;

掌握互联网众包策略和云创新模式。

【关键词】

全球化　市场化　信息化　标准权力　跨文化　共享经济　商业生态系统　无边界组织　竞合战略　互联网+　大数据　云计算　互联网众包　云创新

8.1 全球化背景下的管理创新与发展

8.1.1 全球化带来的机遇与挑战

经济全球化是世界众多国家通过贸易或者其他资金流通方式而建立起联系的一种经济发展状态。如果要下一个更完整的定义的话,经济全球化是指世界经济活动超越国界,通过对外贸易、技术转移、资本流动、提供服务,并且相互依存、相互联系而形成的全球范围的有机经济整体的过程。经济全球化主要涵盖产品生产、产品流通销售、企业管理与技术开发等多个层面。随着经济的全球化,资源进一步在全球范围内进行优化配置,企业需要面对的是一个产品多元、竞争激烈的国际市场,经济的全球化让企业的竞争提升到世界范围的层面上来。从这个现实来看,需要企业不断的变革创新才能提升自身的适应能力,不断摒弃旧的管理模式障碍。

总体来说,经济全球化主要体现在两个方面的特征:第一个方面是各个国家之间的依赖性增强。经济全球化是多个国家参与的,在这个过程中,不但在市场经济方面的联系日益紧密,而且在技术开发、产品升级以及人才流动等方面都有着诸多的联系。另外,金融工具的创新与发展、全球化的货币投资也在此起彼伏地发展着,使得一个国家的经济发展会牵扯到多个国家,国家与国家之间的依赖性变得更强。另一个方面是分工变得更加细致。经济全球化使得各个国家的企业能够在全球范围内去寻求商机,用最大最小的原则去经营企业。各个国家之间可以取长补短,尽情展现自身的优势,积极地在世界市场中去寻求机会、资源、技术以及各方面的人才,进一步提高企业的专业化程度,使得企业发展到最佳的状态。

当今在全球化的背景下,我国的经济正快速地融入到全球化的竞争中去,国内的企业参与国际竞争的地点不仅仅是在国内的市场,而且也更多地要到国外市场去展开各方面的竞争。全球的消费者对于企业自身来自哪里,拥有什么样的管理特色并不感兴趣,他们只认同更好的产品与服务,国内和世界其他国家的企业管理者一样,都要面临这一核心竞争要求。

我国过去 30 年的改革开放为经济的发展释放出了巨大的潜能,借助人口群体和劳动力成本优势,引进西方的先进技术,形成了一大批世界级的制造企业。中国庞大的人口群体不单单支撑起了很多世界品牌的制造环节,也使得众多世界品牌找到了一个巨大的消费市场。不过,现在来看,我国低廉的劳动力成本优势正一步步消逝,越南、缅甸等东南亚国家正在替代我国这方面的角色。因此,国内企业想要继续赢得整个产业链中的制造环节,或者是转移到产业链的其他环节都需要倚重创新。

企业的外部环境发生变化使得企业必须在完善自身管理制度的基础上创新发展,经济全球化将企业放到了全球化竞争的圈子中。总的来说,企业实现管理上的突破创新有以下 3 方面的原因:

第一,企业外部环境变化的要求。在经济全球化背景下,创新的管理观念层出不穷,许多国际巨头企业就是凭借先进的理念,让自己的产品和服务在行业竞争中获胜。经济全球化背景下,市场的开放程度将进一步加深。中国的企业要想在全球化的竞争中获胜,就要让企业管理适应时代的需要,只有这样才能在竞争中立于不败之地。每个行业都有行业巨头存在,这使得企业要紧跟这些行业巨头的步伐,在竞争中进一步学习,才能更好地生存。

第二,顾客和员工需求变化的要求。伴随社会和经济的进一步发展,怎样才能满足现代人自我实现的需求越来越受到重视。马斯洛的需要层次理论提出,生理需求、安全需求、社交需求、尊重需求和自我实现的需求是人从低到高的 5 种需求。硬性和强制员工的行为只会降低员工的生产积极性,在自我实现需求的影响下,企业的管理制度应该走向柔性管理,企业的激励机制也应该得到变革,为了提升员工的工作动力和积极性,需要更加注重员工的精神奖励。另外一方面,顾客的满意度成为现代企业经营的重要标准,顾客需求在发生巨大的变化,这也要求企业在顾客管理上进行创新,我国的市场经济还处于初级发展阶段,顾客需要更加快速响应、个性差异的产品服务。

第三,科学技术进步的要求。科学技术的进步使企业生产出产品的生命周期进一步缩短,产品演化的速度比原来更快了。所以在经济全球化背景下,科技成为企业竞争成败的一个非常重要的因素。随着我国经济和科技的进步,企业组织领导机构的变革和员工素质的进一步提高,企业迫切需要在管理上进行创新,只有这样,才能跟上科学技术进步的步伐。

8.1.2　全球化背景下的管理理念创新

一、组织开放观念

早期的企业,无需花太多的精力进行外部的信息沟通与合作,因为企业是一个“独立的”闭关状态的活动单元。在一个较长时期内,组织的开放并没有成为企业经营的必然选择。跨国公司的出现使企业封闭的组织状态受到了一定程度上的冲击。全球化来临后,以电脑和远程通信的应用构建起来的信息网络正在一步步超越企业、产业和地区的范围,企业必须打破自身与外部环境的种种阻隔,进行各种信息交流,企业组织结构的大变革变得迫在眉睫。

企业已经不止是一个存在于某一地理位置,受到时间和空间局限的实体,而更像是一个由各种要素和机能组成的系统。企业必须构建一种开放的管理哲学,采取一种更加开放的姿态,一种与外在环境浑然一体的姿态。企业作为一个系统,要通过现代的信息网使自己系统中的一些要素与其他企业系统中的特定要素组合起来,形成新的机能,构成新的生产力。

我国企业曾在很长一段时间处于计划经济体制下,对市场的依赖很小,企业并不注重组织的开放性,很多都是关起门来"独立自主"地搞生产经营。随着经济体制转型,中国的企业虽然在逐步走向开放,但我们也要清醒地认识到,目前大多数中国企业的开放还比较简单原始,未能贴近全球化这个背景来理解开放的组织含义。未来,我国企业跟进全球化的思路需要更明晰一些,步伐也要更稳健一些。

二、"标准权力"观念

从某种意义上来说,标准并不是一种技术,而更像是一种权力。在竞争中,参与者必然要寻找一种共同的评判规则,而这种规则的重要组成部分之一,就是产品的国际标准。全球化使国际合作日益加强,也使得国际竞争变得日趋激烈。谁制定了标准,谁就拥有了话语权,就有了控制竞争对手或入局竞争的权力。

"标准权力"表现为两种类型:第一种类型是"创造标准者权力"。一个企业如果能让自己的某种特定技术变成标准,就可以用这个标准来掌控市场,包括成为这个市场最大份额的占有者,以及可能从采用该标准的其他企业那里获得高额的技术转让费等。第二种类型是"追随标准者权力"。在全球化的市场中,追随标准者也可以获得一些权力,这些权力可以让企业平等地参与到国际的竞争中,谁没有获取这种权力,谁就没办法进入这个竞争的市场中。

我国的企业要适应全球化的发展,就要适应标准化的文化。虽然我国的文化对于标准化这种要求有很多不太适应的地方,但我们还是必须突破这种文化局限。我国的大企业要有参与国际竞争的雄心壮志,要敢于到国际市场中去"标准"别人,掌握制定游戏规则的权力。另外,大部分企业要实施 ISO 贯标认证,按国际标准办事,去逐步适应这种标准化的竞争环境。

三、公司透明度观念

一个国家想要走向世界就要透明,对于企业来讲也是如此的,特别是在全球化的背景下。公司通过信息公开,可以拉近与投资者的距离,以此来塑造一个透明和诚实的公司形象。公司面对的是包括供应商、顾客、投资者、政府等在内的全体利益相关者,他们都拥有相对于公司的知情权,所以公司的信息发布,是对所有利益相关者的尊重。国际性公司的监督是全球化的,增强这类公司的透明度,有利于提升有效监督的概率。

因为过去的计划经济实质上是一种集权经济,中国的企业管理从根本上来说是比较缺乏民主传统的。在这种传统下,提升透明度常常要被当成对领导权威的挑战。中国的企业在走向全球市场的进程中提升透明度面临着较大的压力。国际上的强劲对手多的是,中国企业一旦提升自己的透明度,一些隐蔽的劣势将成为公开的短处,中国的企业管理有很多不规范的东西,"家丑"难以外扬。很多中国的企业,透明化放到国际市场上一比较之后,恐怕难有立足之地。但是,公司透明化是全球化的一个必然趋势,这是未来中国企业想要进入国际市场必须提升的方面。

8.1.3　全球化背景下的管理方法创新

一、国际化进入模式

1. 贸易式进入模式

这种模式下企业将在本国生产的产品向目标市场出口,通过这种方式进入国际市场。这种模式又可以分成间接出口和直接出口两种方式。间接出口的方式下,企业本身并不参与该产品的国际营销活动,只是通过设立在本国的各种外贸机构出口。间接出口对于出口企业而言,是一种经营风险较小的国际化方式,并不需要国际化经营的经验,也不需要特殊的投资,却扩大了市场销售额。但是,在间接出口方式下,生产企业不但无法获得国际化经营经验,而且对产品进入国际市场的方式也无法控制。

直接出口则是企业在不同程度上参与国际化营销和销售活动,这种模式下生产企业直接向国外的客户或中间商销售产品,通过设立国际部或出口部的方式,与国外的零售商、代理商或客户直接联系。生产企业能够比较迅速及时地掌握海外市场信息,有效把控出口战略,这些都是直接出口的优势,而且可以积累国际化经验,培养国际化人才,进一步提升企业的国际化竞争能力。但是,直接出口在人才方面的要求比较高,而且要投入一定资源,经营风险大,对生产企业自身的管理经验也要求较高。

2. 契约式进入模式

和上一种模式不同,契约式进入国际市场是向国外企业输出包括工业产权和版权在内的知识产权,而不是直接输出产品。契约式进入是指公司通过契约向国外企业转让一项或几项无形资产,然后向使用方收取相应费用和报酬的方式。契约式进入模式包括特许经营、许可证协议、管理合同、交钥匙合同等多种方法。

特许经营是指特许方企业为被特许方提供商标、技术、统一的经营方法、人员培训等一系列的产品和服务,并由此得到提成费和其他经济补偿的经营方式。

特许经营的优势在于可以快速获得国际市场信息，进入国际市场，稳定获得特许收益，而且从管理体制上可以有效减少管理层次，保障组织的扁平化。对被特许方控制力较弱，有培植竞争对手的可能是特许经营存在的缺点和风险。

许可证协议对使用费支付方式、使用期限等使用中的限制条件进行一系列的规定，是协议者双方因为转让商标、专利、技术等权利义务的文件的使用权而形成的具有法律效力的文件。许可证协议是一种低投入的市场进入通道，能有效降低目标市场不确定性带来的风险，而且可以克服高运输费用带来的成本障碍，所以是科技型企业国际化的理想路径。

管理合同是以合同的形式给予公司管理国外目标市场企业日常经营的权力。这类合同中管理只局限于日常经营活动，不涉及产权安排，不授权该涉外企业作出决策红利分配方针、新的资本投资等基础管理或政策。20 世纪 90 年代，以 ODM、OEM 等为代表的管理合同的新形式被广泛采用。这种形式一方面使得母国公司能够降低跨国经营风险和经营成本，集中资源加强核心业务；另一方面也促成了许多发展中国家的企业以这种模式进入国际市场。

交钥匙合同指的是跨国企业利用自身在项目工程管理方面的综合优势，以及在设计、施工、生产等一系列环节的专门知识和经验，通过与目标国的设备购买商订立合同，协助其完成从可行性研究、设备采购到建厂，最后正式投产的一系列活动，从而进入目标国市场。BOT（建设—经营—转让）、BOOT（建设—拥有—经营—转让）、BOO（建设—经营—拥有）这些都是比较常见的交钥匙合同模式。这种模式的风险主要包括政治风险、技术风险、市场风险、不可抗外力风险和融资风险等。

3. 投资式进入模式

这种模式是指跨国公司采用股权控制的办法，来直接参与目标国生产企业的经营管理。从股权结构看，可以采用全资子公司的形式，也可以采用合资企业的形式。投资设立全资子公司和合资企业可以通过自行设立或直接购买外国的公司来获得。投资进入模式是获得控制权最强的模式，渗透程度也最深。但需要花费的资源最多，是面临风险最大的模式。

二、跨文化管理策略

1. 树立正确的跨文化观念

（1）树立全球文化意识。传媒和网络正在打破人们之间和各种文化之间的界限。虽然人类文化的差异存在是普遍的共识，但是具有某些共同特征的独特的全球文化正在出现。全球化的管理人员需要通过全球的系统决策方法把全球各地统合起来，以此来实现资源全球共享。这要求他们要敏感地以一种跨国性的战略来思考问题，并加强协调合作。

(2)客观看待文化差异。文化差异具有客观性,跨国企业的员工具有不同的文化背景,所以价值观念、态度等存在差异。管理者应客观看待文化差异,文化本身并没有谁优谁劣之分。当然文化差异也是一把双刃剑,因为不同的价值观和行为方式可以带来更广阔的视野和思考的方式。但是文化差异也会带来矛盾和冲突,引起关系的紧张,使管理思想和方法没办法得到有效实施。

(3)跨文化管理是人的管理。因为跨文化管理的主体是人,即企业的经营管理人员。将熟悉企业文化的经营管理人员转移到国外分公司,是跨国企业管理中的一个重点,这和企业的产品、经营模式的转移有所不同。跨文化的客体也是人,即企业的所有员工。跨文化管理的目标就是融合不同文化形成一种新型的文化,这种文化需要根植于企业所有成员之中,并通过企业员工的价值观和行为表现出来,达到跨文化管理的目的。

2. 建立统一的价值观

(1)发展文化认同。要在文化差异的基础上求同存异,找到双方都能接受的一些文化共同点。这一方面指的是接受本来就共同的那些东西,可能是制度、精神层面的,也可能是物质、行为层面的。另一个方面也要求接受那些隐藏在特殊东西中的共同内容。掌握跨文化理解与文化沟通的技能和技巧发展对于文化认同非常重要。在具有不同文化背景的人群中,需要通过不断的沟通才能产生理解和信任,理解是促成沟通的首要条件,它要求管理者既要理解自己的文化,也要善于理解他国或其它地区的文化。

(2)建立共同经营观。根据环境的要求和企业战略的需求建立起企业共同的经营观和文化,形成文化共性认识。管理者要提高企业员工文化适应能力,还要对员工进行适当的针对性训练。要通过文化的交汇,达成具有东道国特色的和谐的跨文化经营管理模式,逐步建立起以公司价值观为核心的跨国管理文化。

3. 实行管理本地化策略

行动本地化策略主要包括人员的本地化和语言文字的本地化。

(1)人员本地化。实行人员本地化,不但能充分利用当地人才,降低跨国经营费用,而且还能更好地与当地文化融合,减少当地社会的抵触情绪。假如跨国企业分支机构的管理人员是由母公司派出,那么可能他比较难适应东道国复杂的经营环境,有可能最终影响企业的经营业绩,而且成本也较高。

(2)语言文字本地化。跨国企业管理人员要本着“思维全球化和行动本地化”的原则来进行跨文化管理,语言文字本地化也是重要的一个方面。为了尊重和方便当地员工,减少母公司与子公司之间的文化冲突,公司总部与子公司的沟通文字最好也用当地文字,这也有利于两公司的真正融合。

4. 学习异质文化

(1)营造学习气氛。要鼓励跨国企业的管理者在异质文化环境中学习,这些管理者需要不受自己的文化视角的约束，在管理和经营实践中学习目标市场的文化。要学习目标市场的文化特点，熟悉当地风俗习惯，掌握目标市场的交流手段。还要鼓励跨国企业管理者进行文化间的学习交流，这要求管理者要开放自我意识，学习异质文化新的思想和优势，博采众长。

(2)加强跨文化培训。跨文化培训是防止和解决跨文化冲突的一个有效途径。目前很多企业比较忽视对员工尤其是管理人员的跨文化培训。跨文化培训可以培养和发展员工的观察能力和面对面交流的能力，使这些员工在真实的企业环境中感受对方的文化。通过培训，比较全面系统地讲授对方文化的风俗习惯、法律制度等，提高员工的文化敏感性，引导员工去理解和尊重对方的文化，从而减少文化冲突并提高文化冲突的解决能力。

8.2 市场化条件下的管理创新与发展

8.2.1 市场化带来的机遇与挑战

市场的变化可以说是企业管理创新的动力，企业在进行管理创新的时候要时刻紧跟市场的变化。市场经济浪潮飞速发展的今天，市场竞争日趋激烈，国内外形势正发生深刻复杂的变化。企业要想在这种环境中生存发展，就必须结合企业内在的发展需求，创新管理理念，创新战略管理，改革组织结构及管理体制，对管理规范及业务流程进行优化。企业创新要求管理者掌握市场上最新的各种信息，把握市场的脉搏，做出相关的调整和改变，以此实现企业未来发展的最终目标。

企业在发展过程中将会向职业化企业转变才能适应社会经济和市场环境的不断变化。为了使企业更好、更快地发展，企业需要根据当前的发展大环境调整自己企业的管理方式。同时，企业的管理者要学习适合当下经济市场发展的管理理念，根据时代的变化转变自身的管理理念，摒弃传统的模式，提倡多样化的创新理念的发展。

企业在市场经济的条件下，要积极地参与到市场竞争当中，更加主动地面对市场。要全面细致地去研究消费者，因为市场竞争的核心其实就是要争取更多的消费者。对于企业来说，更高层次的竞争其实是企业之间的文化竞争，企业文化的核心是企业的管理文化，而信誉也是企业文化中面对竞争比较重要的一个方面。管理者需要进一步创新企业的管理思想和理念，实现企业的精细化管理，需要建立激励性行为规范，加强科学决策和权力下放。

企业要有不断的活力，首先要求企业具备优秀的人才队伍。现代市场经济的竞争其实核心就是人才的竞争。要建立科学的人力资源管理制度，员工要在科学激励机制的引导下,充分施展自身的才能,积极地投入工作。企业必须要加大在人力资源管理方面的投入,在物质激励和精神激励这两个方面双管齐下,建立科学的激励制度。员工工作积极性的调动既要考虑薪酬待遇,也要考虑发展空间。企业领导要让员工感受到企业的支持和关爱,所以领导为了了解员工各方面的需求,要时常参与到员工的工作当中,让员工产生对企业的归属感。只有为员工创造舒适的环境,员工才会更好地为企业做贡献,构建一个良好的企业工作氛围。

8.2.2　市场化背景下的管理理念创新

一、共享经济时代

要大力推动包括共享经济等在内的“新经济”领域的快速发展是李克强总理在 2016 年政府工作报告中反复强调的。共享经济正式出现在官方文件中,让更多的人对共享经济产生了兴趣。作为一种新兴的商业模式,一种全新的商业浪潮,共享经济正在以一种快速发展的方式呈现在人们的面前,广泛渗入到从消费到生产的各类产业,有力地推进了产业创新与转型升级。我们正在走进共享经济时代!

共享经济的概念最早由马科斯·费尔逊(Marcus Felson)和琼·斯潘思(Joel Spaeth)于 1978 年提出的,但是共享经济现象却是在最近几年才流行的。共享经济是指拥有闲置资源的机构或个人有偿让渡资源使用权给他人,让渡者获取回报,分享者利用分享他人的闲置资源创造价值。共享经济是对现有的社会资源进行合理的配置,是当前经济发展中的一个重要趋势。共享经济模式充分利用了社会现有的一些闲置资源,进一步提升了资源的利用率,也为日常生活和工作带来了很多好处,改变了我们很多生活方式和生活习惯。共享经济的发展也在一定程度上提升了大家相互之间的信任感,在不同类型资源使用权的快速有效流转中,社会整体福利也得到了提升。

在国内,随着互联网以及移动互联网的发展,共享模式已经成为众多创业者的重要选择,尤其是“大众创业、万众创新”更是推进了这股热潮,从知识技能、科研实验、生活服务、医疗保健、物流快递、交通出行、在线创意设计、营销策划到餐饮住宿、资金借贷,共享经济已经渗透到几乎所有领域。在知识技能分享上,如智慧、知识、能力、名医主刀,代表性平台企业有猪八戒网、Coursera、知乎网。在劳务分享上,主要集中在生活服务行业,代表性平台企业有河狸家、京东到家。在空间分享上,如住房、办公室、停车位、土地,代表性企业如小猪短租、Airbnb。在产品分享上,如汽车、服装、玩具代表性平台企业如衣二三、滴滴出行、Uber、易科学。在生产能力分享上,主要表现为一种协作生产方式,包括能源、农机设备、信息基础设施、WiFi 万能钥匙,代表性平台企业有阿里巴巴“淘工厂”、

Applestore 等。在资金分享上，如 P2P 借贷、产品众筹、股权众筹，代表性平台企业有京东众筹、陆金所、Kickstarter。

面对日益复杂的经济环境，中国的企业在自身的发展过程中要面临各种各样的机遇和挑战。要想在日趋激烈的市场竞争中保持旺盛的生命力，做到基业长青，需要不断地实现自身的管理模式的创新。在当前共享经济的背景下，企业要更加重视管理模式的创新，实现自身管理观念的升级。

总体来说，共享经济时代，观念升级可从以下 3 个方面具体入手：第一是要树立全局统筹观念，优化资源配置方式。要从企业的战略高度出发，对企业和社会资源进行更加有效的利用，统筹兼顾，实现资源的优化配置。企业提高自身与外部的联系程度，更加及时有效地了解市场需求，实现服务或者产品的个性化定制生产模式。第二是要积极开展电子商务活动。企业要认识到电子商务活动的重要性，思考如何将线下资源与线上资源进行整合，从而降低企业的交易成本，提高交易效率。第三是要积极利用长尾优势。在主流产品之外，还要重视非主流产品，以便为企业的长远发展奠定基础。企业可以利用网络技术来降低成本，提供个性化定制服务，最终达到提升企业竞争优势的目的。

二、商业生态系统理念

传统的产业正在消亡，产业作为描述商业活动的一个概念已不再有效，替代产业的最佳说法或许是商业生态系统。一个商业生态系统可能横跨好几个产业。以微软为例，它置身于四个大产业中：个人计算机、信息服务业、消费电子业和通信业。如比尔·盖茨这样的企业领袖其实正在与传统的商业方式决裂，并创造出崭新的商业生态系统。

所谓的商业生态系统，是指以组织和个人的相互作用为基础的经济联合体，是投资商、政府、供应商、生产商、销售商、消费者、市场中介等以生产商品和提供服务为中心组成的群体。这些参与者在一个商业生态系统中发挥着不同的功能，它们各司其职，形成相互依赖、互利共生的生态系统。在这个商业生态系统中，虽然每个参与者有不同的利益驱动，但身在其中的组织和个人资源共享、互利共存，注重经济、社会、环境综合效益，共同维持系统的延续和健康发展。

2014 年，在阿里巴巴 IPO 的招股说明书中，马云向投资者发布一封公开信，表示阿里巴巴不是一家拓展技术边界的科技公司，而是一家主要通过持续推动技术进步，不断拓展商业边界的企业，并依靠众多参与者建立了一个生态系统。马云称阿里巴巴不会成为商业帝国，而是打造开放、协同、繁荣的商业生态系统，帮助小微企业和消费者。这个复杂的生态系统注定不会呈现简单的商业模式。同样因为系统复杂，也让竞争者不容易轻易模仿。阿里巴巴意图跳出电商的范围，以大数据、云计算、支付网络、智能物流网络等为基础，吸纳文化、教育、医药、娱乐和体育等各种领域,不断拓展商业边界,构建竞争者难以模仿的商业形态。一种商业模式在被创新出来后,短时间内或许是有利可图的,但一定不会四季常青。因为消费者需求的变化越来越快且难以捉摸,呈现出个性化和去中心化的特点,唯有循环流动的生态商业模式才能让企业生存发展下去。

处于商业生态系统中心的企业有 3 种不同的战略可以选择:核心型战略,主要是充当商业生态系统调控者的角色,通过影响这个系统的特定行为而维持生态系统的健康;支配主宰型战略,主要是通过纵向或横向一体化来控制和管理某一生态系统;缝隙型战略,主要是着眼于专业化和差异化,把自己独特的能力集中在某些业务上,然后利用其他企业提供的关键资源来开展自身的经营活动。

从根本上说,核心者所采取的行动是为了改善生态系统的总体健康状况。在这样做的同时,核心者自身的持久绩效也得到了保障。企业成为这样核心者的办法是:利用自己在网络中所处的关键中心地位,与网络成员一道共同创造价值并分享收益。从核心型战略有效实施的角度看,它要求采用这类战略的企业能在价值创造与价值占有之间取得妥善的平衡,要是从网络中抽取了过多的价值,中心企业就会从核心者蜕变为坐收其利者。

支配主宰型可以分成两类,一种是典型主宰型,另外一种是坐收其利型。前者在行动上表现为,通过纵向或横向一体化,拥有或者直接控制网络的大部分节点。这样一来,主宰型企业就成为直接而独自的负责这个网络中绝大部分价值创造的主体,并且可以独享其利益,而没有留下多少机会可以让其他企业参与到有意义的生态系统创建中。后者则是价值独占者,它不是着眼于控制网络中的价值创造活动,而是单纯的为了在价值分配方面谋求控制力。它没有给网络提供多少价值,而是将网络中的价值自私地据为己有,使其周围的生态系统面临入不敷出和不稳定的威胁。

在商业生态系统中,对于大多数企业而言,缝隙型战略是一种比较合适的战略。缝隙型企业着眼于拥有开发或增强其专长的能力,以使自己区别于网络其他成员。它虽在网络中仅占据一个狭小的缝隙,但它可以利用网络所提供的资源。缝隙型企业对外部资源的有效利用,有助于增进整个生态系统的健康,另外还起到的一个重要作用就是,通过自己所扮演的角色促使居于网络中心位置的那些企业采用有效的核心型战略。因为核心企业需要依赖缝隙型企业的参与,才可能使其生态系统丰盈起来。

8.2.3　市场化背景下的管理方法创新

一、构建无边界组织

20 世纪 90 年代初,伴随着市场竞争的日趋激烈、信息技术的高速发展以及全球化的到来,外部环境由稳定的变为不可预测性和极具变化性的,那么作为官僚体制的前提条件就发生了一个根本性变化,找出新的组织形式是实业界和理论界共同的努力方向。扁平化组织、学习型组织、虚拟组织、战略联盟等概念纷至沓来,这些概念从不同角度阐述新环境下组织的变革。虽然这些概念都有各自的特殊之处,互相之间有一定的差异,但组织边界的模糊化和可渗透性是这些概念存在的一个共同特点。正是由于这样一个共同特点的存在,这些概念所体现的组织形式可以被统称为无边界组织。

无边界组织更像一个活生生的生物有机体,而不是一座固定城堡。它存在各种特殊的"隔膜",使得这种组织具有外形和界定,但并不妨碍资源和信息的传递,以及在这些"隔膜之间穿越"。无边界组织是建立在信息网络高度发达的情况下注重速度和弹性的一种有着高度适应性的组织形式,可以对外部环境的变化做出迅速的反应。可以通过各种方式打破传统组织的四种边界,来创建无边界组织。

(1)打破组织的垂直边界。组织旧的垂直边界主要是按照金字塔结构构建的等级制度,组织按各自的职权划分为层级机构。打破组织的垂直边界实质就是一个组织扁平化的过程,把权力下放到基层,可以让那些最接近事实并且对事实的结果直接负责的人来做出决策,内部各个层级之间是互相渗透的,这样可以最大限度地发挥各自的能力。打破垂直边界的具体方法包括以下几个方面:信息共享、权力分散化、建立基于绩效的薪酬体系、培养员工的领导能力等。

(2)打破组织的水平边界。组织旧的水平边界主要是指组织按各个组成部分的职能不同而划分成的一些不同的职能部门。无边界组织则是要突破各个职能部门之间的边界,使各部门连为一体,形成统一的系统。正如杰克·韦尔奇提出的无边界组织通用电气公司一样,将生产、工程、营销以及其他职能部门之间的障碍全部消除,让部门之间能够自由流通。在这个过程中,要遵循以下 4 个原则:用一个面孔面对顾客、一切以顾客为中心、组建多功能团队、分享知识。

(3)打破组织的外部边界。组织外部边界是指企业与竞争者、供应商、顾客、社区、政府管制机构等外部环境的界限。这些外部边界在传统企业中是一种非常明显的特征,这种边界使大多数企业与外部环境之间隔离开来。无边界组织则把外部的界限拆除,共同构成一个创造价值的系统,让企业与竞争者、供应商、顾客、社区、政府管制机构等外部环境融合,这样做的目的是真正能够更好地为顾客进行服务。打破外部边界的具体方法有:战略联盟管理、供应链管理、虚拟化经营、网络化经营。

(4)打破组织的地理边界。组织的地理边界是组织水平边界的一种特殊形式,是在组织内区分国家、文化、市场的界限。组织地理边界会导致一些管理上的滞后,比如说会导致一些新方法、新思想只能局限于组织的某一个市场而难以传播。而在无边界组织中,由于组织的地理边界慢慢被打破,处在不同国家的组织部门也可以很好地进行相互学习,组织之间的地理隔绝没有实际上看到的那么远。打破组织的地理边界可以通过以下四种方法:雇佣具有全球背景的高级管理人员、克服文化的差异性、建立全球化组织、制定全球化的战略和本土化的策略。

二、竞合战略

竞合战略泛指通过与其他企业合作来获得企业竞争优势的战略,是博弈理论的一个产业化应用。争取价值的本质是竞争的过程,创造价值的本质是合作的过程,竞合战略是双赢思想的体现。竞争与合作是不可分割的整体,竞合战略就是竞争中求合作,合作中带有竞争。通过合作中的竞争、竞争中的合作,实现企业组织的共存共荣,一起发展。

竞合的战略模式,表现为竞争主体之间既是伙伴又是对手,既合作又竞争,彼此之间在创造共同价值中合作,在分配价值时竞争。这种竞争是"你活我也活""你赢我也赢",而不是"你死我活、你输我赢"的残酷竞争。竞合强调要共同将利益蛋糕做得更大,使得双方都受益的共赢式竞争,竞合战略这种全新的互惠互利型合作竞争是博弈论所追求的均衡状态。企业之间存在着共享利益的愿望,存在着把市场共同做大的可能,从而推动竞争达到更高的境界与阶段。概括来说,竞合战略的实施条件主要有以下 6 个方面:

第一,竞合战略中竞争与合作的程度主要取决于交易成本和组织间协调成本的差异。如果企业间的协调成本较低,而市场交易成本过高,这种情况下,经济活动应该在企业内部进行,合作的水平可以适当增加。反之,若市场的交易成本足够低,经济活动就可以通过市场竞争来完成,那么竞合的天平应该向竞争方向倾斜。

第二,竞争与合作的程度受到产业生命周期的阶段影响。如果一个产业生命周期处于发展阶段,那么这个产业具有足够的市场潜力,这时产业内企业的竞合战略就应该以合作为主;如果产业处于成熟期,那么竞争对手之间的产品和技术日益趋同,产业内的企业只能通过不断的竞争来实现盈利,竞争的程度就会更明显一些。

第三,越同质化的市场,越可能趋向于高度竞争。消费者需求的个性化程度所导致的产品差异性越大,越有可能出现合作。因为大家差异性比较大的时候,满足顾客的需求也是不同的,这时候竞争的程度就被淡化。在所有的行业中,IT 服务业展现出最具差异化竞争特点,而这个行业也的确表现出非常具有同业合作精神的一面。

第四,产业技术变化速度越快,同业之间合作的可能越大。因为技术革命最可能改变一个产业的整体生态环境,这种改变是一种破坏性的改变,当生态环境变化过大时,大家可能一起遭到淘汰。当这种情况出现的时候,同业竞争者可能会联合起来一道回避风险,合作此时大于竞争。

第五,行业内商业知识的隐性程度越高,越可能出现合作。因为当一个行业的知识隐性程度越高的话,行业创新的复杂程度就变得越高,这时候单纯靠企业自身的力量是有限的,合作有利于企业和整体行业的发展。如制药行业就是一个高度创新的行业,而在这个行业里,同类企业进行研发方面的合作是非常普遍的事。

第六,外来竞争对手的竞争压力越大,越有可能出现合作。当外部出现一个强大的共同竞争对手的时候,企业为了生存问题,就会放下竞争,进行合作,共同抵御这个强大的竞争对手。比如说,前几年持续的铁矿石谈判之争的事件,面对国际铁矿石价格的不断上涨,上游原材料供应商对行业利润不断挤压,国内钢铁企业生存日益变得艰难,最后只有进行广泛的合作才能使国内的钢铁企业生存和发展。

8.3 信息化驱动下的管理创新与发展

8.3.1 信息化带来的机遇与挑战

信息化是信息资源、信息技术以及信息产业在国民经济和社会中的作用不断强化的过程。信息化在当前最明显的表现就是给人类社会创造了一个网络环境。信息时代的到来以及信息技术的不断升级,人们传统的沟通方式也被各种社交工具改变了,人们的日常生活受到了线上交流方式的深刻影响。在信息化发展的今天,互联网在日常生活中的关键性作用越来越明显,企业要通过不断的改革创新才能在竞争日益激烈的市场中站稳脚跟,获得可持续的发展。

企业信息化指的是企业为了实现企业的高效运行,大大地提高企业的核心竞争力,而采用网络信息化技术,对各种资源进行整合和利用。信息化背景下的市场经济发展提出了新的要求,这对于企业来说是机遇又是挑战。与以往企业的传统经营、管理等形式不同,信息化建设是一个漫长的过程,只有推进各个环节的信息化变革,利用新的创新管理理念、提高管理水平,才能保证企业可持续发展。

信息化时代具有以下 4 个方面的特征。其一是电子化,机械化生产逐渐被网络以及光电所取代,所以人类在创造财富的过程中,更加强调柔性生产,就是以信息科技作为发展方式来进行财富创造;其二是智能化,知识已经变成了创造财富的重要资源之一,知识生产已经变成了一个主要的生产形式;其三是全球化，信息技术的普及应用使得时间界限和空间界限逐渐淡化，明显推动了全球化的整个发展进程；其四是非群体化，信息交换已经遍及各个领域，促进了企业之间的信息交流，个人与个人之间也在不断的进行信息交换。

迈入信息化时代之后，信息技术和网络技术使得全球各个国家的企业在经营管理方面发生了很大的变化，而不仅仅只是改变人们的工作生活方式以及思维方式。企业管理者需要具备较强的市场应变能力，快速地去适应外界环境的变化。而且随着信息化时代的到来，企业管理阶层必须转变自身的管理观念，在不损害各方利益相关者的合法权益的前提下进行经营管理，避免给社会公众利益造成损害和对生态环境造成破坏。

企业是在开放的社会环境中开展各种经营管理活动的，在信息化环境下，产生的各类信息并不确定，信息流通也很不对称，所以外部的市场发展并不平衡。这就要求企业的管理理念需要具备基本的自我调节和灵活应变能力，能够快速做出调整，灵活地应对市场环境的各种变化。

8.3.2　信息化背景下的管理理念创新

一、“互联网+”理念

“互联网+”依托互联网信息技术实现互联网与各种传统产业的联合，以更新业务体系、优化生产要素、重构商业模式等途径来完成经济的转型和升级。“互联网+”代表着一种全新的经济形态，这种形态的最终目的在将传统产业与互联网深入融合，提升经济生产力，最后实现总体社会财富的增长。

信息化时代，传统企业必须转变管理理念，重新审视与思考市场、消费者、产品、公司价值链。为了对企业管理模式进行改革创新，弥补企业管理中存在的漏洞，需要将“互联网+”思维与企业管理相结合。“互联网+”时代企业商业经营模式主要有以下 3 种模式的创新发展。

(1)虚拟经济。虚拟经济主要指在线经济，并不是看不到的经济形式。新闻、游戏以及支付等这些产品的成本低、收益率高，是典型的互联网市场产品，这些产品能够部分替代实体产业，促进企业发展。

(2)体验经济。这种模式鼓励广大用户共同参与到产品的设计中，通过用户的参与并收集用户反馈信息，直接让用户更加直观地体验到产品，更好地调动顾客的购买欲望。互联网具有诸多优势，体验经济这种模式中用户对产品体验方面的优势显得尤为突出。

(3)平台经济。随着信息技术的迅猛发展，电子商务、应用商店以及游戏等各种平台经济模式得到了快速的发展，并且呈现了多元化发展的趋势。平台经济一方面可以有效地降低用户成本，另一方面也能够满足用户各种方面的需求，因为这些平台的构建并不复杂,在其规模发展的过程中比较少会受到环境和市场发展制度的约束。

二、大数据时代

大数据指的是传统技术下,无法满足的采集、管理与统一分析的海量数据的集合体。随着我国经济与科技实力的不断增强,大数据时代也悄然降临。在当前背景下,很多企业都在运用模式与管理体制上遭受巨大的冲击。企业内大数据时代主要指的是依托网络技术将大量数据进行经济价值的具体分析,以提高企业在各领域的生产效率。

大数据时代的特征主要包括以下 4 个方面:其一是数据的大量化,主要是指数据以不同形态不同类型源源不断地产生从而导致的数量聚集。其二是数据的复杂化,主要体现在其类型的多样上,根据结构化程度的不同可以将大数据划分为不同的类型。其三是数据的快速化,主要是指数据在产生以及处理、分析的过程中,花费的时间逐渐减少。随着数据量级的不断增加,人们对于大数据快速化的特征有了更加深刻的理解。其四是大数据的价值,通过对大数据的各方面的信息挖掘,可以挖掘出巨大的价值,大数据潜在的价值是无限的。

伴随着当前经济全球化趋势的不断加深,大数据也遍布在影响各地区各领域的企业。多元化大数据的出现,给企业未来的发展指明了前进的方向,可以进一步促进企业综合实力的提高。在大数据时代,企业在对顾客或经营数据进行经济价值的分析过程中,还要面临不同结构化的数据,给他们带来了不小的难题。所以,企业本身也要提高对信息的处理能力,才能在对海量具备时效性的数据进行分析的时候,让时效数据为企业的发展提供最有效的信息,发挥出最大的作用。

企业在大数据的时代下,要想促进自身的发展,还需要将重点放在对这类数据的安全保障上。在企业大部分的结构性数据中,一般都拥有诸如企业财政、客户信息等隐私信息。需要制定相关应急反应机制,防止不法分子对数据的破坏和盗取,造成严重经济损失。随着各领域企业对大数据的认知逐渐加深,企业自身的决策过程也受到了大数据的引导,企业会根据对数据进行处理与分析的结果,判断出最适合企业今后发展的方式方法。

三、云计算环境

作为一种基于互联网的新兴服务模式,云计算自 2006 年由 Google 执行董事长埃里克·施密特(Eric Schmidt)首次提出到现在,已经受到了世界各地的 IT 从业者及普通消费者的关注。从互联网诞生到今天,云计算即使不算是一场革命,也算得上是最为深刻的变革。它正以极富挑战性的方式改变着企业的内部结构以及运营模式。

云计算是基于互联网的相关服务的增加、使用和交付模式，一般涉及通过互联网来提供动态易扩展且经常是虚拟化的资源。云计算模式是一种按使用量付费的模式，这种模式提供便捷的、可用的、按需的网络访问，然后进入可配置的计算资源共享池，这些资源能够被快速提供，这个过程只需投入很少的管理工作，或者与服务供应商进行很少的交互。各种云计算的应用服务范围正日渐扩大，XenSystem、Intel 和 IBM 这几个云计算服务在国际上已经非常成熟，云计算在未来经济社会中的影响力无可估量。

云计算服务能够提供企业所需的各种 IT 基础设施、平台和软件服务。云的规模可以动态伸缩以满足应用和用户规模增长的需要。初创企业不再需要担心一次性大笔的 IT 投资，只需按需支付很少的钱就能搭建业务所需的平台，快速地实施自己的商业计划。而且如果企业想要实现规模的扩大，不再需要制定长期的 IT 规划，也不必进行昂贵的硬件采购和繁琐的软件安装与开发。这种计算资源的易得性和可扩展性是传统 IT 技术所不能提供的，这也是云计算最直观的优势体现。

云计算的广泛使用为云服务提供商、云服务使用者和其他云计算生态系统的参与者们提供了创新的驱动力。采用云计算后，企业的 IT 部门就能从日常繁琐的管理维护工作中解脱出来，更好的与业务部门合作，专注于企业的核心业务，利用创新技术给客户带来更优质的服务。而且，作为新一代 IT 革命的云计算同样会在未来创造更多的新业务和新产品，商业市场上将建立更多开发、销售和交付这些新产品和服务的新公司。

8.3.3　信息化背景下的管理方法创新

一、互联网众包策略

互联网众包对企业的发展发挥着越来越重要的作用，逐渐受到了更多企业的关注。总的来说，互联网众包是以互联网为媒介，通过网络终端将全球人才和资源连接起来，并利用企业外部人力资源所形成的资源网络，发挥网络大众多样化和个性化的资源。

贺维(Howe)将互联网众包模式界定为："企业通过互联网平台，把本应由企业内部员工和外部合作伙伴完成的任务，分包给网络大众群体去完成。"从这里可以看出互联网众包模式存在 3 个方面的特点：首先，最突出的一个特点，就是企业把原本内部的一些职能外包给了企业外部的网络大众；其次，这些外部网络大众是没有清晰界定的群体，甚至可能不是这个行业或领域内的专业人员；再次，这些网络大众是具有主动性的，可以自由决定是否参与、怎么参与。互联网众包模式是一种可以聚集人才、利用智慧又能降低成本和时间的一种新模式，有效地改变了人力资源的配置模式。

互联网众包模式与项目外包存在着3点区别。第一点差别是合作的出发点不同。解决内部遇到的难题,寻求企业外部的创意是互联网众包的主要出发点,而降低成本是企业实施项目外包的主要原因。第二点差别是参与主体不同。互联网众包模式借助的是任何可能的网络大众,而项目外包中企业通常借助的是外部的专业化资源,专业化组织能够以更短的时间或更低的成本完成这些任务。第三点差别是参与方的合作形式存在差异。互联网众包强调企业与网络大众进行互动,使得大众能够真正参与到企业的价值创造活动中,而项目外包着重强调的是不同参与主体之间的配合。

最先将互联网众包模式运用到其全球经营战略中的是宝洁公司,宝洁也因此取得了巨大的成功。在这之后,欧莱雅等许多跨国企业也陆续将互联网众包模式运用到全球战略中,国内的众多知名网站如百度等也都积极尝试互联网众包的运作模式。InnoCentive是比较有代表性的平台形式,宝洁、波音以及杜邦等知名公司在该网站上发布企业遇到的难题,全世界的科学家和人才自愿承包这些互联网众包项目。随着它的不断发展,相信会有更多的公司采用互联网众包模式。

目前,互联网众包模式包括集体智能、大众投票、大众创造和大众集资4种基本类型。

集体智能,是企业通过建立一个来源广泛的、人数众多的、多样化的劳动力网络,并借助这些拥有丰富多元化知识的群体,来分析预测某种事物的发展或解决难题。采用大众智慧的互联网众包平台,企业在这个平台上的网络社区张贴企业内部无法解决的研发技术难题,征募全世界的人才来帮助企业解决;与此同时,科学爱好者可以提出自己的解决方案,优胜者将会得到来自企业的报酬和奖励。

大众投票,是企业依靠普通大众对事物分析的水平,来对资源进行归类和处理。比如说,大众点评根据分析消费者对餐饮的偏好,向其他有类似偏好的消费者推荐他们有可能喜欢的菜品;搜索引擎网站将大众对某一类产品的搜索结果进行排列,然后从这些结果中,厂家可以了解哪些类型或样式的产品最受大众欢迎。

大众创造,是企业将内部的任务分发给大众,然后通过大众的智慧和努力来创造某种产品或服务。百度百科、互动百科、土豆网等都是大众进行创造的平台。用户在百度百科和互动百科的网站上,创建、编辑、修改各种词条,共同开发完成一部百科全书;优酷网的用户,进行视频的制作、上传、浏览、评论、收藏、打分等互动行为。由以上可以看出,用户自发创造了本应由企业提供的产品或服务,用户已经参与到了网站的平台架构之中。

大众集资,则是越过传统金融机构,由人民大众的集资来提供基金完成某种产品或服务的创造。其中,P2P 模式就是通过大众集资的方式来为个人和小公司提供小额贷款。

在企业的互联网众包实践中,这 4 种典型的互联网众包模式都是可以在实践中组合应用的,而不是总是独立运用某种单一的模式。例如,猪八戒网站是我国比较领先的服务类电子商务交易平台,它综合了大众创造和集体智能这两种模式。在该网站里,所有的用户可以在网站上发布产品需求或服务需求,然后在网站群体里寻找自己需求的人才,利用他们的智慧进行产品的开发或服务的创造。此外,众筹网则综合运用了集体智能和大众集资两种互联网众包模式。

二、云创新模式

云创新这个词语起源于云计算,其通过云计算平台建立全球范围内不同技术知识人才的联系,来组建一种可全面体现云计算智能化、规范化的创新服务模式。云创新作为一种全新的模式开始在全球展开,是人类未来的发展趋势。将丰富的创新资源进行集聚并整合,为那些希望采取全新模式来实现可持续发展的企业提供营养源,使这些创新型企业可以在这种创新的模式下,建设管理体系、提高自身的管理能力、改变管理绩效,最终成为行业市场的领军企业。

云创新模式,是在开放式创新和全面创新的基础上,伴随着互联网、信息技术、云计算兴起演化而来的一种新型的创新模式,其具备创造性和适用性,是在人类社会进入互联网时代以后,以互联网的大范围、大规模应用为最主要特征的新型创新模式。云创新模式与传统创新模式最大的差别在于,云创新更加适应现代社会的发展规律,可以和当今的企业发展模式进行很好的对接,更好地适应当前互联网时代这样一个大背景。当云计算这个概念出现以后,云创新模式就开始逐渐显现出来,并迅速地占领了中高端的企业管理市场,很多企业因为云创新的管理模式而得到高额的收益。

国外一些知名企业较早时候就将云创新模式运用到企业自身的管理发展之中,并取得了一些较好的经济效益。2006 年,IBM 公司首次在这个领域实施了全球网络创新研讨大会,有来自 100 多个国家和地区的共计 35 万名员工参与了这次可以集思广益的创意研讨。当这次会议结束的时候,IBM 公司总共收获了超过 3 万多种创意,并通过科学的分析和筛选,从中选择 300 个具备实践意义的创意,然后由专业的创意研究人员对这些创意进行进一步的整合与优化,最终形成了十个顶级创意,这十个顶级创意成为 IBM 公司未来发展中十项支柱型的商业计划。这次活动,不但使 IBM 公司收获了大量的人气,也向全世界展示了自己的理念和品牌形象,虽然有 1 亿美元的成本花费,但也同时省下了大量的广告费用,并且为企业吸引了大量的优秀创意型人才。这些人才进一步加强了 IBM

公司的人才储备量,为IBM公司的转型发展提供了重要的基础动力。创意大会举办之后,IBM公司的股价就开始不断上涨,整体市值直接上浮了20%,而且也带来了很多隐性的收益。可以说,这一次的创意大会为IBM公司的发展壮大提供了重要的动力,并带来巨大的经济价值。

云创新模式将从根本上改变人们的工作模式和商业模式,这种创新模式对于我国有着重要的战略意义,是发展高新技术产业、突破国外技术壁垒的一个重要途径。在云创新这样一种模式下,企业管理可以采取以下3个方面的措施来进行改革创新。

(1)信息沟通方面的管理措施。对企业原来的沟通机制进行全新的改变是云创新模式下的一种要求。可以通过云创新模式对企业管理产生影响,使企业内部的沟通升级成为一种高效的沟通。信息的来源渠道随着时代的创新发展变得越来越丰富,有些信息从非正式沟通渠道比较容易获取,在正规渠道却比较难获取。这就导致云创新企业需要构建内部的非正式沟通机制,比如可以通过建立企业内部的网络论坛来对员工的真实想法进行及时了解,借此采集有价值的信息;也可以通过开展沙龙等活动来了解员工的利益诉求以及对企业发展的建议,这样可以使企业更好地开展内部管理工作,保障企业内部创新信息的顺畅沟通。

(2)企业内外部环境要素的管理措施。跳出原有的思维固化模式,紧紧跟上科技的最新潮流是云创新模式下的一个新要求。企业要认真思考如何在云创新模式环境下重新建立企业内部控制体系,改变原来的管理组织架构,着重于创建一个有利于云创新模式的内部环境。利用积极宣传、沟通、学习等形式,培育积极的企业文化,让企业内所有员工学习掌握云创新模式下企业内部控制的特点,确立内部控制的规章制度,培养全员风险管理意识,有利于良好的企业文化的形成,最终成为员工的日常工作行为准则。云创新的企业管理过程中,还要改善企业的内部控制环境,为企业管理模式的升级优化创造一个有利的环境,减少企业转型过程中的阻力和障碍,最终提高企业的经济效益。

(3)风险识别、风险评估等风险管理的措施。加强企业员工的业务能力素质培训在云创新模式下是非常有必要的,另外还需要增强员工识别风险的能力,让员工在面对风险隐患的时候能够迅速地做出有效应对,提高企业的安全率,降低企业的损失。在面对诸如知识产权等法律安全隐患问题的时候,管理者需要加强对员工在该方面的专业知识培训,让员工真正了解和认识云创新可能在各个环节所面临的风险。企业在对外部风险进行评估的时候,还要进行现场调查走访、访谈使用云服务的企业,从而对云服务商内部管控部署等内容具有一定的了解,更加科学地去评价云服务商的云用户数据隐私管理机制,只有这样,云服务商选择不当而引发的风险和造成的损失才会被避免。

【案例分析】平台经济的“莆田探索”

近年来，莆田传统产业面临发展困境，进入转型升级的关键期，为此，当地政府与企业、银行联合，搭建平台，整合制鞋、工艺美术、木材加工、民营加油等产业资源，把莆田GNP变为GDP，目前已取得一些成效，形成一定经济规模。“推动高质量发展，加快赶超步伐，是当前的一项重要任务。”莆田市委书记林宝金提出，要构建大平台，突出特色、集聚发展，通过市场主导，统筹融合发展，打造一批具有区域影响力的平台型交易中心，培育一批特色鲜明、竞争力强的平台经济品牌企业，形成一批功能完备、配套完善的平台经济集聚区。莆田市市长李建辉指出，发展平台经济要注重用互联网思维，突出特色产业支撑；要瞄准高端，积极引进龙头品牌企业和专业人才团队；要加快发展新金融，不断提高服务平台经济的能力。

（一）平台集结，形成方阵

“福建省仙作运营有限责任公司正在注册当中，负责打造仙作供应链平台。”仙游县工美局局长黄杰说，“公司由市县两级政府介入，给企业树立信心。三福、鲁艺、凯丰里三家龙头企业共同出资，采用混合制经营模式。”为了整合原料资源，福建省仙作运营有限责任公司将吸收具有原材料合法采购渠道，或者具有原材料基地的仙作企业作为子公司或合作企业。针对仙作以往粗放式的发展模式和被动销售局面，仙作供应链平台将完善线上线下交易和结算环节，做到统一质检、定价、销售、结算、保险和售后服务，统筹仙作生产市场和全国销售市场。

其实，说到莆田平台经济，制鞋行业的众协联供应链平台当属首创。2017年5月，莆田市政府牵头与双驰、华峰等7家鞋业龙头企业组建了莆田市众协联投资公司，并与斯兰集团共同合资创办莆田市众鞋网络科技有限公司。

除了仙作、众协联单一产业供应链平台，莆田还组建了综合产业供应链平台，即大工美之家平台。大工美之家是一个产业跨界融合平台，集设计研发、质量检测、销售体验、售后服务于一体。大工美之家（福建）发展投资股份公司副总经理颜世榕说：“目前工艺美术产业缺乏龙头引领，品牌意识、创新设计滞后，需要重点突破。”2017年9月，莆田市委市政府在北京召开对接项目签约会，与工信部工业文化发展中心签署协议，共建“大工美之家（福建）投资股份公司”。由工信部工业文化发展中心牵头设立创新融合研究院，目前已经入驻莆田国艺文创城，汇聚了全国著名科研院校的设计资源，共同设计研发产品，为平台输入具有自主产权、符合市场需求的个性化定制产品。

为提升莆田在外特色产业整体竞争力,促进民营加油站经营模式创新,2018年1月,“智慧能源”平台在北京成立,首期已有4300多座民营加油站加盟。在莆田秀屿木材加工区,将打造一个无醛木业展销平台,整合莆商在木材贸易终端市场的优势,以及无醛木板产品优势,最终形成一个全国最大的无醛木业产品交易中心,集设计、展示、体验、电商、拍卖和配送于一体。

(二)精心筛选,从优招商

少了文化元素,用多贵的材料生产出来的家具,也仅仅是实用的家具,而不是值得珍藏的收藏品;少了工艺创新,跟风扩张只会加速产业走向没落。2017年,《仙作古典家具》标准通过了中国标准化协会的论证,并颁布实施,规定了仙作古典家具的要求、试验方法、检验规则、标志、产品质量明示卡、包装、贮存与运输的要求。

“回归理性、回归文化本质,制定行业标准,以标准化推动产业发展。”参与标准制定的三福集团董事长黄福华介绍说,标准化是支撑产业健康发展的必备条件,是培育优秀品牌、支持优秀企业发展的重要手段。借助《仙作古典家具》标准,仙作供应链平台在招商时有了参考。“仙游现有红木企业4400多家,参差不齐,必须经过筛选,不是所有企业都能进入平台,只有那些工艺符合标准的优质企业才能入驻,形成优胜劣汰机制。”黄杰说,平台主要由三福、鲁艺、凯丰里三大龙头企业负责招商,仅三福集团,旗下就有一百多家子公司。

在双驰集团,记者翻开众协联招商手册,可以看到两种招商方式,一是线上招商,主要在阿里巴巴等网络平台进行,另一种是线下招商,通过全国各类鞋材鞋类交流会议。目前,平台入驻商家平均每个星期以3至4家速度递增。为了扩大招商,众协联供应链平台给予入驻企业优惠政策:自2017年11月21日起采购额达500万元以上的莆田市规模以上企业进行奖励。其中,采购金额500万元至1000万元的,按已结算采购额的2%进行奖励;采购额在1000万元以上的,按已结算的采购金1%进行奖励。单个企业年度奖励金额最高不超过50万元。“除了现有的优势资源,平台自身也要通过精细分工、专业运作,做出成效、品牌、信誉、规模,这样自然就会吸引众多商家和人才入驻。”颜世榕如是说。

(三)动能强劲,蓄势待发

整合行业上下游供应链,降低经营成本,提高产品质量,加速转型升级,实现逆势突围,这是莆田打造平台的目的。以鞋业为例,“莆田鞋业以代工为主,利润低,同时又各自为战,与供应商的议价能力差,处于比较不利的地位。”莆田市众鞋网络科技有限公司实施部经理吴超伟说。近几年,制鞋原材料价格上涨了15%至20%,大幅挤压了本就微薄的代工利润空间,而且鞋企贷款利率平均上浮 30%至 80%，融资成本高、渠道偏少，限制了产业的进一步壮大。而工艺美术领域，不管是金银珠宝还是仙作红木，都存在研发设计滞后的问题，模仿抄袭并不少见，有些商家还偷工减料，以次充好，严重损害了区域品牌。

产业平台的搭建，将扭转眼下的不利局面。“通过互联网技术，为莆田鞋业产业链上下游企业提供创新性云供应链平台服务，帮助鞋企加强与上游供应商之间的紧密协作与运营效率，同时推动鞋企创新科学管理模式，重构产业链条。”莆田市众鞋网络科技有限公司总经理李锦彬说。众鞋网络旗下有两个平台产品，一个是众鞋鞋材 B2B 商城，涵盖全市鞋企所需的各种原材料，为鞋企提供采购、现货竞价、物流等服务；另一个是供应链管理协同作业平台，为鞋企提供集中采购、金融服务等。据了解，众协联供应链平台已注册入驻 2642 个商家，累计交易近 40 亿元，通过集中采购、现货竞价等方式，平均为企业降低采购成本 15%左右。此外，还累计为鞋企融资 1 亿多元。

“两年内，仙作供应链平台交易规模将达到 100 亿元，五年后，预计超过 500 亿元。”黄杰认为，该平台不仅整合了资源，提升了市场管理水平，还创新了营销模式，保护了仙作品牌，将给企业和行业拓宽市场，实现高质量发展。“红木原来交易都是大木料，运输成本高，以后通过平台，入驻商家可以将设计好的作品提供给厂家，由厂家加工成半成品以后再运走，这样既降低运费，又减少原料的浪费。”在颜世榕看来，大工美之家平台不是为了销售而销售，除了抱团采购降低成本之外，更重要的是从产品源头设计出发，促进工艺美术供应链结构性改革。

（案例节选自福建日报 2018 年 5 月 10 日期莆田观察专版报道，作者为林剑波，林剑冰，连炎淋）

讨论题：

平台经济体现了哪些新的管理理念？莆田市在哪些行业形成了比较有特色的平台经济？

复习题

1. 全球化背景下，如何创新管理理念和方法？
2. 市场化条件下，如何创新管理理念和方法？
3. 信息化驱动下，如何创新管理理念和方法？
4. 跨文化管理可以采取哪些策略？
5. 什么是无边界组织，如何构建无边界组织？
6. 什么是互联网众包，有哪几种策略可以选择？

参考文献

1. 聂正安．经济全球化背景下企业管理的 8 个核心观念[J]．化工管理，2002，(2)：30-31.

2. 沈科兰．我国企业国际化市场进入模式研究[D]．对外经济贸易大学，2006.

3. 李彦亮．跨文化冲突与跨文化管理[J]．科学社会主义，2006，(2)：70-73.

4. 曹旸．市场经济下企业管理创新的思考[J]．中国市场，2017，(29)：183-184.

5. 王阳．共享经济背景下中小企业管理模式创新研究[J]．商场现代化，2017，(7)：103-104.

6. 袁选民，殷志云．无边界组织的产生、概念、内涵及其构建[J]．经济问题探索，2005，(3)：90-93.

7. 王锋．竞合战略：超竞争环境下企业竞争战略调适的理性选择[J]．改革与战略，2011，27(7)：51-53.

8. 李琳琳，巩慧芳．信息化时代企业管理的创新思考[J]．企业改革与管理，2016，(1)：55-56.

9. 魏茜．大数据时代企业管理模式创新探讨[J]．合作经济与科技，2017，(22)：150-151.

10. 曾敏越．云计算环境下中小企业管理创新研究[D]．南昌大学，2015.

11. 向林．互联网众包对现代企业管理模式创新的启示[D]．北京邮电大学，2015.

12. 赵萍．探讨云创新的起源、发展及其对企业管理的影响[J]．生产力研究，2017，(9)：129-133.